ACCESO GRATIS *a la Lectura en la Nube*

Para visualizar el libro electrónico en la nube de lectura envíe junto a su nombre y apellidos una fotografía del código de barras situado en la contraportada del libro y otra del ticket de compra a la dirección:

ebooktirant@tirant.com

En un máximo de 72 horas laborables le enviaremos el código de acceso con sus instrucciones.

DOCENCIA Y EVALUACIÓN EN GRUPOS DE GRANDES DIMENSIONES: DESAFÍOS, RESPUESTAS Y OPORTUNIDADES

DOCENCIA Y EVALUACIÓN EN GRUPOS DE GRANDES DIMENSIONES: DESAFÍOS, RESPUESTAS Y OPORTUNIDADES

Coordinador:
Antonio Martín Pardo

tirant lo blanch
Valencia, 2024

En caso de erratas y actualizaciones, la Editorial Tirant lo Blanch publicará la pertinente corrección en la página web www.tirant.com.

© TIRANT LO BLANCH
EDITA: TIRANT LO BLANCH
C/ Artes Gráficas, 14 - 46010 - Valencia
TELFS.: 96/361 00 48 - 50
FAX: 96/369 41 51
Email: tlb@tirant.com
www.tirant.com
Librería virtual: www.tirant.es
DEPÓSITO LEGAL: V-4520-2023
ISBN: 978-84-1197-436-3

Si tiene alguna queja o sugerencia, envíenos un mail a: *atencioncliente@tirant.com*. En caso de no ser atendida su sugerencia, por favor, lea en *www.tirant.net/index.php/empresa/politicas-de-empresa* nuestro procedimiento de quejas.

Responsabilidad Social Corporativa: *http://www.tirant.net/Docs/RSCTirant.pdf*

Autores

Elena Avilés Hernández

María José Benítez Jiménez

Elena Casado Patricio

Violeta Cebrián Robles

Miguel Ángel Fernández Jiménez

Elisa García España

Deborah García Magna

María Inmaculada Jiménez Perona

Juan José Leiva Olivencia

Gloria Luque Moya

Antonio Martín Pardo

José Manuel de Torres Perea

María Remedios Zamora Roselló

“La enseñanza que deja huella no es la que se hace de cabeza a cabeza, sino de corazón a corazón”

Howard George Hendricks

A todos los profesores universitarios para los que la docencia no es la más vana de sus obligaciones.

Índice

Capítulo 10

Prólogo

Como docentes, una de las tareas más habituales del profesorado universitario es planificar la docencia que cada curso tiene asignada. Cuando se realiza por primera vez, además, es un auténtico reto. Para hacerlo, por lo general, recurrimos a nuestras propias experiencias formativas, situación que no suele estar muy lejana en el profesorado más joven. No obstante, se espera del profesorado universitario que desarrolle un proceso formativo en este ámbito que le permita reflexionar sobre su práctica docente y que pueda desarrollar unas mejores prácticas, adaptadas, además, a diferentes contextos.

Afortunadamente, distintas son las oportunidades que tenemos para mejorar nuestra competencia docente. La importancia atribuida a formación y a la participación en actividades de innovación docente por las agencias de acreditación puede ser un incentivo para implicarnos en esta tarea, aunque a veces este incentivo externo pueda tener un efecto negativo en cuanto tendemos a acumular méritos de una manera sumativa que contribuyan más a cumplimentar este apartado de nuestro curriculum que a realmente impactar en nuestras prácticas docentes. No obstante, más allá de esta visión utilitarista de la formación para la docencia, me gustaría destacar la importancia que tiene que las y los docentes universitarias/os participen en este tipo de actividades y se conviertan, en palabras de Schön (1992), en aprendices reflexivos sobre su práctica docente. Así, esta formación debería ser básica para tomar decisiones en contextos complejos, diversos y cambiantes.

Así, acercarnos al profesor reflexivo definido por Schön requiere, inicialmente, la reflexión sobre nuestra propia práctica docente. Esta tarea, en cualquier caso, aún cuando tiene un componente personal, tiene mayor sentido cuando se realiza en compañía de iguales. Así, los encuentros y prácticas conjuntas con los iguales más cercanos suelen suponer una oportunidad de analizar y valorar las prácticas docentes más cercanas, pero suelen estar caracterizadas por un contexto relativamente uniforme que condiciona los límites de la reflexión. Por ello, compartir experiencias y prácticas en contextos interdisciplinares es una gran oportunidad de ampliar nuestras perspectivas sobre los contextos en los que se realiza nuestra actividad docente y los retos que hemos de asumir. Por ello, es de gran valor la oportunidad que ha supuesto el encuentro de innovación docente "Desafíos y oportunidades de la docencia y evaluación en grupos de grandes dimensiones" organizado por nuestros compañeros de la Facultad de Derecho de la Universidad de Málaga, liderados por el profesor Antonio Martín Pardo. Así, en su actividad reflexiva sobre las condiciones en las que desarrollan su docencia, nos han invitado a compartir experiencias y reflexiones sobre la docencia en grandes grupos.

Pocas opciones tiene el profesorado universitario de elegir las condiciones en las que realiza su docencia, sobre todo, en los relativo al número de estudiantes que hay en un aula. Este número puede variar por distintas razones, el nivel educativo analizado, el momento histórico, la titulación en la que se imparte docencia o las condiciones organizativas de cada universidad o facultad. Estas no son ajenas en ningún caso a las realidades legislativas o económicas de cada momento. Buen ejemplo de ello lo supuso la incorporación de la Universidad española al Espacio Europeo de Educación Superior, con una clara apuesta de la misma por la programación docente basada en competencias y la incorporación de las metodologías activas en el proceso de enseñanza-aprendizaje. No obstante, como ya hemos comentado, nos encontramos en una realidad cambiante, en la que los tamaños de los grupos de docencia pueden ser muy heterogéneos, y no es infrecuente enfrentarnos a entornos docentes de grandes grupos.

La enseñanza en grandes grupos supone, en cualquier caso, un reto importante para la docencia universitaria. Las reacciones que nos puede generar esta situación pueden ser muy diversas en función de nuestras experiencias previas con este tipo de grupos o de nuestras propias expectativas como docentes. En cualquier caso, es fácil que surjan los retos que la misma supone, las dificultades de comunicación en estos grandes grupos, favorecer la cercanía con el estudiantado, generar contextos interactivos en los que los estudiantes puedan realizar un aprendizaje significativo, o por último, y no menos importante, cómo desarrollar prácticas de evaluación que puedan resultar una herramienta de aprendizaje más para los/as estudiantes sin que las horas de dedicación del profesorado sobrepasen unos ciertos límites.

Estos son algunos de los problemas que se han planteado las autoras y los autores que participan en esta obra. En sus reflexiones, es posible que el lector o la lectora de este libro pueda encontrar algunas respuestas o quizás incluso nuevas preguntas que contribuyan a su proceso reflexivo. En mi caso, sirva de guía alguno de los principios que han guiado mi práctica durante unos cuantos años, por un lado, el diseño de una docencia alineada, en términos de Biggs (1999), es decir, en el que los objetivos de aprendizaje, las actividades y la evaluación, tengan coherencia y se encuentren alineados entre así, principio que ha de estar presente en cualquier condición en la que se importa la docencia. Por otra parte, señalar la importancia de buscar aprendizajes significativos, en los que el estudiante sea el actor principal, que pueda enfrentarse a situaciones auténticas y para las que se le demanden soluciones competenciales. Esto solo es posible hacerlo a través de la actividad del estudiantado, actividad que debe ser diseñada por el profesorado, incorporando tanto elementos de interacción como de feedback. Este proceso de actividad y de retroalimentación debe dar como resultado un cierto nivel de autonomía para el aprendizaje, acompañada de altas expectativas de éxito y de competencia.

Como ya hemos comentado, la actividad docente se realiza en un contexto cambiante. En el presente, las tecnologías y la inteligencia artificial suponen nuevas realidades en las que está inserta la actividad del profesorado. Una vez más, de las mismas, se derivan retos y oportunidades. Una de estas oportunidades la representa, por ejemplo, la plataforma de inteligencia colectiva Collective Learning presentada en este congreso. Esta plataforma, desarrolla por investigadores del investigadores del Instituto Universitario de Investigación de Biocomputación y Física de Sistemas Complejos (BIFI) de la Universidad de Zaragoza y la empresa Kampal Data Solutions (https://www.kampal.com/), presenta un contexto de interacción especialmente interesante para grandes grupos. La misma tiene un importante potencial para el aprendizaje entre iguales y resulta tremendamente flexible para plantear diferentes tipos de tareas, por lo que se convierte en una herramienta útil para el profesorado, quien puede tener un feedback inmediato de los procesos de interacción, con lo que el esfuerzo docente puede verse reducido al trasladar algunas actividades a este entorno virtual.

SANTOS OREJUDO HERNÁNDEZ
Profesor Titular de Universidad
Departamento de Psicología y Sociología
Facultad de Educación
Universidad de Zaragoza

Introducción

ANTONIO MARTÍN PARDO
Coordinador de la obra
Profesor contratado doctor interino
Universidad de Málaga

La presente publicación se nutre de las investigaciones y experiencias llevadas a cabo en el seno del Proyecto de innovación educativa ref. 19-171 de la Universidad de Málaga[1], el cual lleva por título *Respuestas a los desafíos que ofrece la docencia y la evaluación universitaria en grupos grandes.* Tal proyecto ha contado con la participación de compañeros provenientes de diversas disciplinas jurídicas (derecho penal, derecho administrativo, criminología...) y no jurídicas (educación, historia del arte...). Dicho carácter marcadamente multidisciplinar da lugar a resultados extrapolables a muy distintos tipos de estudiantes y, consecuentemente, hace del libro que el lector tiene entre sus manos una ayuda valiosa para todos aquellos que se enfrentan al particular contexto de la docencia en grupos de grandes dimensiones, con independencia de la rama de conocimiento en la que su labor se inscriba.

La habitual masificación de estudiantes en las aulas universitarias españolas genera una serie de problemáticas y retos específicos para el profesorado, el cual debe plantear estrategias didácticas igualmente específicas para poder desarrollar una enseñanza personalizada y de calidad. Como se

---

1 Proyecto coordinado por Antonio Martín Pardo. Dicho proyecto se ha llevado a cabo en el marco del I Plan propio integral de docencia de la Universidad de Málaga. Línea 1. Acción sectorial 121: Proyectos de Innovación Educativa.

podrá comprobar a lo largo de la lectura de las diferentes contribuciones, una de las características específicas con las que hay que lidiar en este tipo de grupos es la asentada precomprensión acerca de que la técnica de la lección magistral es la única o al menos la más apropiada para desarrollar las clases en ellos. Esta identificación empero no es arbitraria. Las técnicas docentes "alternativas" requieren de ordinario de una preparación, control e infraestructura elevadas que casan aparentemente mejor con grupos de pocas personas. Dichas técnicas, si se intentan en un grupo numeroso, pueden llegar a desbordar al docente o comprometer el correcto desarrollo de la experiencia. De otro lado, la evaluación de esas actividades alternativas, entendida como algo más que su mera calificación numérica, también requiere de una atención minuciosa o personalizada que de ordinario encajan mal con un aula abarrotada. Tales circunstancias disuaden de la utilización de estas técnicas y afianza la identificación a la que hemos aludido.

Esta opción preferente por el modelo de la lección magistral en los grupos numerosos supone además un obstáculo para la completa implantación de las nuevas tendencias pedagógicas en nuestras tradicionalmente saturadas universidades. La contemplación de la labor docente como un monólogo transmisor del conocimiento a los alumnos, además de haberse revelado poco eficaz en la formación de éstos, no promueve el aprendizaje significativo ni la reflexión crítica sobre el contenido o la forma de aprender que son demandados en la nueva formación por competencias inherente al nuevo paradigma universitario europeo. Muy al contrario, esta forma de plantear la docencia puede tener incluso efectos contraproducentes en la forma de aburrimiento, desmotivación, retraimiento del alumnado...

En esta obra se trata precisamente de invertir esta tendencia y poner en cuestión el cuasi dogma de la correspondencia entre grupo grande y lección magistral. En cada una de las aportaciones que la componen se abordan y desgranan distintas experiencias y estrategias didácticas que demuestran que estos grupos no son un obstáculo a las nuevas metodologías y que, incluso, los mismos pueden ser un inmejorable caldo de cultivo —usando los instrumentos correctos— para promover un aprendizaje práctico y significativo, así como la motivación e implicación del alumnado en su propio aprendizaje. Se trata de convertir la debilidad en fortaleza de modo que, al hacer a los alumnos agentes de su proceso de formación, el profesor cuente con numerosos aliados en su cometido docente. Desde esta nueva perspectiva, el grupo numeroso aparece como una oportunidad de descargo del profesor, el cual puede centrarse mayormente en la labor de dirección de las experiencias de aprendizaje compartido con preferencia a la trasnochada función de mera transmisión de conocimientos.

A lo largo de las páginas que siguen, el lector encontrará una serie de interesantes contribuciones relacionadas con diversas técnicas y experiencias docentes alternativas llevadas a cabo con grupos numerosos, tales como el concurso, el póster, las anotaciones multimedia, las metodologías activas o el debate académico entre otras, así como una rigurosa valoración de cada una de ellas y de su utilidad en relación con el método docente tradicional a resultas de la experiencia del propio autor y de las opiniones de los propios alumnos participantes. Dicho esquema es especialmente útil para tener una visión global de cada una de las técnicas, así como de los resultados y las dificultades que pueden presentar, la cual puede servir de guía previa para llevar a cabo una experiencia similar o para tratar de de implementar mejoras de cara al futuro en una experiencia ya desarrollada.

Como corolario, no podemos terminar esta introducción sin agradecer efusivamente a cada uno de los participantes su inestimable colaboración durante el desarrollo del proyecto de innovación, así como, por supuesto, la calidad de cada uno de sus trabajos y la diligencia mostrada en su entrega. Colaborar con cada uno de ellos y haber podido coordinar este proyecto común que ahora ve la luz es motivo de inmenso orgullo del que suscribe.

Capítulo 1

Desafíos y oportunidades en la docencia en grupos grandes: Evaluación de Programas y Políticas Públicas como estudio de caso

ELENA AVILÉS HERNÁNDEZ
Profesora Sustituta Interina
Universidad de Málaga

1. INTRODUCCIÓN

La situación de pandemia acontecida durante los últimos años no ha hecho sino afianzar un sistema de transferencia de información y conocimiento surgido a partir del auge de las nuevas tecnologías que se asienta con cada vez más fuerza en el imaginario social. Esta nueva forma de entender la producción de conocimiento se ha plasmado en el ámbito universitario gracias al Espacio Europeo de Educación Superior y su desarrollo se ha realizado a través de su mayor exponente, el sistema de créditos ECTS. Desde su implantación, la metodología clásica de clases magistrales ha dado paso a un uso cada vez mayor de técnicas innovadoras centradas en la adquisición de competencias, la enseñanza activa, la evaluación continua, la formación autodirigida y autónoma o el aprendizaje basado en problemas[1].

Concretamente, este último trata de fomentar una tipología de investigación y reflexión a partir de determinadas cuestiones sociales, que se utilizan como vehículo para promover la adquisición de conceptos y principios. Bajo este modelo, los alumnos son los protagonistas del aprendizaje y el objetivo último es el desarrollo y trabajo de competencias enfocadas en la resolución de problemas y el trabajo autónomo; en la asunción de responsabilidades y la toma de decisiones; en el trabajo en equipo y la gestión de conflictos y en la adquisición de habilidades de comunicación e intercambio de ideas para explorar un tema o asunto desde tantas perspectivas como sea que sea posible[2]. Todas estas nuevas metodologías suponen una gran ventaja en lo que al desarrollo de habilidades se refiere, pero también plantean serios retos de implementación, tanto al alumnado como al profesorado que se encarga de diseñar las asignaturas.

---

1 I. B. FERNÁNDEZ FERNÁNDEZ; I. ALKORTA IDIAKEZ, *El aprendizaje activo como reto : razones visibles e invisibles de una política de desarrollo docente en la UPV/EHU*, Servicio Editorial de la Universidad del País Vasco/Euskal Herriko Unibertsitateko Argitalpen Zerbitzua, 2014, p. 14, fecha de consulta 4 octubre 2022, en http://addi.ehu.es/handle/10810/12386.

2 G. A. MCLEOD; J. BARR; A. WELCH, «Best Practice for Teaching and Learning Strategies to Facilitate Student Reflection in Pre-Registration Health Professional Education: An Integrative Review», *Creative Education*, vol. 06, 04, 2015, p. 447, fecha de consulta 6 octubre 2022, en http://www.scirp.org/journal/doi.aspx?DOI=10.4236/ce.2015.64044.

2. EVALUACIÓN DE PROGRAMAS Y POLÍTICAS PÚBLICAS COMO ESTUDIO DE CASO

2.1. Cuestiones generales

El grado de Criminología de la Facultad de Derecho de la Universidad de Málaga contempla en el segundo cuatrimestre de su último curso una asignatura denominada Evaluación de Programas y Políticas Públicas. Su objetivo fundamental es proporcionar al alumnado las habilidades suficientes para evaluar los resultados e impacto de una política pública en vigor. Durante el transcurso de la asignatura, el alumnado debe analizar qué alternativas se han formulado para resolver un problema identificado en fases previas y cómo la alternativa elegida se implementa a nivel local, regional o estatal, dependiendo del caso en cuestión. Todo ello y atendiendo a los indicadores planteados en las etapas de diseño de la misma, permite determinar la eficacia y eficiencia de la misma.

Ilustración 1. Ciclo de vida de las políticas públicas

Fuente: Guía práctica para el diseño y la realización de evaluaciones de políticas públicas. Enfoque AEVAL

2.2. *Estructura y contenido de la asignatura*

La formación de grupos de trabajo se realiza durante la primera semana de clase y se mantiene inalterable hasta el final del curso. En función del número de alumnos matriculados en la asignatura estos se distribuyen en grupos de 6 o 7 estudiantes. Esto permite una supervisión pormenorizada del colectivo en su conjunto, al mismo tiempo que facilita la resolución de cuestiones que puedan surgir a nivel individual. Cada subgrupo escoge un tema, que será el que trabaje durante el resto del cuatrimestre. Durante el curso académico 2022-2023, la temática ha versado sobre la prevención del terrorismo y la radicalización. Su elección se debe a la relevancia y actualidad de la materia en la esfera política y social. Concretamente, las líneas de trabajo han sido las siguientes:

1. **PREVENCIÓN DEL TERRORISMO:** Estrategia Nacional contra el Terrorismo 2019.

2. **RADICALIZACIÓN Y PRISIONES:** Programa Marco de la intervención en radicalización violenta con internos islamistas (Instrucción 2/2016).

3. **PREVENCIÓN DE LA RADICALIZACIÓN VIOLENTA:** Plan estratégico nacional de lucha contra la radicalización violenta (PEN-LCRV).

4. **PREVENCIÓN DEL TERRORISMO Y RADICALISMO DESDE EL ÁMBITO DE LA CIBERSEGURIDAD:** Estrategia Nacional de Ciberseguridad 2019.

De este modo, el trabajo del alumnado se centra en la evaluación de dos aspectos específicos dentro del ciclo de la acción pública, tal y como se aprecia en el siguiente gráfico:

Ilustración 2: Ciclo de la acción pública

DIMENSIÓN ESTRATÉGICA
PROBLEMAS, NECESIDADES
DIMENSIÓN OPERATIVA
PLANIFICACIÓN
IMPLEMENTACIÓN
RESULTADOS
IMPACTOS
Evaluación ex ante: Evaluación de necesidades Evaluación del diseño
Evaluación intermedia: Evaluación de la implementación
Evaluación *ex post*: Evaluación de resultados
Evaluación ex post: Evaluación de impactos

Fuente: Guía práctica para el diseño y la realización de evaluaciones de políticas públicas. Enfoque AEVAL

En la primera fase del trabajo, el alumnado debe realizar una evaluación de todas las decisiones tomadas *ex ante*; entre ellas la identificación del problema; la identificación de necesidades y el diagnóstico sobre el que se asienta el programa o la política a desarrollar. Una vez extraídas las conclusiones pertinentes, los estudiantes deben centrarse en evaluar la implementación de dicha política. Para ello analizan la puesta en marcha de la misma a través de diversas herramientas metodológicas; entre otras, la matriz de actores o la matriz de sinergias. Aunque no necesariamente sucede en todos los casos, hay ocasiones en las que dicha política o estrategia se ejecuta a través de ciertos planes de acción. En este caso, estos son también objeto de evaluación. Todo este análisis culmina con la realización de un informe de evaluación, donde quedan plasmados los resultados de la investigación realizada por parte del grupo en su conjunto. Este se presenta al resto de compañeros que pueden proporcionar cierta retroalimentación dada la proximidad de la materia de estudio.

Ilustración 3: Fases del proceso de evaluación de la guía AEVAL

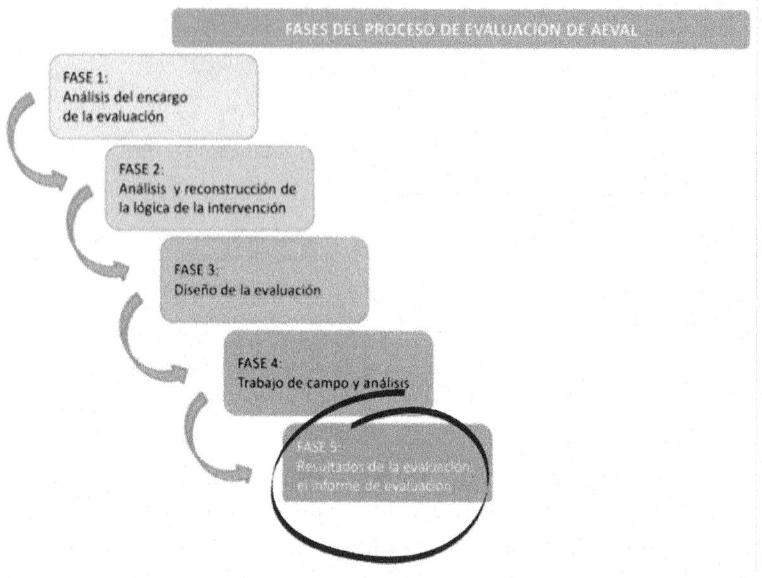

Fuente: Guía práctica para el diseño y la realización de evaluaciones de políticas públicas. Enfoque AEVAL

Este informe incorpora información relevante tanto de carácter teórico como metodológico. Todo ello debe quedar recogido en cuatro grandes apartados:

- Estado de la cuestión;
- Diagnóstico de necesidades;
- Evaluación del diseño de la alternativa elegida;
- Evaluación de la implementación.

3. EVALUACIÓN Y PERCEPCIÓN DEL ALUMNADO: NUEVOS RETOS Y OPORTUNIDADES

Tal y como afirma la propia guía docente de la asignatura, ésta suele representar un desafío para el estudiantado: es frecuente que tarden en comprender la lógica de los contenidos y no les resulte fácil, de entrada, aplicar la teoría a la práctica de la evaluación de políticas. La dificultad estriba, por una parte, en que la lógica de la evaluación es distinta a la de otros tipos de investigación; por otra, en lo abstracto y complejo de algunos enfoques de análisis; y, por último, en la creatividad que requiere evaluar en un contexto en el que la información escasea. A lo anterior, se suma que el núcleo de la asignatura gira en torno a un trabajo práctico de evaluación en equipo, que exige colaborar de manera integrada y coherente.

A la especial dificultad de dicha asignatura en particular hay que añadir los retos que plantea el romper con el sistema de aprendizaje clásico, que suele ser el predominante en este tipo de grados, a favor de las nuevas metodologías docentes. Por este motivo, una vez finalizado el curso académico, se procede a realizar una evaluación de la misma de cara a obtener ciertas respuestas por parte del alumnado que la ha cursado. El cuestionario, de carácter anónimo, consta de las siguientes cuestiones:

1. ¿Qué te ha parecido más interesante/útil de la asignatura? *

   Long-answer text

2. ¿Qué es te ha parecido menos interesante/útil de la asignatura? *

   Long-answer text

3. Por favor, valora si has mejorado en: *

	Nada	Poco	Algo	Bastante	Mucho	No tengo opinión
Buscar bibliografía e información	○	○	○	○	○	○
Diseñar y planificar una investigación	○	○	○	○	○	○
Trabajar en equipo	○	○	○	○	○	○
Redactar un trabajo de investigación	○	○	○	○	○	○
Insertar citas y referencias bibliográficas	○	○	○	○	○	○
Analizar y evaluar programas y políticas	○	○	○	○	○	○

4. ¿Qué valoración te merecen los siguientes aspectos de esta asignatura? *

	Pésima	Mejorable	Suficiente	Buena	Excelente	No tengo opinión
El tema de la investigación	○	○	○	○	○	○
Las explicaciones sobre el contexto de las políticas antiterroristas	○	○	○	○	○	○

Las explicaciones sobre cómo evaluar un programa	○	○	○	○	○	○
Las guías de evaluación	○	○	○	○	○	○
La claridad de qué hay que hacer en cada momento	○	○	○	○	○	○
Los ejercicios para ir desarrollando paso a paso la evaluación	○	○	○	○	○	○
La disponibilidad a ayudar del equipo docente	○	○	○	○	○	○
Las explicaciones a toda la clase del equipo docente	○	○	○	○	○	○
Las explicaciones en pequeños grupos del equipo docente	○	○	○	○	○	○
La coordinación del equipo docente	○	○	○	○	○	○
Tener que trabajar en equipo	○	○	○	○	○	○

5. En comparación con la media de las asignaturas, esta: *

- ◯ - NO me ha resultado MÁS FÁCIL NI MÁS DIFÍCIL
- ◯ - Me ha resultado ALGO MÁS fácil
- ◯ - Me ha resultado BASTANTE/mucho MÁS FÁCIL
- ◯ - Me ha resultado ALGO MÁS difícil
- ◯ - Me ha resultado BASTANTE/mucho MÁS DIFÍCIL
- ◯ - NO SÉ / NO CONTESTO

6. En comparación con la media de las asignaturas, esta: *

- ◯ - NO me ha requerido MÁS NI MENOS tiempo
- ◯ - Me ha requerido algo MENOS de tiempo
- ◯ - Me ha requerido BASTANTE/mucho MENOS tiempo
- ◯ - Me ha requerido ALGO MÁS de tiempo
- ◯ - Me ha requerido BASTANTE/mucho MÁS tiempo
- ◯ - NO SÉ / NO CONTESTO

7. ¿Cómo valoras en general la metodología de aprendizaje de la asignatura? ¿Qué mantendrías y qué cambiarías? *

Your answer

8. ¿Cómo valoras en general la manera de evaluar? ¿Qué mantendrías y qué cambiarías? *

Your answer

9. ¿Qué podría haber hecho el hecho el profesorado para mejorar tu aprendizaje * y tu experiencia de la asignatura?

Your answer

10. ¿Harías algo distinto si volvieras a cursar la asignatura? *

Your answer

11. ¿Eres estudiante a tiempo parcial, trabajas o tienes que cuidar a otras personas? *

- ○ - Soy estudiante a tiempo parcial
- ○ - No soy estudiante a tiempo parcial, pero tengo un trabajo remunerado
- ○ - No soy estudiante a tiempo parcial, pero estoy preparando oposiciones
- ○ - No soy estudiante a tiempo parcial, pero tengo que cuidar a otras personas
- ○ - He podido/puedo estudiar el grado a tiempo completo

12. ¿Con que frecuencia has asistido a clase? Por favor, escoge la opción más aproximada: *

- ○ - Ninguna
- ○ - Una vez por semana
- ○ - Una vez cada dos semanas
- ○ - Una vez al mes
- ○ - Me perdí 5 clases como mucho

13. ¿Qué nota has obtenido? *

- ○ - Suspenso
- ○ - Aprobado
- ○ - Notable
- ○ - Sobresaliente/Matrícula

14. Sexo: *

- ○ - Femenino
- ○ - Masculino
- ○ - Otro
- ○ - No contesta

15. ¿Alguna otra observación o sugerencia? Hazla a continuación, por favor: *

Your answer

4. CONCLUSIONES: ALGUNOS DATOS RELEVANTES Y OTROS TANTOS INTERROGANTES

Como ya se ha mencionado con anterioridad, esta tipología de aprendizaje presenta ciertos retos para ambas partes; de ahí la importancia de obtener una retroalimentación por parte del alumnado. Eso permite, por un lado, comprobar que efectivamente se están logrando los objetivos previstos; por otro, modificar cualquier aspecto importante que pueda pasar inadvertido al profesorado. De este modo, algunas de las conclusiones más relevantes del estudio obtenidas a partir de las respuestas de una muestra de 15 estudiantes de dicho curso académico son las siguientes:

1. A la hora de valorar cómo de útil o interesante resulta la asignatura, los alumnos han destacado no solamente el contenido de la misma, sino también la metodología utilizada para llevarla a cabo, tal y como se menciona en la siguiente respuesta:

   > "Lo que me ha resultado más útil en la asignatura ha sido en primer lugar, el hecho de entender la importancia de realizar la evaluación de determinadas políticas públicas y programas, ya que con dicha evaluación se puede conseguir una mejora considerable de las mismas, de forma que se cubra el problema o necesidad que traten de la forma más adecuada. En segundo lugar, considero que ha sido bastante interesante, la forma de impartir la asignatura. Hemos adquirido muchos de los conocimientos de forma casi autónoma, lo que creo que ha potenciado nuestras habilidades y capacidades, no solo de trabajar en equipo, sino de autonomía a la hora de realizar determinadas tareas."

   El hecho de plantear un problema o situación real promueve una construcción de conocimiento autodirigido, colaborativo y contextual[3]. Además, otros alumnos también señalan el nuevo abanico de posibilidades laborales que emergen gracias a la existencia de un nuevo perfil profesional altamente demandado: aquel que vela por el correcto desarrollo e implementación de cualquier política o programa de carácter público a partir de su análisis y evaluación.

---

[3] D. H. J. M. Dolmans; W. De Grave; I. H. A. P. Wolfhagen; C. P. M. van der Vleuten, «Problem-based learning: future challenges for educational practice and research», *Medical Education*, vol. 39, 7, 2005, p. 732, fecha de consulta 6 octubre 2022, en https://onlinelibrary.wiley.com/doi/10.1111/j.1365-2929.2005.02205.x.

2. Uno de los problemas detectados tanto por los alumnos como por el profesorado es la dificultad a la hora de comprender el contenido de la parte teórica de la asignatura y su aplicación en la evaluación de la política en cuestión. En este caso concreto, si bien el desarrollo metodológico ocupa un lugar fundamental, este va precedido de una serie de conocimientos teóricos que, en la mayor parte de los casos, son novedosos para el alumnado, de ahí la dificultad inicial. De este modo, es fundamental la adecuada coordinación entre los aspectos teóricos y su aplicación práctica para el aprendizaje, tal y como expresa alguno de los alumnos en la encuesta:

> "La metodología me parece muy buena opción. De hecho, creo que casi nadie hubiese aprobado con un examen teórico. Son conceptos que no he logrado entender hasta ver ejemplos y haberlo llevado al terreno práctico. Pero si cambiaría la parte teórica, yo seguía sin entender las cosas después de explicar la teoría. Los pasos a seguir y lo que había que poner en cada fase lo hemos logrado descifrar y entender hablando en grupo y buscando otros ejemplos, no por la teoría dada".

> "Lo que ocurre con esta asignatura es que no teníamos base sobre la que poder desarrollar una buena evaluación de las distintas políticas públicas porque nos encontrábamos perdidos con los términos que se utilizan y con la estructura del trabajo ya que estamos acostumbrados a seguir el mismo patrón de trabajos desde que comenzamos el Grado (Introducción, Marco teórico, Metodología, Análisis de resultados y Conclusiones). [...] A pesar de todo, me voy con un buen sabor de boca porque ha sido la mejor forma de realizar el trabajo de un criminólogo desde otra perspectiva y, sentir que estaba haciendo algo real y no situaciones hipotéticas. También, la asignatura supone una oportunidad muy buena para mejorar en la búsqueda de información desde diversos canales porque para analizar las unidades didácticas, tuve que recurrir a leyes educativas para encontrar cómo estaba prevista la evaluación de dichos programas porque en el desarrollo de este proyecto no figuraba.

> Luego, es un buen método para que nos hagamos más independientes y 'busca vidas' porque normalmente todo se suele facilitar por los profesores y desemboca en alumnos cada vez más inútiles."

Para algunos alumnos, uno de los aspectos en los que podría haber incidido el profesorado para mejorar el aprendizaje y la experiencia de la asignatura es lo siguiente:

> "Un cuerpo teórico de asignatura en diapositivas algo más desarrollado; pero eso resta que el alumnado lea y se preocupe por entender la guía de evaluación desde su esfuerzo y dedicación. Es una decisión difícil de tomar, sacrificar algunas cualidades importantes por una mayor facilidad en el desarrollo de la asignatura, que en 4º año de carrera no creo que sea muy adecuado."

3. En general, las técnicas centradas en el aprendizaje activo requieren de una mayor implicación del alumno. Esto se traduce en una mayor inversión en tiempo, esfuerzo y dedicación para la obtención de una calificación satisfactoria en comparación con las técnicas clásicas centradas en las clases magistrales. Muestra de ello es el hecho de que para la mayor parte de los estudiantes, esta les ha resultado más difícil y les ha requerido más tiempo que la media de las asignaturas, tal y como muestran los siguientes gráficos.

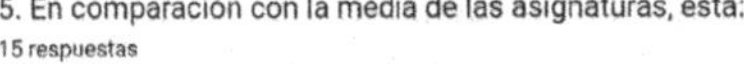

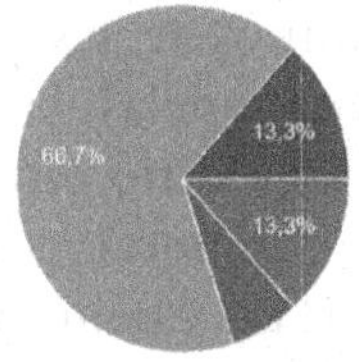

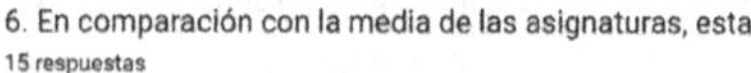
6. En comparación con la media de las asignaturas, esta:
15 respuestas

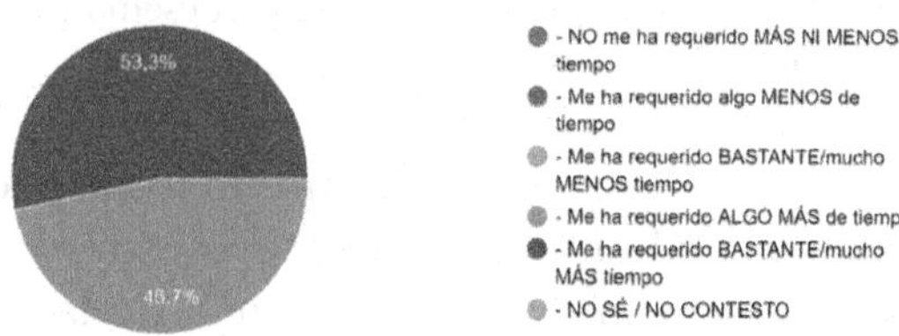

No obstante, cuando al alumno se le pregunta por la valoración general de la metodología de aprendizaje, tiene una valoración general positiva, a pesar del esfuerzo que les pueda suponer:

> "La metodología de trabajo en sí, me parece bastante adecuada, y mantendría el hecho de trabajar de forma autónoma; y el trabajo en equipo, ya que considero que son habilidades importantes y necesarias de potenciar."

> "Mi valoración es positiva, no cambiaría nada. A mi parecer es una materia que no es fácil de realizar pero que requiere de tiempo, esfuerzo y dedicación de todo el grupo para llevarla a cabo en el planteamiento vigente. Si estas tres cosas no se dan el diseño de la asignatura no funciona no cumple con los objetivos propuestos."

> "El trabajar en equipo me ha parecido una metodología muy buena en mi caso, ya que todos hemos colaborado y nos hemos ayudado entre nosotros, aunque entiendo que no en todos los grupos puede ser así."

Es más, cuando a los alumnos se les pregunta por la adquisición de ciertas competencias, la mayor parte de ellos afirman haber mejorado tanto en las relacionadas con el ámbito educativo en general, como en aquellas específicas de la asignatura, tal y como muestran los siguientes datos:

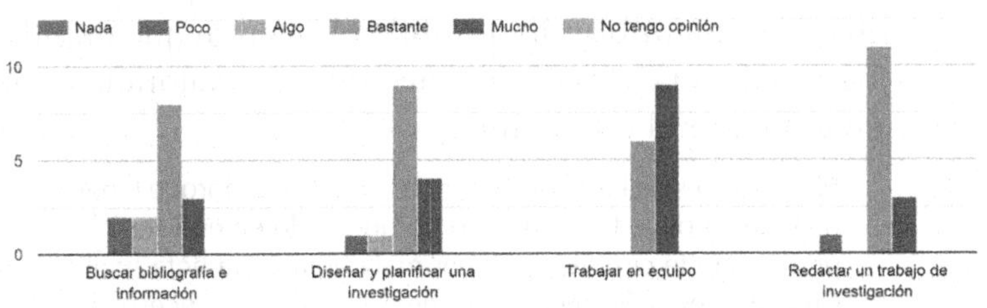

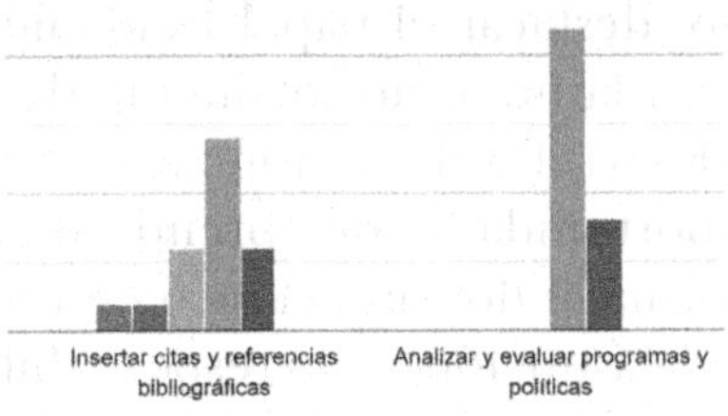

4. En relación con la evaluación, la metodología del Aprendizaje Basado en Problemas se centra, tal y como se menciona con anterioridad, en el proceso de adquisición del conocimiento, más que en el resultado como tal[4]. Esto se debe fundamentalmente al papel activo y crítico del estudiante, que se convierte en el protagonista de su propio aprendizaje frente a otras metodologías clásicas que se centran en una adquisición lineal de conocimiento. En este caso, los alumnos deben desempeñar un papel acti-

[4] H. S. Barrows, «A taxonomy of problem-based learning methods», *Medical Education*, vol. 20, 6, 1986, p. 484, fecha de consulta 6 octubre 2022, en https://onlinelibrary.wiley.com/doi/10.1111/j.1365-2923.1986.tb01386.x.

vo en la planificación, seguimiento y evaluación del proceso de aprendizaje. Esto implica establecer un objetivo claro, seleccionar las estrategias necesarias para lograr el objetivo e identificar los posibles obstáculos que impiden lograr tal meta[5]. Esta forma de evaluar es valorada positivamente por el estudiante:

> "Creo que es de las mejores formas de evaluar porque tener una mala nota o fallar en algo porque no lo entendiste a la primera no te condiciona tener mala nota en la nota final. Creo que es más importante tener en cuenta proceso de mejora y cómo ha evolucionado cada alumno a lo largo de la asignatura que la media de notas independientes."

5. Por último, destacar el papel fundamental que ejerce el profesor a la hora, no solamente de llevar a cabo el correcto desarrollo de la asignatura, sino también de generar oportunidades de aprendizaje. Esta metodología transforma al docente clásico en un facilitador que promueve la asunción de la responsabilidad del aprendizaje al propio alumnado, a partir del desarrollo del pensamiento autónomo fundamentado en el análisis y razonamiento crítico o el cuestionamiento de ciertos conceptos[6].

> "He asistido a todas las clases que se han impartido en este curso y me he podido dar cuenta, que ambos profesores

---

5 P. A. ERTMER; T. J. NEWBY, «The expert learner: Strategic, self-regulated, and reflective», *Instructional Science*, vol. 24, 1, 1996, pp. 1-24, fecha de consulta 6 octubre 2022, en http://link.springer.com/10.1007/BF00156001.

6 M. SAVIN-BADEN; C. HOWELL MAJOR; C. H. MAJOR, *Foundations of problem-based learning*, 1st publ, Society for Research into Higher Education & Open Univ. Pr, Maidenhead, 2004, pp. 93 y ss. En este mismo sentido, vid. D. BOUD; G. FELETTI, *The Challenge of Problem-based Learning*, 0, Routledge, 2013, fecha de consulta 6 octubre 2022, en https://www.taylorfrancis.com/books/9781135368623.

> están muy preocupados en comprobar si la asignatura se está comprendiendo y que el alumno entienda la utilidad que tiene. Tengo que decir que lo habéis conseguido, ¡si funciona!, la asignatura está bien planteada, pero requiere de un doble esfuerzo por parte del alumno; enfrentarse a algo nuevo hasta ese momento y sobre todo dedicación en leer, investigar, analizar, etc., es algo que no se puede controlar desde el profesorado solo queda motivar, más aún si se puede, en que los alumnos os acompañen en el camino del aprendizaje de la asignatura."

De todo esto cabe concluir que, a pesar de los retos y dificultades que puedan suponer estas nuevas formas de aprendizaje, el balance es positivo tanto para el profesorado que lo imparte como para el alumnado que lo recibe. Solamente requiere cierta adaptación por ambas partes y una cada vez mayor incorporación de dichas metodologías al currículum educativo.

5. BIBLIOGRAFÍA

BARROWS, H. S., «A taxonomy of problem-based learning methods», *Medical Education*, vol. 20, n.º 6, 1986, pp. 481-486, fecha de consulta 6 octubre 2022, en https://onlinelibrary.wiley.com/doi/10.1111/j.1365-2923.1986.tb01386.x.

BOUD, D.; FELETTI, G., *The Challenge of Problem-based Learning*, 0, Routledge, 2013, fecha de consulta 6 octubre 2022, en https://www.taylorfrancis.com/books/9781135368623.

DOLMANS, D. H. J. M.; DE GRAVE, W.; WOLFHAGEN, I. H. A. P.; VAN DER VLEUTEN, C. P. M., «Problem-based learning: future challenges for educational practice and research», *Medical Education*, vol. 39, n.º 7, 2005, pp. 732-741, fecha de consulta 6 octubre 2022, en https://onlinelibrary.wiley.com/doi/10.1111/j.1365-2929.2005.02205.x.

ERTMER, P. A.; NEWBY, T. J., «The expert learner: Strategic, self-regulated, and reflective», *Instructional Science*, vol. 24, n.º 1, 1996, pp. 1-24, fecha de consulta 6 octubre 2022, en http://link.springer.com/10.1007/BF00156001.

FERNÁNDEZ FERNÁNDEZ, I. B.; ALKORTA IDIAKEZ, I., *El aprendizaje activo como reto: razones visibles e invisibles de una política de desarrollo docente en la UPV/EHU*, Servicio Editorial de la Universidad del País Vasco/Euskal Herriko Unibertsitateko Argitalpen Zerbitzua, 2014, fecha de consulta 4 octubre 2022, en http://addi.ehu.es/handle/10810/12386.

MCLEOD, G. A.; BARR, J.; WELCH, A., «Best Practice for Teaching and Learning Strategies to Facilitate Student Reflection in Pre-Registration Health Professional Education: An Integrative Review», *Creative Education*, vol. 06, n.º 04, 2015, pp. 440-454, fecha de consulta 6 octubre 2022, en http://www.scirp.org/journal/doi.aspx?DOI=10.4236/ce.2015.64044.

SAVIN-BADEN, M.; HOWELL MAJOR, C.; MAJOR, C. H., *Foundations of problem-based learning*, 1st publ, Society for Research into Higher Education & Open Univ. Pr, Maidenhead, 2004.

Capítulo 2

Opiniones de los estudiantes sobre clases magistrales y otras técnicas docentes en la asignatura de Formas específicas de Criminalidad

MARÍA JOSÉ BENÍTEZ JIMÉNEZ
Profesora Titular de Derecho penal
Universidad de Málaga

SUMARIO: 1. Introducción; 2. Estrategia docente para la asignatura de Formas Específicas de Criminalidad; 2.1. Información general; 2.2. Competencias; 2.3. Actividades formativas; 2.3.1. Clase magistral; 2.3.2. Otras actividades en Grupo Grande; 2.3.3. Clases prácticas; 3. Opiniones de los estudiantes sobre las clases magistrales y otras técnicas docentes: comparativa póster y concurso; 3.1. Objetivos y metodología; 3.2. Resultados; 4. Conclusiones; 5. Bibliografía.

1.INTRODUCCIÓN

Una adecuada estrategia de enseñanza no garantiza el éxito inmediato, pero permite sentar las bases para un aprendizaje a medio y largo plazo. Se pretende llevar a buen término el proyecto docente a través de una serie de estrategias pautadas, seleccionadas, y, en la medida de lo posible, probadas, que faciliten la transmisión de conocimiento y que estimulen el interés por el aprendizaje del alumnado.

De forma general, podemos diferenciar entre tres tipos de estrategias de enseñanza[1]: Estrategias preinstruccionales. Establecen un contexto para el alumno en el que este se aproxima a lo que va a aprender y al método que va a emplear para ello. Es el punto en el que se marcan los objetivos a conseguir al final del proceso de estudio, ya sea un ciclo educativo, un curso completo o un periodo de tiempo menor. También se incluyen aquí métodos como por ejemplo el 'brainstorming' o lluvia de ideas, que cumple una función de generación de ideas previas.

Estrategias coinstruccionales. Es el núcleo del proceso de enseñanza, la parte en la que el estudiante accede a la información y en la que hay que motivarle y lograr que mantenga una atención constante. En ellas se conceptualizan contenidos gracias a ilustraciones, preguntas intercaladas, etc.

Estrategias posinstruccionales. Aquí tienen cabida resúmenes de la materia, mapas conceptuales, análisis de lo aprendido e incluso una visión crítica de los conocimientos que se han adquirido. Es el momento en el que se resuelven dudas finales y se proponen formas de ampliar los conocimientos ya incorporados.

Además de este tipo de estrategias, podemos hablar también de otras destinadas a enlazar contenidos nuevos con otros ya asentados y de otras que tienen como objetivo organizar la información que se va a facilitar. La estrategia clásica

---

1 DÍAZ BARRIGA ARCEDO, F./ HERNÁNDEZ ROJAS, G. (1998). "Estrategias de enseñanza para la promoción de aprendizajes significativos" en Estrategias docentes para un aprendizaje significativo. Una Interpretación constructivista. México, McGrawHill, pp. 69-112.

de enseñanza estaba basada en la transmisión de conocimientos desde el profesor hacia el alumno, con un énfasis especial en la memorización de conocimientos. Los exámenes son la principal fuente de evaluación y se trata de un aprendizaje escasamente crítico, orientado a resultados objetivos y medibles.

Sin embargo, numerosas estrategias de enseñanza alternativas han demostrado que también son capaces de lograr excelentes resultados. Algunas se basan en la motivación del alumno para que aprenda por sí mismo, otras dan mayor importancia al componente lúdico de la educación y otras apuestan por un aprendizaje integral de la materia.

En el ámbito didáctico y pedagógico se han producido avances determinantes para incluir las habilidades de cada sujeto como motor de su propio progreso. Es cierto que la docencia en la Universidad, o bien por la madurez del alumnado, o bien por el contenido de la materia, no suele ser permeable a adaptaciones. Realizar la planificación docente implica preparar el iter y no improvisar.

La educación es un proceso, que tiene como finalidad forjarle al individuo los valores y sentimientos necesarios para su identidad, manteniéndola viva su cultura; aspectos estos de gran valor en el proceso de construcción de su conocimiento, sobre todo hoy en día cuando se está inmerso en una sociedad donde se hace indispensable que los estudiantes se apropien de un conjunto de saberes (ser, hacer, conocer y convivir).

Por otra parte, es importante señalar que enseñar no es sólo proporcionar información, sino ayudar a aprender; para ello el profesor universitario debe tener buen conocimiento de sus alumnos, de sus ideas previas, los estilos de aprendizajes, los motivos intrínsecos y extrínsecos que los animan o desalientan, sus hábitos de trabajo, actitudes y valores que manifiestan frente al estudio concreto de cada tema, coadyuvando todo ello, al desarrollo de las competencias específicas de la carrera universitaria[2].

La universidad ha cambiado con el paso del tiempo, a través de un proceso complejo y lento. La profesión de docente universitario se ha vuelto más difícil dado los cambios sufridos en la estructura científica, educativa y social. De hecho, tradicionalmente la enseñanza universitaria se basaba en una evaluación final para medir los aprendizajes adquiridos mediante una prueba escrita, tras las clases magistrales y la bibliografía básica de la asignatura. Sin embargo, se han producido nuevos cambios en torno a la enseñanza universitaria alrededor del concepto de trabajo, en los nuevos modelos de aprendizaje, así como cambios sociales derivados de la escolarización generalizada, el surgimiento de nuevas tecnologías de la información, entre otros. Todos ellos son fuente fundamental en la creación de nuevas alternativas de la futura formación de la docencia universitaria[3].

---

2 ACOSTA, S.F./ GARCÍA, M. CH. (2012): Estrategias de enseñanza utilizadas por docentes de biología en las universidades públicas, en *Omnia* Año 18, No. 2 (mayo-agosto) (67 – 82).

3 AUSÍN, V.*et al.* (2016): Aprendizaje basado en proyectos a través de las TIC: una experiencia de innovación docente desde las aulas universitarias. *Formación universitaria,* 9(3), 31-38; IMBERNÓN, F. (2012). «La formación del profesorado universitario: Orientaciones y desorientaciones. Las prácticas de formación del profesorado universitario». En: Bautista, J. (coord.) (2012). *Innovación en la universidad: Prácticas, políticas y retóricas.* Barcelona: Graó. Ambas referencias Cit. por CASADO PATRICIO, E. (2020): "El informe criminológico como metodología de innovación docente", en VII Jornadas Iberoamericanas de Innovación Educativa en el Ámbito de las TIC y las TAC Las Palmas de Gran Canaria, 19 y 20 de noviembre, pág. 151.

2. ESTRATEGIA DOCENTE PARA LA ASIGNATURA DE FORMAS ESPECÍFICAS DE CRIMINALIDAD

El procedimiento para la elaboración de un documento de planificación docente de una asignatura y el contenido del mismo está recogido en diversas normativas en vigor en la universidad de Málaga. Los Estatutos de la Universidad de Málaga (BOJA núm. 108, de 9 de junio 2003) en su artículo 134, punto b, establecen que la programación docente de cada asignatura contendrá al menos: el temario, la metodología pedagógica, y el sistema de evaluación del rendimiento académico de los alumnos, fijando el tipo de pruebas, su número, los criterios para su corrección y los componentes que se tendrán en cuenta para la calificación final del alumnado.

2.1. Información general

Formas Específicas de Criminalidad, es una asignatura obligatoria de 6 créditos del grado en Criminología de la UMA, que se imparte en la Facultad de Derecho, en el tercer curso durante el primer semestre y a lo largo de 15 semanas. Se incardina en el Módulo: Teorías criminológicas y Formas específicas de criminalidad. Su experimentalidad es del 80% teórica y el 20% práctica. La docencia presencial consta de 54 horas: 36 horas teóricas de grupo grande (GG) y 18 horas prácticas de grupo reducido (Gr). El grupo grande se divide en dos y cada uno de los grupos reducidos debe recibir 9 horas, como se refleja en el cronograma. El número de horas de dedicación del estudiante es de 150 horas.

Es recomendable, para cursar esta asignatura haber cursado previamente las asignaturas de Introducción a la Criminología y Teorías de la Criminalidad, previstas en el Plan de estudios en 1° curso. En esta asignatura se estudiará la diversidad de la fenomenología delictiva. Se pretende, por un lado, fortalecer el conocimiento en el análisis y en la investigación de los diferentes modos en los que cursa el delito y, por otro, motivar la capacidad crítica teniendo en consideración las diferentes explicaciones teóricas. En esta materia interesa profundizar en las causas de cada tipo de criminalidad, en las respuestas ofrecidas y en el conocimiento de su incidencia, así como en las características de los delincuentes y en los posibles factores de riesgo que pueden entrar en acción.

2.2. Competencias

La Comisión Europea define la competencia como "la capacidad demostrada de utilizar conocimientos y destrezas", considerando el conocimiento como el resultado de la asimilación de información que tiene lugar durante el proceso de aprendizaje y la destreza como la habilidad para aplicar conocimientos y utilizar técnicas a fin de completar tareas y resolver problemas[4].

Por su parte, en el denominado Informe DeSeCo (Definición y Selección de Competencias), elaborado por la OCDE, se afirma que "la competencia es más que conocimientos y destrezas[5]. Involucra la habilidad de enfrentar demandas complejas, apoyándose y movilizando recursos psicosociales (incluyendo destrezas y actitudes) en un contexto en particular". Así, pues,

---

4 FEITO ALONSO, R. (2010): "De las competencias básicas al currículum integrado", en revista *Qurriculum: Revista de teoría, investigación y práctica educativa,* núm. 23. 2010, págs. 66 y ss.

5 Organización para la Cooperación y el Desarrollo (OCDE), *Informe DeSeCo: La definición y selección de competencias clave. Resumen Ejecutivo (2005),* pág. 3. No obstante, como señala BOLIVAR BOTIA, A. (2008): "El discurso de las competencias en España: educación básica y educación superior". En revista *REDU. Revista de Docencia Universitaria,* núm. monogr. 2.-Formación centrada en competencias (II), pág. 17, conviene advertir que el Proyecto DeSeCo se dirige a la educación obligatoria, no a la universitaria.

la educación basada en competencias trata de formar a las personas no solo para que puedan participar en el mundo laboral, sino para que sean capaces de desarrollar un proyecto personal de vida[6].

Según la memoria de verificación del Grado en Criminología de la Universidad de Málaga, entre las competencias generales (CG) destacan: Poseer y comprender conocimientos actualizados de las principales instituciones de control social; Conocer las técnicas e instrumentos para la evaluación y predicción de la criminalidad; Conocer las técnicas e instrumentos para la correcta gestión de la persecución y prevención del delito; Conocer la complejidad y diversidad del fenómeno criminal en el mundo global; Realizar, evaluar y ejecutar proyectos e informes científico-técnicos relacionados con la criminalidad; o ser capaz de trabajar en equipo con otros profesionales en las diferentes vertientes de la actividad criminológica.

Con relación a las competencias específicas, indicar que de las 19 competencias específicas (CE) previstas en la memoria de verificación del Grado en Criminología, en lo que respecta a la asignatura de Formas específicas de criminalidad, tendremos en cuenta especialmente: Conocer las fuentes de conocimiento de la delincuencia y saber interpretar los datos relacionados con la criminalidad; Conocer la magnitud y la evolución de la delincuencia y saber adoptar una posición crítica respecto al control y prevención del fenómeno criminal. Saber difundir y exponer adecuadamente los resultados de una investigación en congresos académicos y a los medios de comunicación; y suministrar al juez decisor conocimientos científicos sobre los hechos delictivos enjuiciados, la personalidad del autor, los factores de riesgo presentes, las explicaciones

---

6 FEITO ALONSO, R (2010), ob. cit. pág. 70.

criminológicas posibles, el pronóstico de peligrosidad criminal, el tipo de respuesta a aplicar o los programas de tratamiento a delincuentes.

2.3. Actividades formativas

2.3.1. La lección magistral (clase teórica)

La clase o lección teórica impartida en Grupo Grande (GG) ha sido sometida a fuertes y fundamentadas críticas por pedagogos y universitarios, a partir de la convicción de que constituye un método de transmisión de conocimientos esencialmente dogmáticos, por cuanto no induce al receptor al aprendizaje de habilidades, no favorece una actitud crítica por parte del alumno y establece, en general, una barrera entre el conocimiento y la aplicación del mismo.

No obstante, existe cierto mecanicismo en ese rechazo rotundo y generalizado hacia la clase teórica, causado más por la existencia de cierto estereotipo negativo de la misma, que, por el análisis detenido de las posibilidades docentes del modelo en sí, que son múltiples. Se puede argumentar, por ejemplo, que la clase teórica no ha de ser necesariamente una relación unidireccional entre el profesor que expone y el alumno que recibe pasivamente una información, sino que caben recursos para pasar a situaciones de diálogo que implican una interaccional.

Por lo que, la clase teórica aún hoy en día constituye el núcleo de la metodología docente de la enseñanza. Es clave conocer qué enseñar, cuándo, cómo y por qué. Dando pautas al alumnado de los hitos que esperamos lograr y de las cuestiones que hemos de resolver los hacemos partícipes de la aventura de aprender. Como profesora universitaria muchas veces he sentido que el aula es un elemento vivo en donde nos reunimos para cruzar conocimientos. El aprendizaje necesita un foro permeable, es algo natural, no artificial. Si los alumnos no se sienten protagonistas en clase su interés por aprender se debilita. El que sientan que sus valoraciones aportan e importan, es un "caramelo" que los mantiene activos.

Nos tropezamos a diario con alumnos desmotivados, pendientes de su móvil. No pueden prestar atención porque su atención está en otro lugar. Desde hace poco encuentro que los alumnos responden muy bien a la demanda argumentada y sosegada de que dejen sus móviles en los abrigos o los apaguen en clase, como si se tratara de un examen. He aprendido que los alumnos no siempre reaccionan como espero. Como profesores también es importante que transmitamos que nos sorprendemos y aprendemos de esa relación de grupo que se desarrolla en el aula.

Además de esta premisa de contar con los alumnos como elementos activos para estimular su motivación, es primordial "convencerlos" de lo importante que es la materia que se imparte en clase. Para ello, además de un discurso acertado, debemos elegir adecuadamente un Manual que pueda guiarlos y servir como base para lo explicado en clase. Este Manual ha de incorporar una exposición ordenada y cuidadosa de los actuales conocimientos sobre la materia de la disciplina que no se quede en los puntos básicos, sino que proceda a explicar adecuadamente las diversas posturas existentes, y a suministrar la bibliografía precisa para ulteriores profundizaciones en temas concretos.

La clase teórica es, por antonomasia, la referencia universitaria, pero hay huecos que pueden llenarse con otro tipo de docencia y con otras actividades dirigidas a consolidar el aprendizaje. Así, las clases prácticas y otras actividades sobre lecturas o tutorías complementan las lecciones magistrales.

2.3.2. Otras actividades en Grupo Grande

La enseñanza mediante clases magistrales convierte al alumno, en la mayor parte de los casos, en un mero espectador, limitando su actividad en clase a la realización de una transcripción al papel de las explicaciones dadas o, en el mejor de los casos, a entender de forma pasiva los conceptos explicados por el profesor[7]. Esta afirmación incluida en el ideario pedagógico abre paso a otras opciones que, con la misma intención de formar, emplean otras formas de manifestación. Así, por ejemplo, el aprendizaje basado en proyectos y/o en problemas, utilizado en colegios desde hace tiempo, llega con fuerza a las aulas universitarias. También así el estudio de casos, utilizado en algunas disciplinas para aplicar el conocimiento y, del mismo modo, el aula invertida, que impulsa al alumnado a estudiar fuera de clase para poder participar en el aula.

Son, como se aprecia, diversas las metodologías y las herramientas diseñadas para obtener una enseñanza más satisfactoria al objeto de beneficiar la fijación de conocimientos. En este estudio se ha trabajado con dos técnicas utilizadas durante varios cursos en la asignatura de Formas específicas de Criminalidad, impartida en tercer curso del Grado en Criminología de la Universidad de Málaga. Las técnicas empleadas son la generación de un Póster y el Concurso. Ambas se van preparando a lo largo del semestre y se explican al alumnado para que pueda implicarse en ellas.

El Concurso consiste en la realización de una actividad de revisión de la asignatura en la que se solicita al alumnado

---

7 ABADÍA VALLE, A.R./ MUÑOZ GONZALVO, M.J./ SOTERAS ABRIL, F.: "¿Existen alternativas a las clases magistrales? Una experiencia en Fisiología ocular del grado de Óptica y Optometría", en *Arbor, Ciencia, Pensamiento y Cultura*. Vol. 183 Extra 3 diciembre 2011, pp.189-194.

redactar tres preguntas a desarrollar y tres preguntas cortas tras la revisión de la materia. Con la suma de todas ellas registradas en tarjetas individuales, se organiza un concurso y la clase se divide en grupos cooperativos de tres personas[8]. La profesora realiza la pregunta seleccionada aleatoriamente y, el grupo que antes manifieste conocer la respuesta, será el primero en contestar. Una vez iniciada la ronda de respuestas, se irán contrastando con la respuesta indicada en el reverso de la tarjeta y solo se tendrá como válida la primera que coincida totalmente. Los grupos irán sumando puntos y el que gane obtendrá un positivo para cada participante. El objeto de esta actividad es propiciar el repaso de la asignatura.

La generación del Póster consiste en decidir, en primer lugar, una temática de investigación de especial interés dentro del abanico temático de la asignatura. Tras este primer paso de elección de una Forma específica de Criminalidad se procede a diseñar la estructura de un póster de investigación, similar a los presentados en los congresos, teniendo en cuenta los puntos clave de la asignatura relativos a indagación de la prevalencia; factores de riesgo y prevención; perfil de autor; modus operandi y fenomenología. Estos indicadores se van sucediendo en el estudio de los temas una vez superada la fase introductoria de la asignatura, por lo que con el trabajo en clase se refuerzan las habilidades para el diseño individual de la actividad. Una vez generados los pósters, se realizan exposiciones individuales es 4 o 5 minutos, desarrollando destrezas orales y de control del tiempo. Además de estas variables se valoran la dificultad del

---

8 Al respecto, *in extenso,* ANDREU BARRACHINA, Ll./ SANZ TORRENT, M.: "El juego-concurso de Vries: una propuesta para la formación en competencias de trabajo en equipo en la evaluación", en *Revista de Docencia Universitaria,* Vol.8 (n.1), 2010, pp. 121-141. Resultó inspirador este texto para el desarrollo de la técnica concurso, si bien en este artículo se visualiza el juego-concurso como modo de evaluación más que como clase en grupo grande.

tema para obtención de la información y la ejecución técnica y creativa del Póster.

Como indican GARCÍA ALMIÑANA *et al.*: El empleo de pósters, como parte del resultado final del trabajo de los alumnos, cumple con una triple función educativa: Obliga a sintetizar los aspectos más relevantes del trabajo, de forma cooperativa; Prepara al alumno en la tarea de exponer efectivamente los resultados de su trabajo; y la exposición de los pósters elaborados por los demás grupos se convierte en una poderosa herramienta formativa individual[9].

2.3.3. La clase práctica

Los Grupos reducidos (Gr) son foros que permiten otro tipo de dinámicas de conocimiento. A continuación, citaremos cinco claves para organizar el aula en grupos. Los Gr hemos comentado ya que se conforman por la mitad del Grupo Grande (GG). En esos Gr cada docente utiliza una serie de actividades prácticas que impliquen al alumno con la materia de otro modo distinto a la Lección magistral. Para ello es habitual subdividir el grupo es varios subgrupos de trabajo. Procede comentar cinco claves para organizar el aula en grupos[10].

1. Seleccionar cuatro o cinco alumnos por grupo. Lo ideal para lograr un trabajo fluido y evitar problemas de organización es crear grupos que no sean demasiado grandes. Y, para aprovechar todas las ventajas del

---

9 GARCÍA ALMIÑANA, D. *et al.*: "El método del póster como herramienta de docencia en asignaturas de proyectos", disponible en https://upcommons.upc.edu/bitstream/handle/2117/6248/Almi%C3%B1ana.pdf Consulta realizada el 22 de abril de 2023.

10 Información disponible en https://www.aulaplaneta.com/2015/07/07/recursos-tic/cinco-consejos-para-trabajar-con-grupos-en-el-aula Consulta realizada el 16 de mayo de 2022.

trabajo colaborativo, tampoco pueden ser demasiado pequeños ya que se perdería la diversidad de roles y la interacción. Aunque la cifra ideal puede variar según el tipo, se suele considerar adecuado un número de cuatro o cinco estudiantes por grupo. Si por cualquier motivo hay que trabajar con grupos más grandes, puede establecerse dentro de cada uno de los equipos de trabajo menores para que resulten más funcionales.

2. Crear grupos equilibrados. Para elegir los grupos, hay que tener en cuenta las afinidades de los estudiantes, pero lo ideal es que cada grupo funcione como una muestra a escala reducida del aula. Para ello, distribuye a los alumnos en equipos de trabajo que incorporen diversas visiones, niveles y formas de trabajar. Dedica un tiempo a analizar la clase y mezcla alumnos capaces de ayudar al resto, estudiantes con dificultades y alumnos que se mantienen en la media del aula. De este modo unos aprenderán de otros y estarás aprovechando este potencial para que **aprendan a aprender** y contribuyan al resultado final con sus fortalezas. Si durante el desarrollo del trabajo se detecta algún problema de coordinación se puede cambiar la distribución de los grupos. Con la práctica se consigue establecer unos equipos compensados que podrán trabajar siempre que trabajes de forma cooperativa.

3. Adaptar el espacio de trabajo. La distribución en el aula es importante para que el trabajo colaborativo se desarrolle de forma adecuada y facilite la comunicación entre los miembros del grupo. Establecer una organización cómoda para todos los alumnos y repartir el material y los instrumentos de trabajo de forma equitativa es fundamental. Además, este espacio no tiene que limitarse a la interacción física, sino que puede ser también virtual. Gracias a las TIC y a través de herramientas se puede acceder a un entorno colaborativo en la nube donde intercambiar opiniones y compartir documentos.

4. Establecer unas normas de comunicación. Especialmente en las primeras experiencias de este tipo, es importante dejar claras unas reglas de funcionamiento antes de comenzar. Se debe escuchar las opiniones y respetar los turnos de palabra de todos los integrantes del grupo, evitar las discusiones y colaborar. También es importante listar las tareas y distribuirlas entre los miembros, lo que contribuirá a que todos aporten por igual y funcionen de forma mucho más ordenada.

5. Actuar como conductor y observador. Es importante dejar muy claros los objetivos y el desarrollo del trabajo que se va a llevar a cabo. Aunque se debe respetar el funcionamiento y la organización de cada equipo, hay que observar el desarrollo de las tareas, e intervenir para redirigir el trabajo si se detectan errores de base. De este modo estarás al tanto no solo del resultado sino también de cómo se ha desarrollado el proceso, la forma de trabajar y la contribución de cada miembro del grupo.

3. OPINIONES DE LOS ESTUDIANTES SOBRE CLASES MAGISTRALES Y OTRAS TÉCNICAS DOCENTES: COMPARATIVA PÓSTER Y CONCURSO

En este apartado quedarán reflejadas las consideraciones y opiniones de los estudiantes de tercer curso de Criminología de la Universidad de Málaga (2020-21) en lo referente a clases magistrales y las otras técnicas ya comentadas de póster y concurso como modelos de trabajo para la consecución de objetivos de la asignatura de Formas Específicas de Criminalidad.

3.1. Objetivos y metodología

Los objetivos de este trabajo han sido los siguientes: 1. Conocer qué piensa el alumnado acerca de las clases magistrales; 2. Saber cuál es su opinión acerca de dos técnicas alternativas a las clases magistrales: concurso y póster; y 3. Comparar ambas técnicas con las clases magistrales.

Con relación a la metodología, indicar que la muestra se compuso por alumnado de 3° A y B de la asignatura de Formas específicas de criminalidad del grado de Criminología de la Universidad de Málaga. Durante el curso 2020-21 se recogieron datos relativos a información facilitada por el alumnado a través de tres formularios de Google, generados por el coordinador del proyecto PIE 19/171 de la Universidad de Málaga, denominado "Respuestas a los desafíos que ofrece la docencia y la evaluación universitaria en grupos grandes", y adaptados a las diferentes herramientas empleadas en el estudio.

La recogida tuvo carácter virtual, anónimo y voluntario. La muestra se compuso de 163 elementos. A continuación, constan en la Tabla 1 los formularios de la muestra total agrupados por categorías. Se ha de indicar que, con anterioridad a la recogida de información, se dedicó una sesión a preguntar abiertamente qué pensaba el alumnado acerca de las distintas técnicas docentes, al objeto de hacerles reflexionar sobre las ventajas y desventajas de cada una de ellas y también con la intención de que tejieran un discurso acerca de sus preferencias.

Tabla 1. Muestra

TIPO	NÚMERO	%
Clase magistral	70	43
Póster	61	37
Concurso	32	20
Total	163	100

3.2. Resultados

En este apartado quedarán reflejados los resultados de la recogida de datos y se observarán en gráficos las respuestas a las variables del estudio. En primer lugar, se hará referencia a la valoración de la utilidad de la clase magistral (objetivo 1) con relación al aprendizaje, conceptos clave, competencias adquiridas y resolución de dudas. En el Gráfico 1 puede observarse que mayoritariamente la clase magistral resulta bastante útil para la fijación de contenidos, pero no de un modo tan notorio como cuando nos referimos a la utilidad de este tipo de clases para la comprensión de los conceptos clave (Gráfico 2) pues *más de la mitad del alumnado valoró máximamente esta opción.*

Gráfico 1. Utilidad de la clase magistral con relación al aprendizaje adquirido

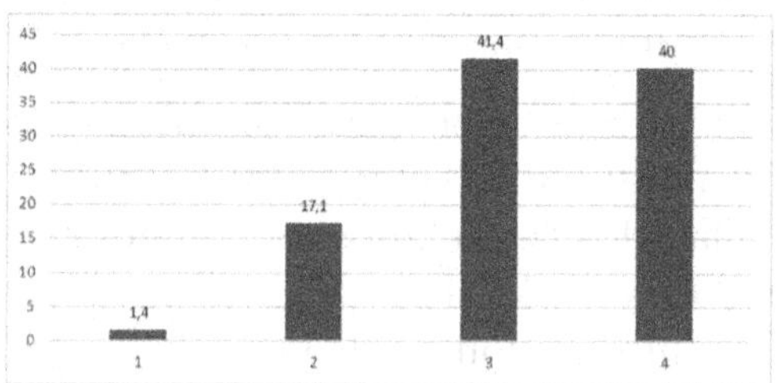

Gráfico 2. Utilidad de la clase magistral con relación a conceptos clave

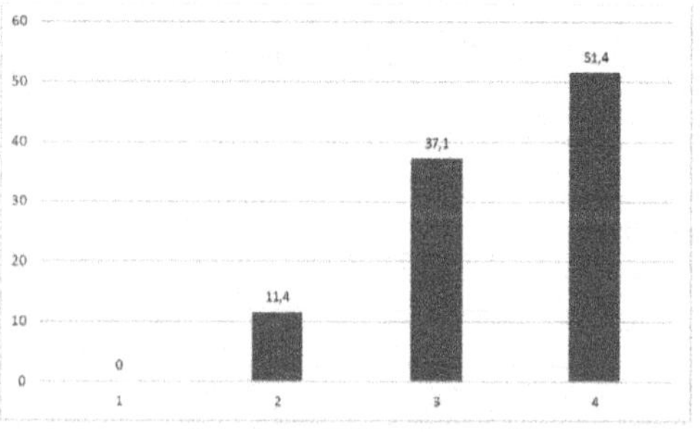

Por otro lado, si comparamos la opinión del alumnado acerca de la utilidad de la clase magistral respecto a las competencias adquiridas (Gráfico 3) con la utilidad para resolución de dudas, también se observa que esta última es mejor considerada (Gráfico 4). Se comprueba que solo el 37,6% validó como óptima la lección magistral para la adquisición de competencias exigidas para la superación de la asignatura, frente al 54,3% que consideró la clase magistral como la mejor opción para resolución de dudas.

Gráfico 3. Utilidad de la clase magistral con relación a competencias adquiridas

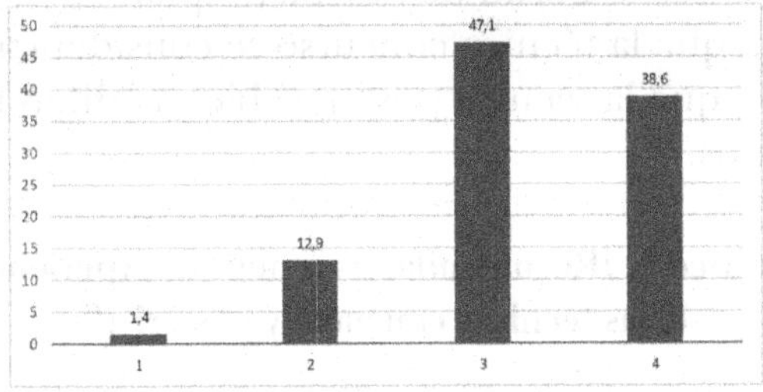

Gráfico 4. Utilidad de la clase magistral respecto a la resolución de dudas

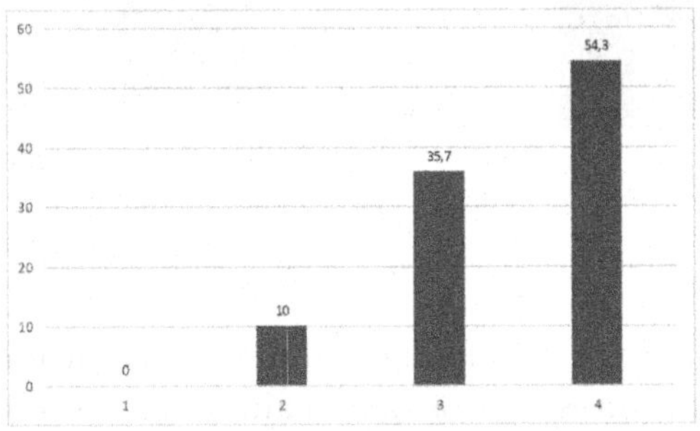

No obstante, ha de indicarse que cuando se quiso conocer la utilidad, percibida o experimentada por el alumnado, de las técnicas docentes innovadoras en general de cara a la resolución de dudas, puntuaban algo más estas nuevas técnicas que la tradicional de la clase magistral, de donde se colige que también son consideradas oportunas para este fin.

Procede a continuación conocer cuál es la opinión del alumnado acerca de las técnicas alternativas a las clases magistrales utilizadas en Formas específicas de Criminalidad del Grado de Criminología de la Universidad de Málaga en el curso académico 2020-21: concurso y póster (objetivo 2). Puede afirmarse que ambas técnicas gozan de mucha aceptación. En el Gráfico 5 se observa que la técnica concurso se considera algo más recomendable que la técnica póster, si bien la diferencia es solo de tres puntos.

Gráfico 5. ¿Recomendarías repetir la experiencia de las técnicas concurso y póster? (%)

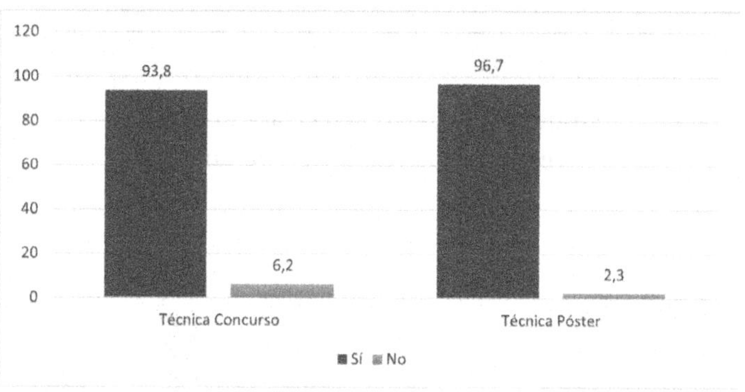

Si abordamos la idoneidad del tiempo dedicado a las técnicas que analizamos, vemos que el alumnado considera en más de un 93% que el tiempo fue el adecuado, a excepción de un 4% que manifestó que la técnica póster ocupó un tiempo excesivo. Esta información puede verse reflejada en el Gráfico 6.

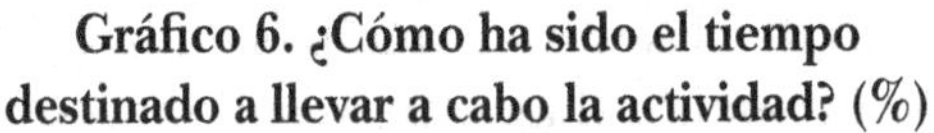

Gráfico 6. ¿Cómo ha sido el tiempo destinado a llevar a cabo la actividad? (%)

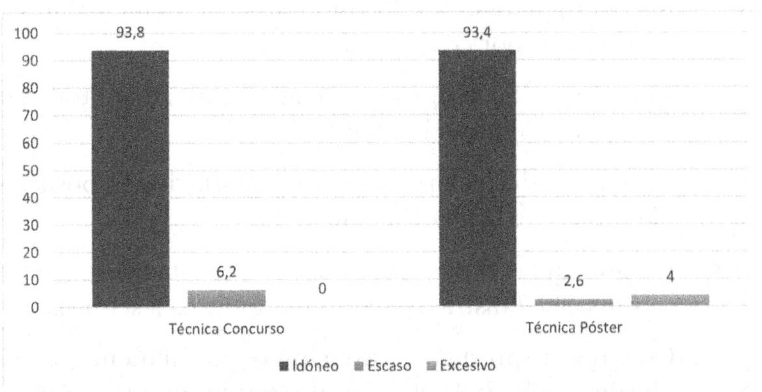

A pesar del resultado que consta en el Gráfico 6 relativo a la no total idoneidad del tiempo dedicado a la técnica póster, se ha de indicar que esta técnica, a nivel global, es mejor valorada que la técnica concurso, pues el 88,5% de las opiniones consideraron que su puntuación oscilaba entre 8 y 10, mientras que la técnica póster en esa horquilla de valoración (de 8 a 10) obtuvo un 70% de las respuestas.

Se recogen a continuación de modo literal cuáles fueron algunas de las aportaciones positivas manifestadas con relación a la técnica póster:

- Me gusta mucho el diseño y elaborar un póster sobre un tema que me gusta.
- Estudias una tipología delictiva de interés para el que realiza el trabajo, lo cual supone una motivación.
- Respeto entre compañeros y turnos de palabra
- Responsabilidad y respecto al aprendizaje de mis compañeros

- Este tipo de clases hace que te sientas responsable por hacer un buen trabajo que resulte interesante a todos los compañeros, por lo que consecuentemente te esfuerzas más por conseguirlo
- Cuando te dan la opción a elegir un tema para trabajar en ello es todo mucho más fácil

Del mismo modo, referiremos qué aportaciones positivas sugirió el empleo de la técnica concurso:

- Porque en las clases al fin y al cabo es estar observando y es más fácil distraerse, aquí te motivaba a seguirla.
- Creo que se presta más atención o que, al menos, no se pierde el hilo de la clase en ningún momento prácticamente de esta manera.
- Ha sido mucho más cómodo y divertido repasar los conceptos a través de esta actividad
- Al ser un método de repaso interactivo, motiva el estudio
- Para mirarme los contenidos previamente y tenerlos claros
- Al ver que algunos de mis compañeros contestaban tan rápido me motivó a intentar ser más rápida yo también
- Al responder preguntas y saber las respuestas de muchas de ellas apetece seguir estudiando

Por último, se hará referencia en este trabajo a la comparativa entre clases magistrales y las técnicas utilizadas en la asignatura de Formas específicas de Criminalidad del Grado en Criminología de la Universidad de Málaga (objetivo 3). Como puede observarse en el Gráfico 7, mayoritariamente (87,5% y 80,3%) ambas técnicas de innovación parecen mejor al alumnado que la lección magistral. Hay un 12,5% y un 14,8% que valoran igual la clase magistral y la técnica concurso y la técnica póster respectivamente; y tan solo un 4,9% que considera la técnica póster peor que la clase magistral.

Gráfico 7. Comparación de la clase magistral con las técnicas concurso y póster (%)

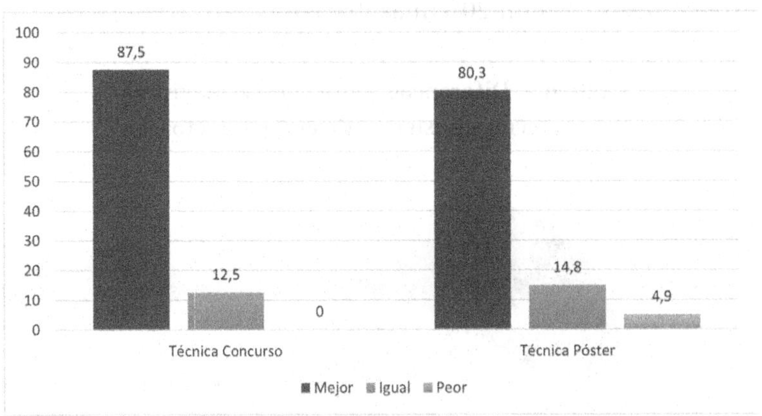

En el Gráfico 8 puede apreciarse las diferencias experimentadas por el alumnado en relación con las clases magistrales y la técnica concurso, entendiendo que la técnica concurso aporta a un 46,7% de la muestra más motivación; a un 10% más responsabilidad; a un 16,7% más comodidad; a un 3,3% más protagonismo; y a un 23,3% más diversión.

Gráfico 8. Diferencias entre la clase magistral y la técnica concurso en diversos aspectos

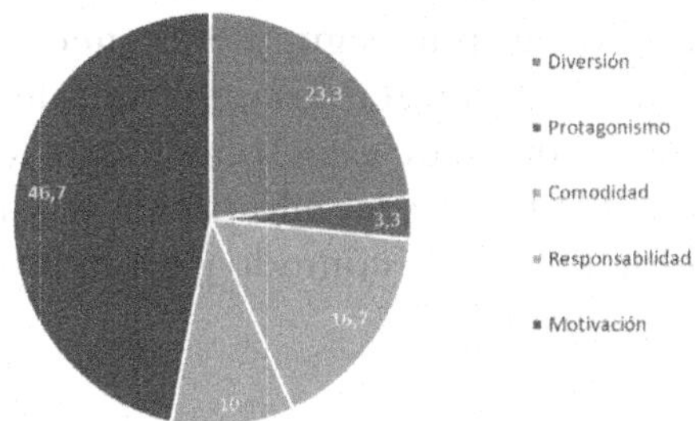

Por otro lado, en el Gráfico 9, se observan las diferencias experimentadas por el alumnado en relación con las clases magistrales y la técnica póster, entendiendo que la técnica póster aporta a un 30% de la muestra más motivación; a un 31,7% más responsabilidad; a un 8,3% más comodidad; a un 10% más protagonismo; y a un 20% más diversión.

Gráfico 9. Diferencias entre la clase magistral y la técnica póster en diversos aspectos

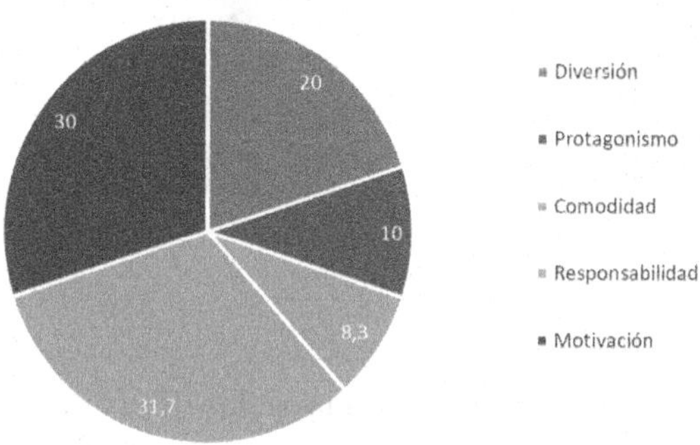

Aun con estos resultados obtenidos que evidencian las bondades de métodos innovadores paralelos a la clase magistral, siendo las de cada uno de ellos distintas, se ha de subrayar que al preguntar al estudiantado si vería positivo cambiar o alternar el concurso o el póster con la clase magistral, manifestó que "...lo ideal sería alternarlos, utilizándolos en ocasiones esporádicas, pues sigue siendo necesaria la explicación de un profesor. Se entiende como complemento para las clases, no como sustituto de estas, pues lo que lo hace especial es lo diferente, y habituarse a ello provocaría no visualizarlo como motivador, divertido, cómodo y generador de responsabilidad y protagonismo...".

4. CONCLUSIONES

En este trabajo se han pretendido conocer las bondades y desventajas de técnicas formativas tradicionales e innovadoras. Además de querer profundizar en el conocimiento de las clases magistrales y las técnicas de póster y concurso empleadas en el desarrollo de la asignatura de Formas específicas de Criminalidad del Grado en Criminología de la Universidad de Málaga, previstas en su guía docente, se ha querido compararlas entre sí para conocer cómo mejorar aspectos que disfuncionan y cómo afianzar aquellos que, según la opinión del alumnado, funcionan correctamente.

Tras el estudio realizado, podemos afirmar que la adquisición de conceptos clave y la resolución de dudas son los elementos valorados más positivamente en las clases magistrales, quedando por delante de la obtención de competencias exigidas en la asignatura y el logro de fijación de conocimientos. Además, se considera que las clases magistrales podrían mejorarse con técnicas docentes innovadoras, en las que, a nivel general, se entiende que trabajan mejor la resolución de dudas.

Las dos técnicas alternativas trabajadas parecen preferirse por el estudiantado a la clase magistral en porcentajes de más del 80%. Refiriéndonos a estas dos técnicas, a nivel global, la técnica póster es mejor valorada que la técnica concurso, pues el 88,5% de las opiniones consideraron que su puntuación oscilaba entre 8 y 10, mientras que la técnica póster en esa horquilla de valoración (de 8 a 10) obtuvo un 70% de las respuestas. No obstante, la técnica concurso es considerada *más motivadora y más cómoda que la técnica póster.*

Con relación a la comparativa entre clases magistrales y las técnicas utilizadas, concurso y póster, hay que recordar que mayoritariamente ambas técnicas de innovación parecen mejor al alumnado que la lección magistral. Sin embargo, a su criterio lo ideal sería alternarlas con las clases magistrales y utilizarlas en ocasiones esporádicas, pues sigue siendo necesaria la explicación de un profesor/a, ya que las técnicas se entienden como complemento para las clases, no como sustitutivas de estas.

5. BIBLIOGRAFÍA

ABADÍA VALLE, A.R./ MUÑOZ GONZALVO, M.J./ SOTERAS ABRIL, F.: "¿Existen alternativas a las clases magistrales? Una experiencia en Fisiología ocular del grado de Óptica y Optometría", en *Arbor, Ciencia, Pensamiento y Cultura.* Vol. 183 Extra 3 diciembre 2011, pp.189-194.

ACOSTA, S.F./ GARCÍA, M. CH. (2012): Estrategias de enseñanza utilizadas por docentes de biología en las universidades públicas, en *Omnia* Año 18, No. 2 (mayo-agosto) (67 – 82).

ANDREU BARRACHINA, Ll./ SANZ TORRENT, M.: "El juego-concurso de Vries: una propuesta para la formación en competencias de trabajo en equipo en la evaluación", en *Revista de Docencia Universitaria,* Vol.8 (n.1), 2010, pp. 121-141.

AUSÍN, V.*et al.* (2016): Aprendizaje basado en proyectos a través de las TIC: una experiencia de innovación docente desde las aulas universitarias. *Formación universitaria,* 9(3), (31-38).

CASADO PATRICIO, E. (2020): "El informe criminológico como metodología de innovación docente", en VII Jornadas Iberoamericanas de Innovación Educativa en el Ámbito de las TIC y las TAC Las Palmas de Gran Canaria, 19 y 20 de noviembre.

DÍAZ BARRIGA ARCEDO, F./ HERNÁNDEZ ROJAS, G. (1998). "Estrategias de enseñanza para la promoción de aprendizajes significativos" en Estrategias docentes para un aprendizaje significativo. Una Interpretación constructivista. México, McGrawHill.

GARCÍA ALMIÑANA, D. *et al.:* "El método del póster como herramienta de docencia en asignaturas de proyectos", disponible en https://upcommons.upc.edu/bitstream/handle/2117/6248/Almi%C3%B1ana.pdf Consulta realizada el 22 de abril de 2023.

IMBERNÓN, F. (2012). «La formación del profesorado universitario: Orientaciones y desorientaciones. Las prácticas de formación del profesorado universitario». En: Bautista, J. (coord.) (2012). *Innovación en la universidad: Prácticas, políticas y retóricas.* Barcelona: Graó.

Capítulo 3

El informe criminológico en grupos grandes: Autoevaluación del alumnado

ELENA CASADO PATRICIO
Investigadora Postdoctoral
Universidad de Málaga

ELISA GARCÍA ESPAÑA
Catedrática de Derecho Penal y Criminología
Universidad de Málaga

1.INTRODUCCIÓN

Tradicionalmente, la enseñanza universitaria se ha basado en clases magistrales y bibliografía básica de la asignatura como método de aprendizaje y de evaluación, a través de una prueba escrita que pretendía medir los aprendizajes adquiridos[1].

---

1 AUSÍN, Vanesa, et al. Aprendizaje basado en proyectos a través de las TIC: Una experiencia de innovación docente desde las aulas universitarias. *Formación universitaria*, 2016, vol. 9, no 3, p. 31-38.

Sin embargo, se han producido nuevos cambios en torno a la enseñanza universitaria derivado de los nuevos modelos de aprendizaje y de evaluación[2]. A nivel europeo se han realizado destacables esfuerzos con la creación del Espacio Europeo de Enseñanza Superior (en adelante, EESS)[3]. A raíz de este contexto de renovación surgen diversas posibilidades u opciones de metodología docente con la intención de mejorar el intercambio de enseñanza y aprendizaje desde una visión completa, interdisciplinar, crítica y objetiva.

Las exigencias del EESS y la creación, en la Universidad de Málaga, del Grado en Criminología motivaron la aplicación de nueva metodología docente[4]. Concretamente, en la asignatura de Prevención de la Delincuencia, del tercer año del grado, se utiliza el informe criminológico como estrategia de innovación docente para la adquisición de habilidades académicas.

El informe criminológico es un documento de naturaleza técnica con el que se responde a cuestiones de índole predictiva, preventiva, explicativa o evaluativa de forma que pueda ser comprendido e interpretado por lectores que no estén familiarizados con la Criminología. El criminólogo, haciendo uso de la metodología científica, utiliza sus competencias, métodos y conocimientos para hacer sugerencias en la resolución del

---

2 IMBERNÓN MUÑOZ, Francisco. La investigación sobre y con el profesorado. La repercusión en la formación del profesorado: ¿cómo se investiga? *Revista electrónica de investigación educativa*, 2012, vol. 14, no 2, p. 1-9.

3 DECLARACIÓN DE BOLONIA. *El espacio europeo de educación superior*. Declaración Conjunta de los ministros europeos de educación. Bolonia, 1999, vol. 19.

4 GACÍA ESPAÑA, Elisa. Innovación docente para la adquisición de competencias en el grado de criminología. *Vivat Academia. Revista de Comunicación*, 2011, p. 1100-1112.

asunto planteado que plasma en un informe criminológico[5]. El reto está en que los estudiantes aprendan a realizar un informe técnico, aplicando los conocimientos y técnicas aprendidos. Este informe es enseñado mediante el aprendizaje basado en problemas. En este artículo se va a desarrollar la valoración del informe criminológico por el alumnado que cursa la asignatura de Prevención de la Delincuencia para conocer si estos consideran que han mejorado sus competencias para desarrollar su labor profesional. Por tanto, el objetivo de esta investigación será presentar la autoevaluación del alumnado sobre las competencias adquiridas en el informe criminológico, que es impartido mediante el aprendizaje basado en problemas.

2. APRENDIZAJE BASADO EN PROBLEMAS: DEFINICIÓN, CARACTERÍSTICAS Y EVALUACIÓN

Barrows[6] definía al aprendizaje basado en problemas como "un método de aprendizaje basado en el principio de usar problemas como punto de partida para la adquisición e integración de los nuevos conocimientos". Desde el punto de vista del aprendizaje activo Prieto[7] señala que "el aprendizaje basado en problemas representa una estrategia eficaz y flexible que, a partir de lo que hacen los estudiantes, puede mejorar la calidad de su aprendizaje universitario en aspectos muy diversos".

---

5 GARRIDO GENOVÉS, Vicente; GUARDIOLA GARCÍA, Javier; CLIMENT DURÁN, Carlos. El informe criminológico forense: teoría y práctica. *El informe criminológico forense*, 2012, p. 1-195.

6 BARROWS, Howard S. A taxonomy of problem-based learning methods. *Medical education*, 1986, vol. 20, no 6, p. 481-486.

7 PRIETO, Leonor. Aprendizaje activo en el aula universitaria: el caso del aprendizaje basado en problemas. *Miscelánea Comillas. Revista de Ciencias Humanas y Sociales*, 2006, vol. 64, no 124, p. 173-196.

Por tanto, el aprendizaje basado en problemas (en adelante, ABP) es una metodología docente en la cual el estudiante es el protagonista de su propio aprendizaje[8]. Es decir, es una metodología centrada en un proceso de investigación, aprendizaje y reflexión que llevan a cabo los alumnos para llegar a una solución ante un problema planteado por el profesor. Por ello, los protagonistas del aprendizaje son los propios alumnos, que asumen la responsabilidad de ser parte activa en el proceso, a desarrollar y a trabajar diversas competencias[9]. Entre estas se encuentran las habilidades de comunicación a través de la argumentación y presentación de la información, el trabajo en equipo, la toma de decisiones, desarrollo de actitudes y valores[10].

De manera previa a la utilización del ABP se debe tomar en consideración, por un lado, que el alumnado dispone de los conocimientos suficientes para afrontar la tarea y que esto le ayudará a adquirir los nuevos aprendizajes derivados del problema. Y, por otro lado, que el entorno y contexto posibilita el desarrollo del ABP como, por ejemplo, a través de una buena comunicación con docentes, el debate de las propuestas en clase o disponibilidad de acceso a fuentes de información[11].

---

8 MOLINA ORTIZ, José Antonio, et al. Aprendizaje basado en problemas: una alternativa al método tradicional. *Red U: revista de docencia universitaria*, 2003.

9 UNIVERSIDAD POLITÉCNICA DE MADRID (UPM), Servicio de Innovación educativa. Aprendizaje Basado en Problemas, Guías rápidas sobre nuevas metodologías. 2008.

10 DE MIGUEL DÍAZ, Mario, et al. *Metodologías de enseñanza y aprendizaje para el desarrollo de competencias: orientaciones para el profesorado universitario ante el Espacio Europeo de Educación Superior*. Madrid: Alianza editorial, 2006.

11 UNIVERSIDAD POLITÉCNICA DE MADRID (UPM), Servicio de Innovación educativa. Aprendizaje Basado en Problemas, Guías rápidas sobre nuevas metodologías. 2008.

Además, previo al desarrollo de ABP se debe seleccionar los objetivos que se pretende que el alumnado adquiera y escoger un problema que sea relevante para su desarrollo profesional con la complejidad y amplitud suficiente para que suponga un reto para ellos. Además, se debe delimitar un tiempo y comunicarlo para que los alumnos puedan organizarse[12].

Por otra parte, es necesario abordar la evaluación de ABP, ya que si se producen cambios a la hora de enseñar y aprender es necesario también modificar la evaluación. Por ello, la literatura aporta diferentes técnicas para evaluar estos aprendizajes como los informes escritos, los exámenes prácticos de casos reales, la autoevaluación, presentaciones orales, portafolios o mapas conceptuales[13].

Para la investigación que aquí se desarrolla tiene especial relevancia los casos prácticos a través de problemas reales ya que su finalidad es asegurar que los alumnos son capaces de aplicar las habilidades que se les ha ido enseñando[14] no solo durante la impartición de la asignatura en cuestión, sino también durante los años de carrera. Por ello, en Prevención de la Delincuencia en 3º del Grado de Criminología de la Universidad de Málaga se usa esta estrategia para evaluar el ABP a través del informe criminológico.

A través de este método de evaluación en esta asignatura se busca conocer si el alumnado ha conseguido entender y realizar una valoración del riesgo delictivo en diferentes contextos judiciales y han aplicado de manera sistemática las diferentes aproximaciones de prevención de la delincuencia. Todo ello

---

12 UNIVERSIDAD POLITÉCNICA DE MADRID (UPM), *Ídem.*

13 ESCRIBANO, Alicia; y DEL VALLE, A. El aprendizaje basado en problemas (ABP). *Bogotá: Ediciones de la U,* 2015. UNIVERSIDAD POLITÉCNICA DE MADRID (UPM), *Ídem.*

14 ESCRIBANO, Alicia; y DEL VALLE, A. El aprendizaje basado en problemas (ABP). *Bogotá: Ediciones de la U,* 2015

desarrollado de manera coherente y siguiendo las directrices o competencias académicas oportunas como el uso de la citación en APA, la revisión bibliográfica pertinente que permita fundamentar teóricamente el informe y poder elaborar unas rigurosas conclusiones.

3. EL INFORME CRIMINOLÓGICO

El informe criminológico se considera una herramienta necesaria para que el criminólogo pueda ejercer correctamente su tarea laboral[15]. Dicho informe describe la situación actual de un problema real desde una perspectiva científica[16]. El criminólogo utiliza sus competencias, métodos, evaluaciones y sugerencias y las expone en el informe criminológico[17]. El informe criminológico es un documento de naturaleza técnica con el que se responde a cuestiones de índole predictiva, preventiva, explicativa o evaluativa de forma que pueda ser comprendido e interpretado por lectores que no estén familiarizados con la Criminología[18].

El informe preventivo tiene como objetivo en un sentido muy amplio el diseño de estrategias de prevención temprana, comunitaria o situacional para la reducción de la delincuencia en un contexto social concreto. El informe predictivo, por su parte, tiene como objetivo detectar los factores de riesgo y

---

15 GARRIDO GENOVÉS, Vicente; GUARDIOLA GARCÍA, Javier; CLIMENT DURÁN, Carlos. El informe criminológico forense: teoría y práctica. *El informe criminológico forense*, 2012, p. 1-195.

16 MANCEBO, Isabel Germán, *Idem*.

17 GARRIDO GENOVÉS, Vicente; GUARDIOLA GARCÍA, Javier; CLIMENT DURÁN, Carlos. *Ídem*.

18 MANCEBO, Isabel Germán. El informe criminológico: Su interés y alcance en el ámbito judicial. *International e-journal of criminal sciences*, 2013, no 7, p. 2-23.

protección de la persona delincuente sobre los que hay que intervenir para evitar su reincidencia . Con la predicción no se pretende etiquetar a la persona de peligrosa, sino apuntar a los factores sobre los que hay que intervenir para reducir el riesgo de que el comportamiento delictivo se repita. Por su parte, el informe explicativo tiene como objetivo dar a conocer las causas de la delincuencia a partir de las teorías e investigaciones existentes. Por último, el informe evaluativo pretende valorar si una política pública o un programa de intervención dirigidos a la reducción del delito funciona o no.

Los ámbitos de intervención del informe son varios: legislativo[19], policial[20], judicial[21], penitenciario[22], victimológico[23], seguridad[24], servicios sociales y escolar[25]. El informe criminológico más común es el utilizado en el ámbito judicial como método de auxilio al jurado a la hora de emitir un veredicto,

---

19 ARROYO, Sergio. A vueltas con la eterna pregunta:¿ Para qué sirve un criminólogo? Las (posibles) salidas profesionales de la criminología. *Archivos de Criminología, Seguridad Privada y Criminalística,* 2020, no 25, p. 85-103.

20 BRUNS LEDESMA, Daniel. El Informe criminológico aplicado a la valoración del riesgo de reincidencia en delitos viales: diseño e implantación de un proyecto piloto en la Policía Local de Salt. 2018.

21 MANCEBO, Isabel Germán. *Ídem.* PÉREZ FANDIÑO, Iñaki. Informe criminológico. La derivación de un caso a mediación intrajudicial. 2015.

22 CUARESMA MORALES, David. El informe criminológico en el contexto penitenciario. *Revista de Derecho Penal y Criminología, 2010, num. 3, p. 339-351,* 2010.

23 SUBIJANA ZUNZUNEGUI, Ignacio José. El acoso escolar: un apunte victimológico. *Revista electrónica deficiencia penal y criminología,* 2007, vol. 9, no 3.

24 ROMERO MUÑOZ, Rogelio. Archivos de criminología, seguridad privada y criminalística. *Revista Archivos de Criminologia, Criminalistica y Seguridad Privada,* 2016, no 17, p. 3-5.

25 SUBIJANA ZUNZUNEGUI, Ignacio José. *Ídem.*

ilustrando y asesorando al órgano judicial competente sobre una disciplina y aspectos que estos desconocen y que requieren un profesional en la materia[26].

En la asignatura de Prevención de la Delincuencia se enseña al alumnado no solo la lógica que permite dar una respuesta coherente según el objeto de estudio en cuestión y el paradigma que lo abarca, sino también la redacción final del informe criminológico, el cual debe contener los siguientes apartados: exposición de la demanda, metodología, valoración criminológica, conclusiones y fuentes bibliográficas consultadas. En el primer apartado los estudiantes deben saber identificar que demandas explícitas e implícitas hay en el caso real aportado por el/la docente, el tipo de informe y sobre cuál de los cuatro objetos de estudios de la criminología recae (delito, delincuente, víctima o control social). En cuanto al apartado de metodología, los estudiantes deben detectar las técnicas que se han usado para obtener la información que se aporta y cuál utilizarían en caso de necesitar obtener más datos. A continuación, se deberá realizar la valoración criminológica con una hipótesis de partida que se sustente en alguna teoría o modelo criminológico, así como aportar otras investigaciones, datos o estudios que encajen en el problema que se ha propuesto. Por último, en las conclusiones deberán responder explícitamente a las demandas detectadas, basándose en la valoración criminológica aportada. Sin duda, toda la información vertida en el informe debe estar adecuadamente sustentada por un apartado de referencias[27].

A continuación, se expone un ejemplo de enunciado de un caso práctico a resolver por el alumnado mediante un

---

[26] PÉREZ FANDIÑO, I. (2015). Informe criminológico. La derivación de un caso a mediación intrajudicial.

[27] CASADO PATRICIO, Elena. *Ídem.*

informe en el que deberán desarrollar todos los pasos citados en el apartado anterior.

> *La Asociación de Apoyo a las Víctimas (ANVDV) solicitan a la empresa Criminólogos S.A. un informe criminológico que aporte una serie de medidas de tipo preventivo para proteger a las víctimas de robos con fuerza en el centro de Madrid. La ANDVD tras la información obtenida por las numerosas llamadas recibidas conocen que las víctimas suelen sufrir las agresiones en los callejones entre Calle de la Reina y Calle del Clavel. Además, a través del testimonio de las víctimas se conoce que también son sorprendidas cuando van a entrar a sus portales para realizar el robo con fuerzas en ascensores o rellanos. Tras el análisis de la zona mediante un diagnóstico ambiental se conoce que las zonas cuentan con baja iluminación, edificios altos que dificultan la vigilancia natural, así como que las áreas privadas de los edificios carecen de servicios de videovigilancia que faciliten la identificación de los agresores.*
> *Tras la información obtenida por diversas fuentes Criminólogos S.A. debe responder a la demanda del ANDVD para que esta lleve a cabo una serie de medidas o estrategias preventivas que permitan mejorar la seguridad de las víctimas o potenciales víctimas.*

4. OBJETIVO DEL ESTUDIO

Tras la revisión teórica que acabamos de exponer, la investigación se plantea el siguiente objetivo: Evaluación por el alumnado de las mejoras en habilidades y competencias académicas tras el aprendizaje basado en problemas con el informe criminológico.

5. METODOLOGÍA

Para dar respuesta al objetivo anteriormente planteado se optó por una metodología cuantitativa. Concretamente, se trató de un cuestionario estructurado compuesto por 9 ítems o afirmaciones con respuesta cerrada en escala Likert, donde 1 era nada de conocimiento y 5 era total conocimiento. Los ítems abordaban el grado de conocimiento de los alumnos en diferentes temas como la elaboración de un marco teórico, la selección de teorías e investigaciones al caso concreto, el desarrollo de conclusiones y la relación de estas con el marco teórico, así como la citación de la bibliografía (ver tabla 1).

La muestra estuvo compuesta por el alumnado del tercer curso del grado en Criminología que estuvieron matriculados en la asignatura de Prevención de la Delincuencia en el año académico 2021/2022. La investigación es longitudinal por lo que el pase del cuestionario se produjo en dos momentos distintos de tiempo. La primera se realizó a principios del mes de octubre de 2021, en la primera semana del curso académico, y la segunda en febrero, cuando finalizó la asignatura. Los cuestionarios fueron totalmente anónimos y no repercutía en la nota del alumnado. La muestra del cuestionario pre-asignatura fue de 74 alumnos y del post-asignatura fue de 61 alumnos.

El análisis posterior de los datos se realizó en SPSS *(Statistical Package for the Social Sciences)* versión 25, en una base de datos creada ad hoc para esta investigación.

6. RESULTADOS

Los resultados muestran información sobre las habilidades o competencias académicas antes de empezar la asignatura y después, como se observa en la tabla 1.

Tabla 1: Ítems sobre competencias académicas pre y post

		Nada conocimiento	Poco de conocimiento	Conocimiento medio	Bastante conocimiento	Total conocimiento
Soy consciente de los apartados que debe contener un trabajo o informe	PRE	2,7	33,8	37,8	21,6	4,1
	POST	0	0	0	32,8	67,2
Sé desarrollar el marco teórico que sustente una investigación	PRE	2,7	36,5	39,2	20,3	1,4
	POST	0	0	26,2	60,7	13,1
Sé identificar que teorías e investigaciones sustentan un supuesto práctico	PRE	2,7	35,1	45,9	14,9	1,4
	POST	0	1,6	19,7	60,7	18
Sé citar en APA al final del trabajo	PRE	0	10,8	18,9	55,4	14,9
	POST	0	8,3	29,5	37,7	24,6

		Nada conocimiento	Poco de conocimiento	Conocimiento medio	Bastante conocimiento	Total conocimiento
Sé citar en APA durante el texto	PRE	4,1	21,6	20,3	39,2	14,9
	POST	1,6	9,8	26,2	34,4	26,2
Sé realizar búsquedas bibliográficas en diferentes buscadores científicos	PRE	2,7	6,8	36,5	39,2	14,9
	POST	0	3,3	21,3	41	34,4
Sé redactar conclusiones en un informe o un trabajo	PRE	0	5,4	47,3	33,8	13,5
	POST	0		16,4	52,5	31,1
Sé relacionar mis conclusiones con mi marco teórico	PRE	1,4	20,3	48,6	25,7	4,1
	POST	0	1,6	18	50,8	29,5

Fuente: elaboración propia.

En la primera afirmación se le presentaba al alumnado su grado de conocimiento con los apartados que debía contener un trabajo académico o informe criminológico. Antes de comenzar la asignatura, en el pre, el 36,5% de los alumnos consideraban tener nada o poco conocimiento sobre esto y el 37,8% mostraba un conocimiento medio acerca de las partes que debía contener un informe. Sin embargo, una vez que se impartió la asignatura todo el alumnado consideraba tener bastante o total conocimiento de los apartados que debe tener un trabajo académico.

En cuanto al ítem sobre el conocimiento que se poseen para desarrollar el marco teórico de una investigación, de manera similar al caso anterior, la mayoría de los alumnos consideraban tener un conocimiento medio, seguidos de aquellos que tenía poco o nada de conocimiento sobre esto. Y en el post las puntuaciones más altas correspondían a tener bastante conocimiento sobre ello. En este caso también había un 26,2% de alumnos que tras la asignatura seguía considerando que tenía un conocimiento medio sobre cómo desarrollar el marco teórico de una investigación.

Por otro lado, se les pedía que señalaran su grado de conocimiento en la identificación de teorías e investigaciones que sustentan un supuesto práctico. Antes de la impartición de la asignatura el 35,1% de los alumnos tenían poco conocimiento sobre ello y el 45,9% un conocimiento medio. Sin embargo, al final de la asignatura la mayoría de los alumnos (60,7%) consideraban tener bastante conocimiento acerca de identificar teorías criminológicas e investigaciones que sustentaran un supuesto práctico.

En el cuestionario también se le preguntó al alumnado el grado de conocimiento acerca de la citación en APA a lo largo del desarrollo de un texto académico o un informe y al final, en la bibliografía. En cuanto a la primera afirmación, la mayoría de los alumnos indicaron que tenían un conocimiento medio (20,3%), bastante conocimiento (39,2%) y total conocimiento (14,9%). Al final de la asignatura el grado de total conocimiento sobre citar en APA a lo largo del texto ascendió al 26,2% y el porcentaje de alumnos que tenían poco o nada de conocimiento sobre esto descendió.

En el segundo caso antes mencionado, el de citación en APA al final del texto, los resultados fueron similares al caso anterior. Los porcentajes de alumnos que tenían un total conocimiento sobre esta competencia académica ascendió tras cursar la asignatura y descendió, al final del cuso, el porcentaje de los alumnos que tenía poco conocimiento al final del curso.

En el cuestionario también se hacía referencia al grado de conocimiento acerca de cómo realizar búsquedas bibliográficas en diferentes buscadores científicos. En este ítem los alumnos respondieron tener bastante conocimiento (39,2%) previo y conocimiento medio (36,5%). Pero, tras la realización de la asignatura la mayoría de los alumnos tenían bastante (41%) o total conocimiento (34,4%).

Por último, se les pedían que autoevaluaran su conocimiento en materia de redacción de conclusiones y la relación de estas con el marco teórico de su investigación o supuesto práctico. En el primer caso, la mayoría de los alumnos declaraba tener un conocimiento medio (47,3%) y muy pocos consideraban tener un total conocimiento sobre ello (13,5%). Sin embargo, al final de la asignatura la mayoría de los alumnos tenían bastante conocimiento sobre el desarrollo de conclusiones (52,5%) y el porcentaje de aquellos que consideraban que tenían un total conocimiento en este sentido aumento considerablemente a 31,1%.

La segunda variable mencionada en el párrafo anterior, la que recogía el grado de acuerdo con saber relacionar conclusiones con el marco teórico, muestra que un 21,7% de los alumnos antes de cursar la asignatura tenían nada o poco conocimiento sobre esta competencia académica. La mayoría tenía un conocimiento medio y muy pocos, solo el 4,1% teníán total conocimiento antes de comenzar el curso. Tras la impartición de la asignatura, el 29,5% mostraba tener un conocimiento total acerca de redactar conclusiones en relación con el marco teórico y ninguno de los alumnos consideró que no tenía conocimiento sobre ello.

A continuación, se pretendía conocer si existía dependencia entre el momento del tiempo en el que se realizaba el cuestionario y la competencia académica. La idea era conocer si impartición de la asignatura podría lograr la mejora en las habilidades académicas de desarrollo de marco teórico, elaboración de conclusiones y citación de la bibliografía, así como la búsqueda bibliográfica que fuera pertinente. Para ello, se llevó a cabo fue el de realizar tablas cruzadas para conocer si existía dependencia entre el momento del tiempo en el que se realizaba el cuestionario y la competencia académica. Los resultados obtenidos en la tabla 2 muestran que los coeficientes de significación menores a 0,05 muestran que sí existe dependencia entre la competencia académica y el momento de tiempo en el que se realiza el cuestionario. Sin embargo, en los ítems sobre citación durante y al final del texto se obtuvieron unos coeficientes de significación mayores que 0,05. Por lo tanto, en estos dos ítems no existe dependencia entre la competencia académica y el haber empezado o terminado de cursar la asignatura.

Tabla 2: chi-cuadrado de competencia académica y momento del cuestionario

	Chi-cuadrado
Soy consciente de los apartados que debe contener un trabajo o informe y momento del cuestionario	0,000
Sé desarrollar el marco teórico que sustente una investigación y momento del cuestionario	0,000
Sé identificar que teorías e investigaciones sustentan un supuesto práctico y momento del cuestionario	0,000
Sé citar en APA al final del trabajo y momento del cuestionario	0,129
Sé citar a pie de página y momento del cuestionario	0,142
Sé realizar búsquedas bibliográficas en diferentes buscadores científicos y momento del cuestionario	0,033
Sé redactar conclusiones en un informe o un trabajo y momento del cuestionario	0,000
Sé relacionar mis conclusiones con mi marco teórico y momento del cuestionario	0,000

Fuente: elaboración propia.

7. CONCLUSIONES

El informe criminológico en la asignatura de Prevención de la Delincuencia del tercer curso del grado en Criminología ha sido impartido mediante la estrategia de innovación docente denominada Aprendizaje Basado en Problemas. Ante esta nueva forma de enseñar, alejada de la tradicional clase magistral, surge la necesidad de encontrar nuevas formas de evaluar los aprendizajes adquiridos. Por ello, el profesorado que imparte la asignatura apuesta por el informe criminológico con la intención de que en la medida que los alumnos se vean más preparados en sus destrezas académicas, estas les permitirán abordar mejor los problemas en su desempeño profesional y trasladar de forma más rigurosa y especializada la respuesta a las instituciones que la reclamen.

Por tanto, tras el análisis de los resultados adquiridos por la propia autoevaluación de los alumnos se puede concluir que el ABP como estrategia de enseñanza, y materializada mediante el informe criminológico, sirve para que el alumnado adquiera competencias o habilidades académicas. Concretamente, los resultados muestran que el alumnado tras cursar la asignatura en cuestión tiene un mayor conocimiento de como estructurar un trabajo académico, mejora el desarrollo del marco teórico e identifica que teorías e investigaciones avalan el supuesto práctico presentado, en este caso, por el profesorado. Además, aseguran haber mejorado tras acabar el cuatrimestre sus competencias en materia de elaboración de conclusiones y su relación de estas últimas con los pronunciamientos previos por parte de la literatura académica.

De hecho, en todas estas variables se encontraron dependencia con el momento de tiempo en el que se realizó el cuestionario, lo que podría llevar a concluir que el impartir la asignatura genera en los alumnos un aprendizaje no solo del temario, sino de habilidades académicas. La idea de esta enseñanza basada en informes es que los alumnos aprendan no solo sus competencias como criminólogos, sino que mejoren o adquieran las competencias oportunas de cara a la elaboración del TFG en cuarto curso o el desarrollo de artículos científicos.

Sin embargo, en el caso de las variables acerca de la citación de literatura científica tanto a lo largo del texto, como al final en la bibliografía, los resultados mostraron que estas competencias no eran dependientes del momento del cuestionario.

Esto puede llevar a concluir que la impartición de la asignatura no consigue que los alumnos mejoren estas habilidades académicas.

Finalmente, se podría resumir que las nuevas metodologías docentes por las que se apuesta en la asignatura de Prevención de la Delincuencia en el grado en Criminología de la Universidad de Málaga consiguen en el alumnado un aprendizaje más activo que genera no solo nuevos conocimientos en materia criminológica, sino una mejora en competencias indispensables en el mundo académico.

8. BIBLIOGRAFÍA

ARROYO, Sergio. A vueltas con la eterna pregunta: ¿Para qué sirve un criminólogo? Las (posibles) salidas profesionales de la criminología. *Archivos de Criminología, Seguridad Privada y Criminalística*, 2020, nº 25, p. 85-103.

AUSÍN, Vanesa, et al. Aprendizaje basado en proyectos a través de las TIC: Una experiencia de innovación docente desde las aulas universitarias. *Formación universitaria*, 2016, vol. 9, no 3, p. 31-38.

BARROWS, Howard S. A taxonomy of problem-based learning methods. *Medical education*, 1986, vol. 20, nº 6, p. 481-486.

BRUNS LEDESMA, Daniel. El Informe criminológico aplicado a la valoración del riesgo de reincidencia en delitos viales: diseño e implantación de un proyecto piloto en la Policía Local de Salt. 2018.

CASADO PATRICIO, E. (2020). El Informe Criminológico como Metodología de Innovación Docente. VII Jornadas Iberoamericanas de Innovación Educativa en el Ámbito de las TIC y las TAC (InnoEducaTIC 2020). 978-84-09-22254-4.

CUARESMA MORALES, David. El informe criminológico en el contexto penitenciario. *Revista de Derecho Penal y Criminología, 2010, num. 3, p. 339-351*, 2010.

DE MIGUEL DÍAZ, Mario, et al. *Metodologías de enseñanza y aprendizaje para el desarrollo de competencias: orientaciones para el profesorado universitario ante el Espacio Europeo de Educación Superior*. Madrid: Alianza editorial, 2006.

DECLARACIÓN DE BOLONIA. *El espacio europeo de educación superior.* Declaración Conjunta de los ministros europeos de educación. Bolonia, 1999, vol. 19.

ESCRIBANO, Alicia; y DEL VALLE, A. El aprendizaje basado en problemas (ABP). *Bogotá: Ediciones de la U,* 2015.

GACÍA-ESPAÑA, Elisa. Innovación docente para la adquisición de competencias en el grado de criminología. *Vivat Academia. Revista de Comunicación,* 2011, p. 1100-1112.

GARRIDO GENOVÉS, Vicente; GUARDIOLA GARCÍA, Javier; CLIMENT DURÁN, Carlos. El informe criminológico forense: teoría y práctica. *El informe criminológico forense,* 2012, p. 1-195.

IMBERNÓN MUÑOZ, Francisco. La investigación sobre y con el profesorado. La repercusión en la formación del profesorado: ¿cómo se investiga? *Revista electrónica de investigación educativa,* 2012, vol. 14, nº 2, p. 1-9.

MANCEBO, Isabel Germán. El informe criminológico: Su interés y alcance en el ámbito judicial. *International e-journal of criminal sciences,* 2013, nº 7, p. 2-23.

MOLINA ORTIZ, José Antonio, et al. Aprendizaje basado en problemas: una alternativa al método tradicional. *Red U: revista de docencia universitaria,* 2003.

PÉREZ FANDIÑO, I. (2015). Informe criminológico. La derivación de un caso a mediación intrajudicial.

PRIETO, Leonor. Aprendizaje activo en el aula universitaria: el caso del aprendizaje basado en problemas. *Miscelánea Comillas. Revista de Ciencias Humanas y Sociales,* 2006, vol. 64, nº 124, p. 173-196.

ROMERO MUÑOZ, Rogelio. Archivos de criminología, seguridad privada y criminalística. *Revista Archivos de Criminologia, Criminalistica y Seguridad Privada,* 2016, nº 17, p. 3-5.

SUBIJANA ZUNZUNEGUI, Ignacio José. El acoso escolar: un apunte victimológico. *Revista electrónica deficiencia penal y criminología,* 2007, vol. 9, nº 3.

UNIVERSIDAD POLITÉCNICA DE MADRID (UPM), Servicio de Innovación educativa. Aprendizaje Basado en Problemas, Guías rápidas sobre nuevas metodologías. 2008.

Capítulo 4

Metodología activa con anotaciones multimedia para trabajar con grupos grandes en la enseñanza superior

VIOLETA CEBRIÁN ROBLES
Profesora Ayudante Doctora
Universidad de Extremadura

1. INTRODUCCIÓN

El desarrollo de la competencia digital en la educación de todos los niveles es ya un requisito máxime en la enseñanza universitaria. Esta competencia se reclama a todo profesional de la docencia, teniendo como referencia el *DigCompEdu*, Marco Europeo de la Competencia Digital de los Educadores dirigido a los docentes de todos los niveles. Recientemente se ha presentado el informe sobre *Competencias digitales del profesorado universitario en España* (Mora-Cantallops et al., 2022, p.28) coordinado por la JCR y la CRUE, donde se describe la autopercepción que los docentes consideran disponen sobre la competencia para la transformación digital de su enseñanza, encontrando algunas diferencias en cuanto a mejor autopercepción en competencias digitales según qué variables, como: rama de conocimiento (las CCSS y Humanidades mejor autopercepción que el resto), edad (entre 25 y 49 años mejor autopercepción que el resto), docencia en grado o postgrado (mejor autopercepción los docentes en el postgrado), género (no hay diferencias) y docentes permanentes y no permanentes (no hay diferencias), siendo el área de competencia "*Educación Abierta*" el que mayoritariamente consideran que tienen un nivel Novel A1 y Explorador/a A2[1] seguido de las áreas de "Los contenidos digitales", "*La evaluación y retroalimentación*" y "*El empoderamiento del estudiantado*". De alguna forma, todos estos temas se abordan en este capítulo, pues plantea posibles soluciones con metodológicas de anotaciones multimedia con apoyo de tecnologías de video digitales para generar dinámicas activas en grandes grupos. Sin duda, las universidades tienen la responsabilidad de la formación digital con proyectos de innovación docente y otras modalidades formativas, como se indica en la página 45 de dicho informe, donde se recomienda a las universidades la formación de los docentes en esta competencia, pero el docente tiene que dar un cambio de actitud unido con reconocimiento a este esfuerzo. Por tanto, son objetivos de este capítulo:

---

1 Los niveles de autopercepción son seis: A1 (Novel), A2 (Explorador/a), B1 (Integrador), B2 (Experto/a), C1 (Líder) y C2 (Pionero/a).

- Exponer una metodología con evidencias sobre los beneficios a la calidad educativa, donde se trabaja con grandes grupos y recursos de vídeos digitales, cada vez más en auge, y con una tecnología y metodología como son las anotaciones de vídeo.
- La enseñanza la consideramos como un enfoque de mejora constante, donde la investigación sobre la docencia y la reflexión compartida entre docentes sobre la práctica adquieren cotas cada vez más elevadas de competencia profesional docente. Se proponen propuestas metodológicas del uso de anotaciones de vídeo que generan datos con resultados factibles para publicaciones científicas.

2. DOCENCIA EN ASIGNATURAS CON GRUPOS GRANDES

Una de las recomendaciones sobre los enfoques más eficaces de la enseñanza para lograr los mayores resultados en los logros académicos es la personalización de la misma como son los portafolios digitales (Awolusi et al., 2018), esto no quiere decir que no podamos conseguir éxitos con grandes grupos, siempre que se plantee un diseño previo con dinámicas activas y participativas, donde la tecnología tiene un importante papel para organizar la información y contenidos, compartir las interpretación y valoraciones de clase como almacenar todo para un proceso de revisión y aprendizaje más tarde de forma individual por el estudiante, más pausado y a su ritmo. Esto obliga, sin duda, por un lado, a diseñar la intervención del aula con algunos modelos como técnicas de *gamificación* y modelos de *clase invertida* para atender a las dudas y realización de ejercicios en clase (Prieto Martín, 2017; 2020). Y, por otro lado, a elaborar materiales y recursos complementarios previo a las clases, como registrar todos los debates y flujo de comunicación, retroalimentación del docente, etc., precisamente con el uso de las tecnologías como es el caso de las metodologías de anotaciones en los propios recursos de videos. Igualmente, desarrollar un modelo de Aprendizaje Basado en Proyecto o un modelo de portafolios digital es difícil con grandes grupos, pero sí podría ser interesante valorar un proyecto por equipo de estudiantes que ocupe todo el curso, un tema complementario del temario, estudios de caso, etc., por cada equipo, y con su breve exposición final sea una oportunidad más para que todo el grupo realice una experiencia de aprendizaje que conlleve otras competencias más específicas de gestión de la información, calidad en la búsqueda, resolución de problemas, etc., valorados por todo el grupo en esta exposición final con tecnologías en el mismo acto (rúbrica digital, escala de evaluación, anotaciones, etc.).

En la programación docente encontramos asignaturas muy diferentes según el tamaño de los grupos, existiendo materias que van desde grandes grupos como la mayoría de las troncales, a materias del prácticum o la supervisión individual del TFG o TFM, siendo obvio que no todas las materias requieren las mismas metodologías como tecnologías por muy innovadoras que sean, al menos con el mismo enfoque, sin que consideremos o realicemos adaptaciones según el tamaño del grupo. Los programas suelen estar más cargados de materias troncales en los primeros cursos del grado, donde los estudiantes muestran ciertas particularidades (consiguen dominar con rapidez el campus virtual, pero no así, el debate y discusión sobre los contenidos que se proponen para profundizar, o la organización y trabajo en equipos, que muchas veces acarrea discusión entre los miembros por diferencias en el grado de participación y compromiso, no siendo conscientes en muchos casos de que en el mundo profesional deberán trabajar en equipos y afrontar diversidad de técnicas de trabajo). A esto se une que son las materias troncales aquellas que muestran los contenidos más básicos y fundamentales para el grado; por lo que, una buena atención al diseño de intervención en grandes grupos son claves para tener una buena respuesta y motivación de los estudiantes. Es por ello importante buscar metodologías activas para dinamizar y comprometer con el aprendizaje a los estudiantes de grandes grupos, veamos a continuación qué claves más relevantes podemos considerar en este tipo de grupos numerosos.

2.1. Claves generales para trabajar con grupos grandes

La docencia requiere de preparación previa para conseguir llegar al alumnado, bien a través de casos prácticos o alguna dinámica, entre otros. Sin embargo, cuando el grupo clase es grande, captar la atención parece más difícil. En estos casos, es común utilizar técnicas generales como las que nos proponen Rodríguez y Díaz (2015):

- Alternar cada 15 o 20 minutos la exposición, bien oral, por ordenador, a través de proyector, etc.
- Intercalar ejemplos prácticos y reales a medida que profundizamos en el contenido, y generar debates a raíz de ellos.
- Tener preparados pequeños vídeos que tras su visualización trabajamos a través de un debate o práctica.
- Formular preguntas cada cierto tiempo para mantener la atención.
- Hacer pausas cada cierto tiempo para promover la reflexión de aquello que estamos trabajando, así como generar posibles debates.

Todas estas técnicas sirven para no caer en la monotonía o rutina, evitando la desmotivación y desconexión del alumnado en clase y con la asignatura. A ello debemos incluir técnicas de trabajo y recursos que faciliten el trabajo con grupos numerosos. Uno de ellos es el video digital, recurso cada vez más utilizado, que condensa la información sobre un contenido o la narración sobre un caso real en unos minutos, y que promueve el debate posterior con el alumnado. Otro puede ser el uso de portafolios, que facilita el aprendizaje en equipo e involucra la participación de todos los miembros del equipo al requerir una responsabilidad individual que recae sobre cada uno de ellos para que el trabajo alcance el éxito (Sobrados-León, 2016). Así como la gamificación, metodología cada vez más empleada en la enseñanza superior y de gran interés para el alumnado por su gran atractivo al conllevar unos retos a superar a raíz de unas normas previamente establecidas. En muchos casos, esta metodología se complementa con el *Flipped Classroom* o aula invertida, promoviendo el aprendizaje autónomo pese a tratarse de un grupo numeroso. Sin embargo, no solo debemos centrarnos en evitar la distracción del alumnado o cómo promover la participación en grupos numerosos, sino también en cómo el docente debe gestionar su trabajo de forma práctica y que le permita responder y ofrecer a los estudiantes una retroalimentación de calidad. Si decidimos utilizar una metodología innovadora, debemos tener en cuenta el trabajo que para el docente supone (por ejemplo, elevado número de actividades para revisar y corregir). Por ello, hay que agudizar a la hora de seleccionar una metodología o varias de forma simultánea para que sea asequible al alumnado, pero también al profesorado en su tarea de revisión y seguimiento. Un ejemplo de ello es el proyecto promovido por Vicente et al. (2016) en el que se intercala la metodología de *flipped classroom* y gamificación, en este caso, en el grado de medicina, para promover la participación y captar el interés del alumnado, así como fomentar su aprendizaje autónomo, utilizando para ello lo que llamaron "*flipped classroom exprés*", que consistió en cuestionarios exprés desde el inicio de la asignatura que reportó al profesorado aquellos puntos en los que el alumnado tenía mayores dificultades, información que ayudó al docente a facilitar material complementario para esclarecer o complementar la información que ocasiona dificultades.

2.2. El papel de la tecnología para trabajar con grupos grandes

La tecnología es un recurso que permite múltiples posibilidades de trabajo, especialmente con grupos grandes. Cabe destacar que el uso que se propone es siempre como recurso tecnológico en apoyo del proceso de enseñanza aprendizaje, como un medio y no un fin.

Entre las múltiples ventajas del empleo de tecnología para la formación de grupos grandes en enseñanza superior podemos destacar:

- Rentabilizar el tiempo. Con la tecnología podemos programar las distintas fases de una actividad, promover una retroalimentación automática, así como generar un informe de forma automática con los resultados obtenidos tras la realización de la actividad, o sólo de una de sus partes para poder debatirlo con el alumnado.
- Motivación a la participación. La tecnología es un recurso atractivo para el alumnado, por la rápida respuesta que proporcionan, las múltiples funcionalidades, la posibilidad de crear retos, etc. Cabe destacar la motivación como aspecto clave y facilitador de la enseñanza aprendizaje, siendo una de las maneras más prácticas para desarrollar y promover la inteligencia (Llanga et al., 2019).
- Visión rápida del grupo de clase sobre sus evidencias, conocimientos, percepciones... Los resultados o evolución quedan registrados, y de forma rápida podemos comprobar la participación, interacción, dedicación...
- Evaluación ipsativa, pudiendo comparar lo que el alumnado conocía previamente con lo nuevo aprendido.

- Rápida retroalimentación entre los participantes. La tecnología nos permite generar una retroalimentación automática, lo que facilita el desarrollo del aprendizaje y dinamiza la actividad.
- Generar un historial del conocimiento (a través de gráficos, estadísticos...). A través de diversas herramientas o aplicaciones para trabajar en el aula, nos permiten generar o exportar los datos de los resultados obtenidos, para generar a partir de ellos, gráficos o estadísticos que promuevan un debate posterior entre los participantes.

2.3. Herramientas y aplicaciones digitales para hacer más activas las clases con grupos grandes

Es creciente el número de aplicaciones o herramientas digitales diseñadas o adaptadas para trabajar en la enseñanza universitaria. Podemos enumerar multitud de ellas, pero siempre quedamos desactualizados, pues cada día nacen nuevas aplicaciones o las conocidas aparecen con nuevas versiones y funcionalidades. Esto puede ser frustrante para los docentes que quieren incorporar la tecnología en sus aulas y estar actualizados, pues ya es conocida la carga de trabajo que acompaña al profesorado, que muchas veces se encuentra desbordado de docencia, tutorías, seminarios, dirección de TFG, TFM, etc., y que a la par quiere ser innovador y mantenerse actualizado en herramientas digitales siendo todo un reto. Es por ello, que hemos considerado más enriquecedor generar bloques de herramientas según sus funcionalidades, basándonos en la estructura y algunas de las herramientas propuestas por García-Fuentes et al. (2020), de forma que, al estar agrupadas, es más fácil localizar aquellas que necesitamos según nuestras circunstancias, docencia, propuestas didácticas o grupo clase. Igualmente, bastará con que dentro de cada bloque conozcamos dos o tres herramientas para captar su estructura general y funcionalidades, permitiéndonos asimilar o comprender mejor y más rápidamente las herramientas o aplicaciones que vayan naciendo y, evitando así, tener que hacer un esfuerzo mayor de comprensión cada vez que desarrollen una herramienta nueva. Sin duda, necesitaríamos un espacio mayor que el presente capítulo para atender tan solo una de estas dimensiones, por lo que aquí no pretendemos nada más que dibujar un boceto de las más relevantes que pueden aportar para grandes grupos.

Bloque 1. Gestión de tareas y de información

¿Qué aportan las tecnologías para facilitar y gestionar tareas e información? Tres razones relevantes:

1.- *Estructuración de los contenidos y tareas propuestas en formato digital.* Esto permite al alumnado tener acceso al contenido o actividades propuestas de forma automática, y en formatos que faciliten el aprendizaje.

2.- *Comunicación rápida de información.* Permite al alumnado y profesorado estar actualizados y recibir avisos de cualquier novedad o información de interés, así como de tareas entregadas o por entregar.

3.- *Organización eficaz de tareas entre los participantes en la actividad o proyecto.* Permite programar actividades o las fases de un proyecto, distribuyendo las tareas entre los miembros, así como optimizar el tiempo de trabajo.

Algunas herramientas para una metodología con las funciones anteriores descritas podrían ser: *CoAnnotation* (se abordará específicamente más adelante), *Moodle, Trello, Google Classroom, Asana* y *GoCongr,* entre otros. Destacaremos las dos siguientes:

Moodle (https://moodle.org/). Plataforma de aprendizaje que permite crear espacios de aprendizaje. Es bastante intuitivo, y ofrece una gran variedad de funcionalidades. Es gratuito de código abierto. Se trata de un entorno de aprendizaje que podremos personalizar según nuestras necesidades o propuestas didácticas.

Trello (https://trello.com). App que permite gestión eficiente de un proyecto entre sus participantes. Se ilustra sobre un tablero, que puede dividirse en listas donde ir incorporando tarjetas según la organización previamente acordada. De un vistazo, nos permite comprobar el ritmo del proyecto, tareas iniciadas, en proceso o por finalizar. Puedes incorporar texto, una imagen, crear un checklist, etc.

Bloque 2. Exposición en el gran grupo y recopilación del conocimiento construido en clase.

¿Qué aportan las tecnologías para las presentaciones en clase de grandes grupos? Tres razones relevantes:

1.- *Más participación de los estudiantes.* Provocamos en el estudiante una actitud más participativa individualmente, como al mismo tiempo colaborando en pequeños ejercicios en equipos, de forma más lúdica o *gamificada* al competir por ejemplo con aciertos a preguntas en equipos o individualmente aciertos, dilemas, preguntas, etc.

2.- *Mayor control de los tiempos y dinámicas por el docente.* Con una planificación y la presentación con contenidos pautados podemos calcular el tiempo y la dinámica del grupo como prevenir los resultados.

3.- *Permite generar datos de las respuestas, gráficos, anotaciones,* etc., para su análisis al final del ejercicio como guardar sus resultados para otros análisis más profundos como estudios sobre el aprendizaje de nuestros estudiantes.

Algunas herramientas para una metodología con las funciones anteriores descritas podrían ser: *CoAnnotation* (se abordará específicamente más adelante), *Kahoot, Socrative.com, Quizizz.com, Plickers* y *Nearpod.* Destacaremos las dos siguientes:

Kahoot (https://kahoot.com/) La herramienta genera una batería de preguntas elaboradas previamente por el docente con diferentes formatos, como cuestiones de opciones múltiples y que de forma síncrona durante la exposición de las pantallas los estudiantes pueden contestar con un límite de tiempo, con puntuaciones y ranking según si las respuestas son más rápidas y acertadas. Además, puedes configurar para que aparezca o no una música que anima a la participación y competición sana entre los estudiantes, así como incorporar imágenes, definir un tiempo de respuesta entre unos intervalos, etc.

Nearpod (https://nearpod.com/) dispone de funciones parecidas a una presentación de Microsoft, solo que de forma síncrona los estudiantes mediante dispositivos móviles u ordenadores pueden interaccionar con las diapositivas que se proyectan, generando datos de las opiniones de los estudiantes sobre diferentes contenidos como gráficas o dibujos, cuestionario, lluvia de ideas... En la versión gratuita el número máximo de estudiantes se limita a 30.

Bloque 3. Creación y resolución de actividades

¿Qué pueden aportar las tecnologías para la creación y resolución de actividades? Tres razones relevantes:

1.- *Interactividad.* El diseño de actividades que requieran de la interacción de los estudiantes, incluyendo imágenes, audios, retos, tiempo, recursos varios, insignias, etc., promueve la participación e interés.

2.- *Retroalimentación inmediata*. La respuesta inmediata a las interacciones realizadas por los estudiantes les anima a continuar mejorando y aprendiendo. Agiliza el aprendizaje e incita o despierta el interés por seguir conociendo o profundizando en la temática.

3.- *Motivación.* El atractivo de actividades digitales interactivas despierta el interés del alumnado que actualmente está inmerso en la tecnología. Esta motivación promueve el aprendizaje.

Algunas herramientas para una metodología con las funciones anteriores descritas podrían ser:

CoAnnotation (se abordará específicamente más adelante), *Educaplay* y *WordWall*, entre otras.

Educaplay (https://es.educaplay.com). Es una herramienta que nos permite diseñar juegos interactivos sobre la temática que estemos abordando en clase, de forma que el alumnado pueda profundizar o trabajar un determinado contenido bien realizando una actividad de localización de imágenes, un comecoco o una sopa de letras, entre otras muchas. Se trata de actividades con un formato que todos conocemos por haber jugado en nuestra infancia, y que se pueden rescatar como formato atractivo para trabajar el contenido que estemos abordando en clase, y que en la enseñanza superior pueden resultar atractivos y rompedor de rutina.

WordWall (https://wordwall.net). Es una herramienta con la que diseñar juegos interactivos, parecido a Educaplay, pero con pequeñas diferencias en su estructura. Se trata de una herramienta muy utilizada durante la pandemia, por promover el aprendizaje de una forma atractiva, facilitando una rápida retroalimentación.

Ambas herramientas son gratuitas, aunque tienen una versión de pago o premium que aumenta el número de funcionalidades.

Bloque 4. Estrategias de evaluación con tecnologías

¿Qué facilitan las tecnologías en la evaluación de los aprendizajes? La evaluación no es solo calificación, puede considerarse en tres momentos importantes que preparan al estudiante para mostrar su conocimiento en pruebas de conocimientos finales calificables, como pueden ser procesos de diagnóstico previo como de retroalimentación del docente, expertos invitados o de los propios pares sobre cuestiones y ejercicios en clase. Tres ventajas más relevantes:

1.- *Facilitar un diagnóstico inicial rápido del conocimiento* que todo el grupo dispone sobre un tema para abordar a continuación la temática en profundidad.

2.- *Provocar la retroalimentación rápida, mostrarla y almacenarla* para su posterior análisis y evolución del aprendizaje en clase o individualmente sobre estudios de caso, ejercicios, recursos...

3.- *Compartir los criterios de calidad entre los docentes y estudiantes* como forma previa y eficaz antes de salir al mundo profesional para aprender a evaluar productos, servicios y trabajos de otros o de uno mismo.

Algunas herramientas para una metodología con las funciones anteriores descritas podrían ser:

CoAnnotation (se abordará específicamente más adelante), *Kahoot, Plickers, Quizlet y Corubric.*

Elegimos a continuación la herramienta Corubric (https://corubric.com/) dada su capacidad para la colaboración (de ahí su nombre) y rapidez para desarrollar una evaluación en la misma clase por el docente frente a un ejercicio, caso de estudio, tarea, etc., y confrontarla con la que presentan los estudiantes al mismo ejercicio, como también desarrollar una evaluación entre pares sobre las presentaciones orales en clase (Pérez-Torregrosa et al., 2022), etc. Es decir, podemos generar dinámicas más activas en clase con diferentes técnicas de evaluación formativa (autoevaluación, evaluación de pares, evaluación 360°, evaluación ipsativa…) de forma rápida y mostrando resultados visuales en la pantalla de clase, que una vez compartidos, podemos analizar lo aprendido en gran grupo, como exportar sus resultados para estudios más productivos posteriormente. Estos datos pueden ser vistos en directo al momento de evaluar con un móvil u ordenador, tanto de forma anónima, como resultados de equipos o individualmente si fuera necesario.

3. METODOLOGÍA DE ANOTACIONES MULTIMEDIA (MAM): HERRAMIENTA COANNOTATION

Una vez conocido el potencial en educación del uso de vídeos digitales para la enseñanza y aprendizaje, nos centramos en las ventajas del uso de vídeos para trabajar con grupos grandes, como es a través de la Metodología de Anotaciones Multimedia (MAM, en adelante) y más concretamente, en una herramienta específica de anotaciones multimedia llamada *CoAnnotation*. Esta herramienta nos permite crear anotaciones multimedia sobre una secuencia concreta de vídeo, así como su posterior análisis, pero ¿por qué utilizar las anotaciones con *CoAnnotation* para trabajar con grupos grandes?

- Los vídeos digitales permiten registrar modelos y hechos de forma más directa y complementaria al texto escrito e imagen fija.
- Son muy utilizados actualmente encontrando muchos ejemplos y recursos en plataformas como YouTube, entornos ideales para trabajar con *CoAnnotation*.
- Podemos generar un glosario de términos que se almacenan con anotaciones y explicaciones, que más tarde

podemos exportar de todos los vídeos utilizados en el curso como un recurso más en formato Excel.

- Las anotaciones permiten compartir interpretaciones sobre hechos visionados por el grupo.
- Permiten generar una nube de etiquetas y anotaciones que pueden ayudar en las competencias actuales de *social tagging*.

3.1. ¿Qué es una anotación?

Una anotación es una aclaración añadida sobre el propio recurso, a un margen. Si acudimos a la Real Academia Española (RAE), nos define anotación como "acción y efecto de anotar", y anotar, por tanto, como "poner notas en un escrito, una cuenta o un libro" (Real Academia Española, s.f., definición 1).

Las anotaciones pueden realizarse sobre diversos formatos, como pueden ser: textos e imágenes, así como vídeos y sonidos (Cebrián-de-la-Serna, 2020). En este capítulo, al hablar de anotaciones multimedia, le añadimos el aspecto digital, pues se trata de anotaciones sobre un formato multimedia.

3.2. Herramienta CoAnnotation y funcionalidades

La herramienta *CoAnnotation* (https://coannotation.com) nació para dar respuesta a la necesidad de mayor interacción y participación en los MOOC (Massive Online Open Courses) entre los usuarios inscritos (Monedero-Moya et al., 2015). Estos son cursos masivos online en abierto en los que participa un número elevado de usuarios, lo que en muchos casos dificulta, entorpece o desmotiva las interacciones de los usuarios con los contenidos online y a su vez, con el resto de participantes o usuarios. Partiendo de su origen, y con el mismo objetivo de fomentar la participación e interacción del alumnado, hemos utilizado la herramienta en formación tanto presencial como online.

CoAnnotation es una herramienta a disposición de los usuarios de forma gratuita, siendo intuitiva y ofreciendo una gran diversidad de funcionalidades. Tan solo requiere subir a la plataforma de la herramienta el enlace al vídeo que sea de nuestro interés para trabajar con el alumnado. Ese vídeo previamente debe estar incorporado a una plataforma de vídeo como puede ser YouTube o Vimeo, como las plataformas de vídeo más utilizadas. Desde ahí, tan solo tendremos que copiar el enlace e incorporarlo en la herramienta *CoAnnotation*, preferiblemente en una carpeta previamente creada según nuestros intereses. Por ejemplo, podremos crear carpetas según las distintas asignaturas que impartimos, por contenido de trabajo o por curso académico.

Las funcionalidades de la herramienta son muy diversas, entre otras, podemos destacar las siguientes:

- Permite la creación de etiquetas que el usuario deberá seleccionar y asignar a cada una de sus anotaciones, de forma que facilita el posterior análisis de las anotaciones a través del etiquetado.
- Ofrece la posibilidad de descargar las anotaciones elaboradas por los usuarios para su posterior análisis pormenorizado o conservación.
- Facilita la creación de la anotación ofreciendo dos teclas para marcar el inicio y fin de la anotación, de forma que ésta quede reflejada tan sólo en el intervalo de vídeo concreto que nos interesa.
- Nos permite ocultar o publicar las anotaciones individuales elaboradas por los usuarios, de forma que el docente podrá decidir en qué momento los estudiantes pueden ver el resto de las anotaciones elaboradas

por los compañeros para darles respuesta o lectura y debate.

- Ofrece entre sus opciones un botón que sobrepone al vídeo una representación visual en forma de línea de los intervalos en los que se concentran más o menos anotaciones. Nosotros nos referimos a cúspides (punto donde se concentra mayor número de anotaciones) y valles (aquellos puntos donde hay menor número de anotaciones o nulo).
- También ofrece un botón que muestra superpuesto al vídeo la representación de todas las anotaciones y su extensión a lo largo del vídeo. Si hacemos clic sobre una de las anotaciones se abrirá la ventana con el comentario redactado.

3.3. Fases en el uso de anotaciones multimedia (MAM)

El uso de anotaciones multimedia puede agruparse en cuatro fases:

1ª fase–Fragmentar y descomponer el mensaje.

El alumnado podrá visionar el vídeo a través de la herramienta *CoAnnotation* y, partiendo del conocimiento de que disponen para analizarlo, posteriormente podrán generar anotaciones según sus experiencias y reflexiones, e incorporar a cada anotación la etiqueta o etiquetas que consideren pertinentes, de entre las facilitadas y creadas previamente por el docente en base a la actividad planteada.

2ª fase–Compartir y analizar las reflexiones entre pares.

Una vez cada estudiante ha elaborado sus propias anotaciones, el docente podrá hacerlas visibles para que todo el grupo clase pueda leerlas y darle respuesta, bien contestando a la pregunta que haya podido formular un compañero, bien completando la información aportada o mostrando su conformidad o no con una idea expuesta.

3ª fase–Debatir sobre las reflexiones.

Cuando todos han creado sus anotaciones y luego han intervenido leyendo y contestando anotaciones de otros compañeros, llega el momento de reflexionar en grupo pudiendo generar un debate apoyado en las estadísticas, gráficas o nubes de palabras que la herramienta nos permite descargar.

4ª fase–Profundidad en la complejidad del mensaje.

Tras el debate de grupo, se profundiza en el mensaje para intentar dar una respuesta conjunta a la pregunta formulada en la consigna de la actividad, o para plantear el reto de generar una única idea de grupo sobre un dilema planteado en el vídeo. De esta forma, todos tendrán que unir fuerzas y coordinarse para elaborar una respuesta de grupo.

3.4. Uso en la docencia e investigación. Ejemplos prácticos.

La herramienta *CoAnnotation* y MAM tienen una gran variedad de usos para la docencia e investigación, especialmente para grupos grandes. Entre ellas, proponemos las siguientes:

- Preguntas e investigaciones. Se puede diseñar una actividad que parta de unas preguntas que formula el docente para que los estudiantes identifiquen, respondan, etc., dentro del propio mensaje del vídeo.

- Dudas que anotan los estudiantes. Se visualiza el vídeo a través de la plataforma para trabajar un contenido, y el alumnado formula sus dudas a través de anotaciones que otros compañeros pueden contestar con revisión del docente.
- Marcas e indicaciones. Sobre el vídeo se generan anotaciones que supongan marcas e indicaciones de puntos clave y que faciliten así, la atención y comprensión del mensaje.
- Segmentos de vídeo que seleccionamos. El docente puede seleccionar un segmento de vídeo por su importancia para abordar un contenido concreto, y el alumnado deberá identificar argumentos, detectar evidencias de un buen o mal razonamiento planteado, etc.
- Glosario. Podemos crear a raíz del vídeo y por medio de anotaciones un glosario de términos y conceptos que puedan ser de interés.
- Anotaciones para ampliar el sentido. En este caso, las anotaciones nos ayudan a ampliar el sentido del mensaje y se encargan de esclarecer aquellas partes que puedan suponer mayor dificultad.
- Anotaciones con etiquetas para clasificar y analizar. Se puede presentar un vídeo en el que el alumnado deba incluir anotaciones que clasifiquen la información y la analicen posteriormente de forma colectiva, como puede ser el caso de una noticia falsa, donde tendrán que localizar la afirmación o comentario falso o erróneo.
- Análisis, expresiones creativas, valoraciones, etc., que plantea el docente o alumnado sobre una obra de arte.

- Apuntes. Consiste en elaborar anotaciones sobre el mensaje para reflejar ideas, teorías, conceptos, etc.
- Gráficos, nubes de palabras... Estos nos ayudan a analizar las anotaciones y etiquetas seleccionadas por el alumnado de forma rápida, pudiendo posteriormente generar un debate a raíz del resultado del análisis.
- Señalar los elementos de un modelo, teoría o concepto representado en una imagen.
- Identificar errores vs. aciertos. El docente puede proponer el visionado a través de la herramienta de un vídeo que refleje, por ejemplo, una entrevista. El alumnado deberá anotar y etiquetar según se identifiquen o no con la idea expuesta por el entrevistado.

Algunas experiencias prácticas llevadas a cabo y posteriormente publicadas:

a. Creación de redes profesionales para compartir buenas prácticas con el uso de las TIC. Coincidiendo la pandemia por la Covid19, se desarrolló una experiencia actualmente publicada (Ruíz-Rey et al., 2021a) entre 8 universidades de tres países distintos donde un representante de cada universidad explicaba a través de un vídeo el uso de las TIC en el desarrollo del prácticum en la facultad de educación de su universidad, y a través de la herramienta *CoAnnotation* todos tuvimos acceso a los distintos vídeos donde se creó un debate y espacio para compartir experiencias y recursos a raíz de las anotaciones multimedia sobre los distintos vídeos. El objetivo fue generar un entorno de desarrollo profesional que facilite o promueva la reflexión de los docentes en el desarrollo de su práctica docente, con vistas a mejorar en el uso de las tecnologías para la tutorización del prácticum.

b. Análisis de videoguías con anotaciones multimedia. Es un problema generalizado la falta de lectura por parte de los estudiantes de las guías docentes como recurso informativo a disposición del alumnado desde el inicio de la asignatura. Esto nos hizo proponer el desarrollo de vídeos que recogen las explicaciones más importantes de la guía docente, hablamos de videoguías. Una vez elaborada por el docente, el primer día de clase se facilita su visionado a través de la plataforma de *CoAnnotation*, de forma que el alumnado puede generar sobre la videoguía las dudas que le surjan sobre el contenido de la asignatura (evaluación, tutorías...). Las anotaciones podrán recibir respuestas por parte de otros compañeros si conocen la respuesta que será revisada por el docente, o bien obtener respuesta del propio docente. Las anotaciones quedan registradas, así como el enlace a plataforma y vídeo alojados en el campus virtual para que sirva de instrumento de información y formulación y resolución de dudas a lo largo de toda la asignatura.

Llevamos a cabo esta experiencia actualmente publicada (Ruíz-Rey et al., 2021b) con dos asignaturas de dos universidades distintas, la Universidad de Málaga (UMA) y la Universidad de Vigo (UVigo). En total, participaron 132 estudiantes de ambas universidades. Las tres preguntas del estudio fueron:

¿Qué conocimiento tienen los estudiantes de las guías didácticas?

¿Qué satisfacción otorgan los estudiantes al uso de videoguías?

¿Qué satisfacción tienen los estudiantes sobre las anotaciones de vídeo para el análisis de las videoguías?

Los resultados mostraron que el 91.7% no lee las guías docentes o lo hacen con poco detalle. Se corroboró que a medida que suben de curso, la lectura de las guías docentes es mayor. Finalmente, el 92.6% se mostró a favor de utilizar las videoguías frente a las guías tradicionales.

c. Práctica colaborativa con anotaciones de vídeo. Es conocida la importancia de promover el pensamiento crítico y reflexivo entre el alumnado. Para ello, podemos plantear el análisis de un contenido de vídeo a través de anotaciones multimedia. Realizamos una experiencia didáctica texto vs vídeo, actualmente publicada (Cebrián-de-la-Serna et al., 2021), en el que participaron 274 estudiantes de dos universidades distintas, Universidad de Málaga y Universidad de Granada, durante dos cursos académicos 2016-2017 y 2017-2018. Se diseñó una misma actividad en dos formatos. Por un lado, en formato texto para trabajarlo en el aula, y por otro en formato vídeo para trabajarlo desde la plataforma de *CoAnnotation.* Una clase trabajó la actividad con un formato y otra clase con otro. Los resultados los contrastamos y demostraron diferencias tanto en la cantidad como en la calidad de las respuestas recibidas por parte de los estudiantes. Y en la folcsonomía amplia son más numerosos, pero más dispersos y viceversa. Se concluyó que el uso de anotaciones multimedia supuso una forma práctica de animar a los estudiantes a participar y poner en práctica el razonamiento reflexivo sobre la realidad profesional.

4. BIBLIOGRAFÍA

Awolusi, I., Marks, E., & Hallowell, M. (2018). Wearable technology for personalized construction safety monitoring and trending: Review of applicable devices. Automation in Construction, 85, 96–106. https://doi.org/10.1016/j.autcon.2017.10.010

Cebrián-de-la-Serna, M., Gallego-Arrufat, M.J. & Cebrián-Robles, V. (2021). Multimedia Annotations for Practical Collaborative Reasoning. *Journal of New Approaches in Educational Research–(NAER), 10*(2), 264-278. https://doi.org/10.7821/naer.2021.7.664

Cebrián-de-la-Serna, M. (2020). Anotaciones multimedia y Vídeo digital. En Raposo-Rivas, M. y Cebrián-de-la-Serna, M., *Tecnologías para la formación de educadores en la sociedad del conocimiento.* Madrid: Pirámide.

García-Fuentes, O., Raposo-Rivas, M. & Martínez-Figueira, M.E. (2020). M-learning, dispositivos y aplicaciones móviles para el aula. En Raposo-Rivas, M. y Cebrián-de-la-Serna, M., *Tecnologías para la formación de educadores en la sociedad del conocimiento.* Madrid: Pirámide.

Mora-Cantallops, M., Inamorato Dos Santos, A., Villalonga-Gómez, C., Lacalle Remigio, J.R., Camarillo Casado, J., Sota Eguzábal, J.M., Velasco, J.R., y Ruiz Martínez, P.M. (2022). *Competencias digitales del profesorado universitario en España. Un estudio basado en los marcos europeos DigCompEdu y OpenEdu.* JRC/CRUE. https://acortar.link/A2zcKA

Llanga Vargas, E. F., Murillo Pardo, J. J., Panchi Moreno, K. P., Paucar Paucar, M. M., & Quintanilla Orna, D. T. (2019). La motivación como factor en el aprendizaje. *Atlante Cuadernos de Educación y Desarrollo* (junio). https://bit.ly/3pCouli

Monedero-Moya, J.-J., Cebrián-Robles, D., & Desenne, P. (2015). Usability and Satisfaction in Multimedia Annotation Tools for MOOCs. *Comunicar, 22*(44), 55–62. https://doi.org/10.3916/C44-2015-06

Pérez-Torregrosa, A.-B., Gallego-Arrufat, M.-J., & Cebrián-de-la-Serna, M. (2022). Digital rubric-based assessment of oral presentation competence with technological resources for preservice teachers. *Estudios Sobre Educación.* https://doi.org/10.15581/004.43.009

Prieto Martín, A. (2017). *Flipped Learning: Aplicar el modelo de Aprendizaje Inverso.* Madrid: Editorial Narcea.

Prieto Martín, A. [Canal audiovisual UNIA] (2020, julio 6). Flipped Classroom en docencia universitaria. Alfredo Prieto Martín. #WebinarsUNIA2020-21, (Plan de Formación, apoyo y asesoramiento al profesorado 2020-21). [Archivo de video]. https://vimeo.com/436232532

Real Academia Española. (s.f.). Anotar. En Diccionario de la lengua española. Recuperado el 3 de septiembre de 2022, de https://dle.rae.es/anotar

Rodríguez Andara, A., & Díaz de Corcuera, I. (2015). Estrategias y técnicas docentes para aplicar en clases magistrales y trabajo en equipo con grupos grandes de alumnos universitarios. *Ikastorratza, e-Revista de didáctica, (14),* 3. https://bit.ly/3o4oI4C

Ruiz-Rey, F.-J., Cebrián-Robles, V., & Cebrián-de-la-Serna, M. (2021a). Redes profesionales en tiempo de Covid19: compartiendo buenas prácticas para el uso de TIC en el prácticum. *Revista Practicum, 6*(1), 7-25. https://doi.org/10.24310/RevPracticumrep.v6i1.12283

Ruiz-Rey, F.J., Cebrián-Robles, V. & Cebrián-de-la-Serna, V. (2021b). Análisis de las videoguías con anotaciones multimedia, *Campus Virtuales, 10*(2), 97-109. https://bit.ly/3qn30dI

Sobrados-León, M. (2016). El trabajo docente en grupos numerosos. Experiencias en el uso del portafolios. *Revista de Ciencias Humanas y Sociales, 32*(10), 773-788. https://idus.us.es/handle/11441/95810

Vicente Torres, María Ángeles y Colino Matilla, Asunción y Comas Rengifo, María Dolores y Martín Fernández, Beatriz (2016) *Flipped classroom exprés y gamificación para fomentar el aprendizaje autónomo en grupos numerosos.* [Proyecto de Innovación Docente]. https://eprints.ucm.es/id/eprint/35219/

Capítulo 5

La percepción de los estudiantes sobre su proceso de aprendizaje en Derecho penal. Evaluación de metodologías activas en grupos de grandes dimensiones

DEBORAH GARCÍA MAGNA
Profesora Contratada Doctora
Universidad de Málaga

1. ANTECEDENTES DE ESTE ESTUDIO

En el contexto del proyecto de innovación educativa "Respuestas a los desafíos que ofrece la docencia universitaria y la evaluación en grupos grandes (PIE 19-171)", de la Universidad de Málaga, se han diseñado diversas actividades englobadas en el marco de las metodologías activas, para ponerlas en práctica en la docencia del Derecho penal en grupos con numeroso alumnado inscrito.

Se parte del convencimiento de que las metodologías en las que los estudiantes se implican de manera activa producen un aprendizaje sólido y duradero, a la vez que se interiorizan competencias que les permiten afrontar en mejores condiciones los retos futuros. No obstante, en el contexto de clases en las que hay un número alto de estudiantes, la aplicación de técnicas docentes alternativas se complica. Como se verá en estas páginas, resulta imprescindible hacer uso de los recursos tecnológicos que tenemos a nuestro alcance, en especial aquellos incorporados al campus virtual.

La hipótesis de partida es que las técnicas docentes alternativas a la lección magistral convencional (como transmisión de conocimiento unidireccional) consiguen que los estudiantes tengan una mejor experiencia de su propio aprendizaje, integrando más fácilmente y de manera duradera y efectiva los contenidos curriculares y las competencias requeridas en los planes de estudios. Como hipótesis secundaria, se parte de que las técnicas docentes alternativas logran además una mejor predisposición del estudiante de cara a cualquier otro aprendizaje futuro (no necesariamente relacionado con el actual). En definitiva, es necesario comprender que el estudiante no es un recipiente pasivo que se llena de conocimiento, sino un sujeto interactivo al que se le deben dar las herramientas para que aprenda a buscar el conocimiento, y en ese sentido, los docentes nos debemos convertir en facilitadores de los procesos de aprendizaje[1].

---

[1] Zambrano Garza, M.; Habib Mireles, L.; Alfaro Cazeres, N.G.: "La intervención del docente como facilitador del aprendizaje", en *Revista COPEI,* año 3, número 4, noviembre 2016 – abril 2017. Steiner, G., Ladjali, C.: "Elogio de la transmisión. Maestro y alumno", Ediciones Siruela, 2005.

El proyecto cuya fase final se presenta en estas páginas intenta implementar y evaluar actividades o técnicas docentes alternativas a la lección magistral, que es la metodología que tradicionalmente se ha aplicado en los grupos grandes, especialmente en los estudios de Derecho. En anteriores eventos científicos (*Edunovatic* 2020, *We Teach We Learn* 2021), se han descrito las actividades llevadas a cabo por mi parte en el curso 2019/20 y 2020/21 y se ha diseñado una propuesta de evaluación de las mismas, con el objetivo de identificar los posibles aspectos a mejorar y confirmar las hipótesis de partida. En concreto, la comunicación "Una experiencia de uso del campus virtual en la docencia del Derecho penal en grupos grandes" (*Edunovatic* 2020) presentaba las diferentes actividades diseñadas y realizadas a través del uso de las nuevas tecnologías centralizadas en la herramienta "campus virtual", como alternativa al trabajo en el espacio físico y temporal del aula y la clase, respectivamente. En la comunicación "La docencia del Derecho penal en grupos grandes. Una propuesta de evaluación de metodologías activas" (*We Teach We Learn* 2021), por su parte, se presentaba una propuesta de evaluación de dichas metodologías centrada en tres ejes: la percepción de los estudiantes acerca de las metodologías aplicadas, la satisfacción general sobre la actividad docente y la valoración de los resultados académicos obtenidos como grupo. Posteriormente, en el Congreso *Desafíos y oportunidades de la docencia y la evaluación en grupos de grandes dimensiones*, celebrado en la Universidad de Málaga en diciembre de 2021, se presentó una última comunicación titulada "Resultados de la evaluación de metodologías activas aplicadas en la docencia del derecho penal en grupos grandes", en la que se mostraba un avance de los resultados de la aplicación de una parte de dicha propuesta de evaluación, una vez obtenidos y analizados los datos, aunque todavía quedaban otros datos por analizar y los otros dos ejes del proyecto por realizar.

Ahora, en estas páginas, se va a completar el trabajo de estos años, presentando el proyecto completo, una vez finalizada tanto la puesta en práctica de las metodologías planificadas, como evaluada su aplicación.

2. LA DOCENCIA DEL DERECHO PENAL EN GRUPOS GRANDES: METODOLOGÍAS ACTIVAS VS. LECCIÓN MAGISTRAL

En los últimos veinte años las universidades se han transformado en muchos sentidos, pero en lo que respecta a los docentes, se ha puesto de manifiesto la necesidad de incorporar a su conocimiento experto sobre la materia impartida otras competencias[2], como la capacidad de transmitir y la habilidad de interpretar y tratar aspectos no directamente relacionados con dicho conocimiento y más cercanos a la formación integral como ciudadano que a lo estrictamente científico, como pueden ser la colaboración y la responsabilidad social. Ello implica sin lugar a dudas la necesidad de incorporar metodologías activas más allá de la mera exposición de contenidos[3]. Sin embargo, lo cierto es que hay ciertas actividades, como los debates, los comentarios sobre jurisprudencia, o la resolución de casos prácticos, que se hacen muy complicadas en contextos de alumnado numeroso. Por otra parte, algunas actividades de construcción del conocimiento de manera cooperativa son prácticamente inviables si no se buscan métodos que permitan una tutorización y atención individualizada, o la distribución de los estudiantes en grupos más pequeños para que puedan

---

2 Zabalza Beraza, M.A.: *Competencias docentes del profesorado universitario.* Madrid: Narcea, 2003.

3 Espejo Leupín, R.: "¿Pedagogía activa o métodos activos? El caso del aprendizaje activo en la universidad", en *Revista Digital de Investigación en Docencia Universitaria,* junio 2016, vol. 10, nº 1, pág. 25.

trabajar en el aula[4]. Además, en materias con gran contenido teórico y conceptos complejos no se puede prescindir totalmente de la explicación docente. Pero en estos casos, los estudios sobre evaluación de técnicas docentes han puesto de manifiesto que los estudiantes prefieren la clase magistral trascendente o formativa, frente a la meramente expositiva[5], es decir, aquella que incluye explicaciones dinámicas, procesos bidireccionales y aprendizaje práctico.

Una de las mejores opciones para poder llevar a cabo actividades de todo tipo cuando los grupos son muy numerosos es hacer uso de las plataformas *Moodle, Classroom*, etc., que se han generalizado en los últimos años tanto en niveles superiores (universitario) como en otros de educación obligatoria (primaria y secundaria). Concretamente la plataforma *Campus Virtual* de la Universidad de Málaga, se basa en la herramienta Moodle y es muy intuitiva y fácil de utilizar, tanto para el estudiante como para el docente. Sus posibilidades son muy amplias y van mucho más allá de la construcción de conocimiento teórico entre los implicados en el proceso de aprendizaje[6]. La multitud de posibilidades que tiene el campus virtual hace que sea una plataforma de recursos y metodologías activas que pueden complementar de manera muy acertada la docencia presencial.

---

4 García Magna, D.:"Metodologías para el aprendizaje duradero en Derecho penal", en *Actas II Congreso Internacional Virtual sobre la Educación en el s. XXI*, Eumed, 2012.

5 Elgueta Rosas, M.F.; Palma González, E.E.: "Una propuesta de clasificación de la clase magistral impartida en la Facultad de Derecho", en *Revista Chilena de Derecho,* vol. 41, n°3, 2014, pág. 918.

6 Ríos Corbacho, J.M.: "Sobre la metodología y herramientas en la enseñanza del moderno Derecho penal", en *Revista Jurídica de Investigación e Innovación Educativa,* n° 6, junio 2012, pág. 73. Verona Martel, M.C.: "Métodos didácticos aplicables a materias de las disciplinas administrativas, de la lección magistral al campus virtual", en *Tiempo de Educar,* año 5, segunda época, n° 9, enero-junio 2004.

Sus principales fortalezas se basan en la posibilidad de salvar las dificultades de los grupos grandes y abordar contenidos en programaciones extensas. Permiten programar actividades variadas (foros de debate, trabajos de investigación, búsqueda y análisis de jurisprudencia, estudio de casos, reflexiones y comentarios sobre noticias y artículos doctrinales, cuestionarios de autoevaluación, elaboración de glosarios, etc.) y dan al estudiante autonomía y libertad de organización del tiempo, además de adaptarse a los distintos ritmos y necesidades de aprendizaje[7].

Por otra parte, la realización de casos en el aula, siempre que se puedan abordar de manera participativa (lo que en grupos grandes puede ser complicado[8]), permite dar un enfoque práctico a las clases presenciales, facilitando una interacción simultánea dentro del grupo, algo que en el campus virtual se hace más difícil.

Durante los últimos años, en la docencia de la asignatura Derecho Penal Parte Especial se han llevado a cabo multitud de actividades o metodologías docentes, de manera que los estudiantes han tenido la oportunidad de realizarlas tanto en grupo como individualmente, dentro y fuera del aula, así como en entornos de aprendizaje virtual, favoreciendo la interiorización de

---

7 Reyero, D., Morcillo, J.G., Rodríguez, E., Gil, F., Jover, G.: "Elaboración de criterios pedagógicos para un mejor aprovechamiento de los campus virtuales", en *Revista Electrónica Teoría de la Educación. Educación y Cultura en la Sociedad de la Información*, vol. 9, nº 1, febrero 2008.

8 García Magna: "Una experiencia novedosa de simulación en el aula. El trabajo de investigación y negociación previo al proceso penal", en Aprendizaje colaborativo y técnicas de simulación, Ed. Tirant Lo Blanch, Madrid, 2019. García Magna, D., Castillo Rodríguez, C., Ríos Moyano, S., et al.: "La interdisciplinariedad en la educación superior: Propuesta de una guía para el diseño de juegos de rol", en *Education in the Knowledge Society EKS*, 12 (1), 2011.

manera duradera de los conocimientos propios del Derecho penal que se adquieren de forma autónoma pero guiada por la docente. Todo ello ha supuesto que las clases presenciales sean más dinámicas y participativas, y que se saque más partido a los conocimientos a través del campus virtual. En concreto, para llevar a cabo este proyecto que ahora se presenta, se han evaluado solo tres de las actividades puestas en práctica: la *lección magistral activa* (con uso habitual de ejemplos, constante atención a las cuestiones que surgen durante la clase, y preguntas de control y retroalimentación); los *cuestionarios de autoevaluación* en el campus virtual (adaptativos, tanto teóricos como prácticos, con retroalimentación y posibilidad de nueva respuesta, y similares a las pruebas de evaluación formales); y los *casos prácticos* (en grupo o de manera individual, debiendo realizar la calificación jurídica a partir del relato de hechos como defensa o acusación, y desarrollándolos en el aula o en modo cuestionario en el campus virtual).

A continuación, se presenta la metodología utilizada para evaluar estas actividades y los principales resultados obtenidos.

3. METODOLOGÍA

En primer lugar, con el objetivo de obtener retroalimentación de los estudiantes sobre las metodologías que se quieren evaluar, se han aplicado dos cuestionarios con 30 preguntas cerradas (escala Likert y opción múltiple) y 5 preguntas abiertas (caja de texto). Uno de los cuestionarios recoge la percepción de los estudiantes sobre las metodologías innovadoras, en general, frente a la tradicional lección magistral, y el segundo se centra en la valoración de dos de las técnicas innovadoras aplicadas. En concreto, se ha procedido a recabar información de la percepción sobre la resolución de casos prácticos y los cuestionarios de autoevaluación, entre otras actividades. La encuesta ha sido contestada por 40 estudiantes.

En segundo lugar, con el objetivo de obtener información sobre la experiencia global del estudiante durante el curso, se han analizado los resultados de la encuesta de satisfacción sobre la actividad docente que se les pasa a los estudiantes por parte de la propia Universidad y en la que se comparan los resultados obtenidos por el docente con los de los demás docentes del área de conocimiento, la titulación y de la Universidad en su conjunto. Se ha llevado a cabo una comparación con los resultados obtenidos en cursos anteriores en los que no se han puesto en práctica todas estas metodologías. Ciertamente no se trata de una comparación entre experiencias del mismo grupo de estudiantes, pero sí coinciden los contenidos y la propia persona del docente aplicando algunas metodologías distintas.

Por último, con el objetivo de obtener información sobre el proceso de aprendizaje del estudiante, se han analizado los resultados académicos obtenidos en el curso en el que se aplican de manera novedosa estas metodologías, y se han comparado con los del curso anterior y posterior. Nuevamente surge la limitación de tratarse de grupos distintos, conformados por individuos diferentes. En futuras investigaciones sobre innovación docente sería preciso contar con un grupo de control.

4. RESULTADOS

4.1. Resultados de los cuestionarios de evaluación de la lección magistral y las actividades innovadoras

Se han seleccionado solo algunos de los datos más significativos, en la medida en que presentan resultados de los que se pueden extraer claramente algunas conclusiones.

En primer lugar, respecto a la percepción sobre la utilidad que tienen para el estudiante las metodologías analizadas en cuanto al aprendizaje de contenidos, como se puede observar en el gráfico 1, mientras que cuando se les pregunta por la lección magistral convencional hay un 23,1% que la consideran inútil o poco útil (valores 1 y 2), ese porcentaje baja considerablemente (10,3%) cuando se trata de valorar la utilidad de las actividades innovadoras (casos prácticos y cuestionarios de autoevaluación). La puntuación más alta (muy útil) es bastante mayor en este último caso (76,9%) que en el de la lección magistral (53,8%). En cualquier caso, ambas metodologías se consideran útiles o muy útiles por la mayoría de los encuestados (76,9% respecto a la lección magistral y 89,7% respecto a las actividades innovadoras)

Gráfico 1. Percepción sobre utilidad para el aprendizaje de contenidos

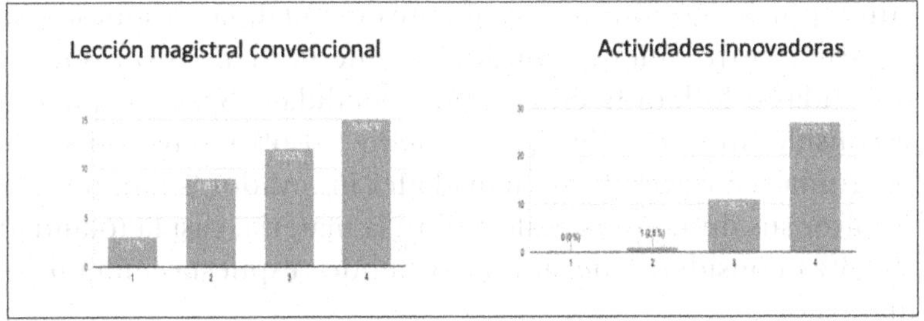

En un sentido similar al anterior, cuando se pregunta a los estudiantes por el grado de implicación que han alcanzado en la asignatura (gráfico 2), las respuestas se reparten entre diferentes grados de implicación en el caso de la lección magistral, no llegando al 70% los estudiantes que se han implicado algo o mucho, mientras que en el caso de las actividades innovadoras prácticamente todos se han implicado en alguna medida, y el porcentaje de los que consideran que lo han hecho algo o mucho llega casi a la totalidad de la muestra (97,4%).

Gráfico 2. Grado de implicación alcanzado por el estudiante

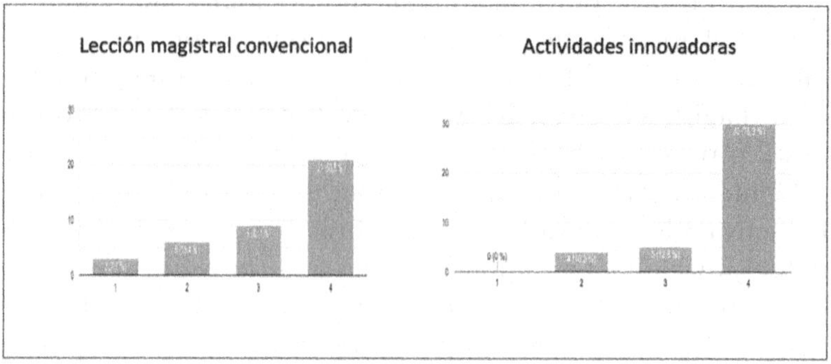

Lección magistral convencional

Actividades innovadoras

En cuanto a la percepción de los estudiantes sobre si sus dudas personales han sido resueltas (gráfico 3), de nuevo se repite el mismo patrón, en la medida en que cuando se les pregunta por la lección magistral convencional, las respuestas se reparten entre quienes consideran que no han visto resueltas sus dudas o lo han hecho en poca medida (38,5%) y quienes sí consideran que se les han resuelto (61,6%). Cuando se les pregunta si a través de las actividades innovadoras han podido resolver sus dudas personales sobre la materia, casi la totalidad (92,3%) considera que sí, no existiendo respuestas en el nivel más bajo.

Gráfico 3. Nivel de solución de dudas personales del estudiante

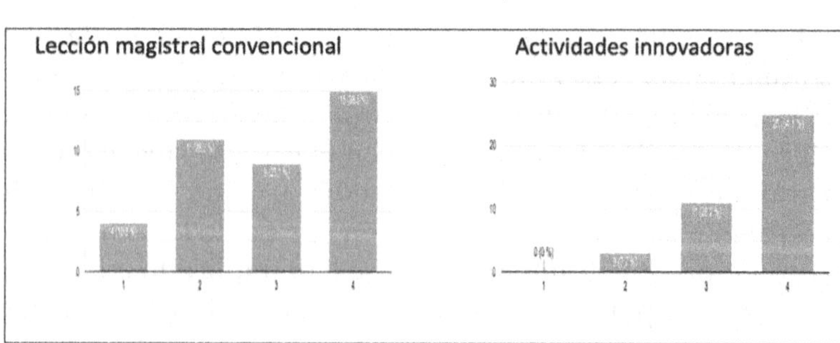

En cuanto a la valoración general que hacen de las actividades innovadoras aplicadas (casos prácticos y cuestionarios de autoevaluación) respecto a la lección magistral convencional, como se observa en el gráfico 4, la gran mayoría (82,2%) valora mejor las actividades innovadoras que la lección magistral, frente al 17,2% que las valora igual, no existiendo nadie que haya considerado mejor la lección magistral que las actividades evaluadas.

Gráfico 4. Valoración de actividades innovadoras respecto lección magistral

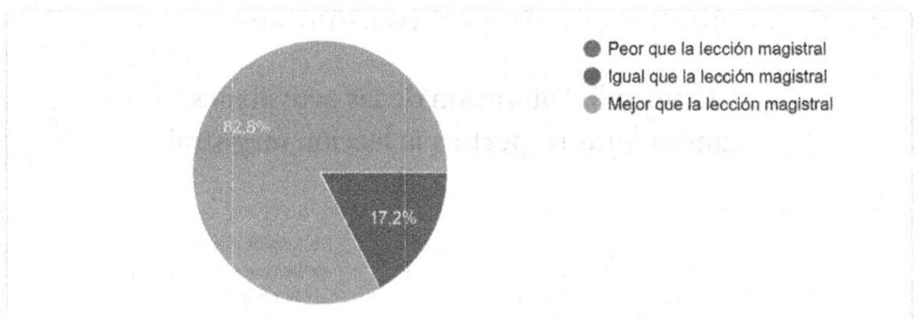

Otra de las cuestiones que se han planteado en el cuestionario es la valoración que los estudiantes hacen de las dos actividades evaluadas como alternativa a la lección magistral, a partir de unos ítems concretos con formato de respuesta múltiple (gráfico 5). Como puede observarse, la característica que más destacan es que se trata de actividades amenas (41,4%) y que se sienten motivados para realizar el trabajo previo necesario para completarlas (31%). El porcentaje baja un poco respecto a la percepción de ser protagonistas de su propio aprendizaje (20,7%). Solo un 6,9% ha destacado la cualidad de sentirse cómodos durante estas actividades, por lo que puede suceder que se sientan más cómodos en un formato de escucha activa (lección magistral) que en uno en el que se tienen que implicar de manera participativa (cuestionarios de autoevaluación y casos prácticos). No se han obtenido respuestas para el ítem relacionado con la percepción de responsabilidad sobre el aprendizaje ajeno, lo cual puede deberse a que no lo destaquen especialmente al ser preguntados por las dos actividades en conjunto y ser esta una cualidad más presente en la resolución de casos prácticos que en los cuestionarios de autoevaluación. Sin duda, en estos últimos el producto final es normalmente individual (aprendizaje personal) mientras que en la resolución de casos prácticos sí se comparten las diferentes opiniones con los compañeros. En cualquier caso, no parece que este aspecto sea especialmente valorado por los estudiantes.

Gráfico 5. Valoración de las actividades innovadoras respecto a la lección magistral

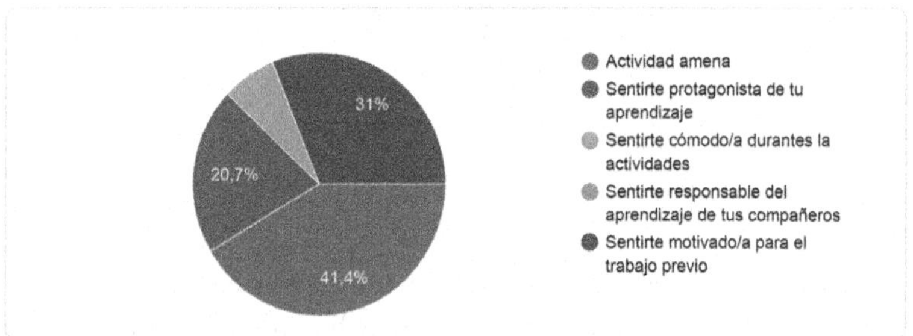

Otra de las cuestiones por las que se ha preguntado a los estudiantes es en qué medida las actividades innovadoras planteadas han fomentado su interés por la asignatura (gráfico 6). La mayoría tiene una buena percepción en este aspecto, situándose en el máximo casi el 80% y en una buena percepción el 24,1%. Nadie ha marcado los valores del 1 al 3, por lo que en general se puede afirmar que estas actividades son muy útiles para promover el interés por la materia.

Gráfico 6. Fomento del interés por la asignatura (actividades innovadoras)

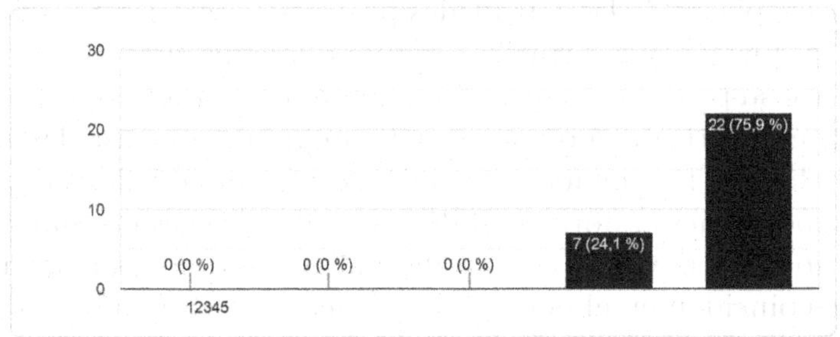

Si anteriormente se presentaban los resultados de la valoración de los cuestionarios de autoevaluación y los casos prácticos en relación con la lección magistral, con opciones de respuesta cerradas (gráfico 5), cuando se les pregunta exclusivamente por estas actividades y en qué medida se han sentido protagonistas de su aprendizaje, el gráfico 7 muestra datos más variados que en el item anterior. En concreto, la mayoría contestan afirmativamente (los valores 4 y 5 representan el 82,8% de las respuestas), sin embargo hay también estudiantes que no consideran que estas actividades les coloquen especialmente en el centro del proceso de aprendizaje (los valores 2 y 3 representan el 17,2% de las respuestas, aunque nadie ha seleccionado el valor 1).

Gráfico 7. Percepción sobre protagonismo en el aprendizaje (actividades innovadoras)

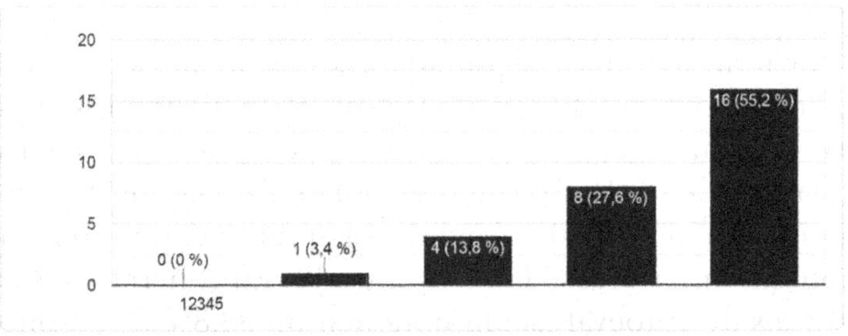

Se ha considerado importante obtener información sobre cómo gestionan los estudiantes el tiempo para conseguir cumplir los plazos de las actividades propuestas (gráfico 8). El uso de las plataformas virtuales permite que el usuario dirija y organice su proceso de aprendizaje, pero en ocasiones podemos caer en el error como docentes de programar demasiadas actividades que les pueden suponer una carga de trabajo excesiva. La coordinación horizontal de los grados a veces no funciona como debería y hay pruebas de evaluación o tareas exigentes que coinciden en el tiempo, lo que redunda en una sensación de sobrecarga y esfuerzo excesivo para seguir la asignatura. Los datos del cuestionario en este item apuntan a que, en efecto, un porcentaje significativo de los estudiantes (31% para el valor 3) consideran que podrían organizar mejor su tiempo, mientras que casi un 70% piensan que sí hacen una buena gestión del mismo (valores 4 y 5).

Gráfico 8. Buena gestión del tiempo para cumplir plazos

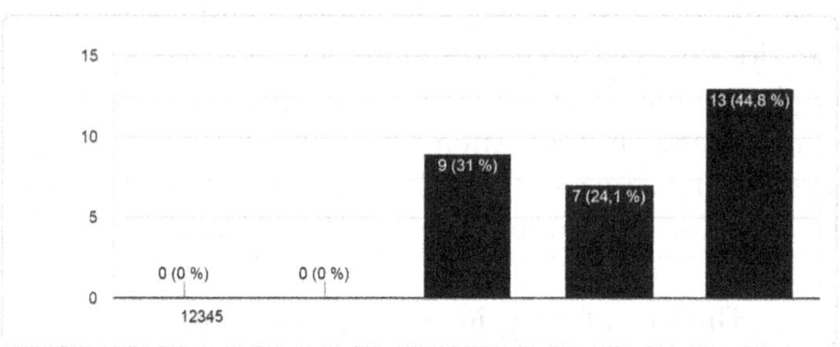

Por último, se ha preguntado a los estudiantes por la valoración general que hacen de los casos prácticos y los cuestionarios de autoevaluación, con posibilidad de marcar en una escala de 1 a 10. Los resultados ponen de manifiesto que en general estas actividades son muy bien valoradas, no habiendo respuestas inferiores al 6 o 7 (gráfico 9). En concreto, los cuestionarios de autoevaluación obtienen un 82,8% de respuestas que muestran una alta satisfacción (valores entre 8 y 10), mientras que los casos prácticos obtienen un 93% de respuestas en esos mismos valores.

Gráfico 9. Valoración general de las actividades aplicadas

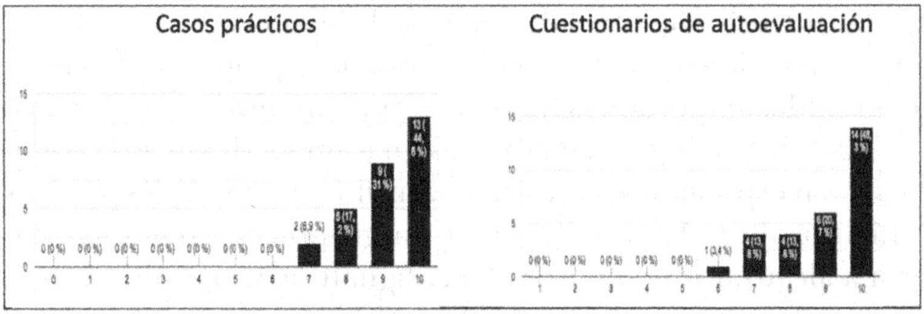

Casos prácticos

Cuestionarios de autoevaluación

4.2. Resultados de la encuesta general de satisfacción sobre la actividad docente

A continuación, se muestran los resultados de la encuesta de satisfacción con la actividad docente que se les pasa a los estudiantes todos los cursos y se compara con la media obtenida por el profesorado de la Universidad (Universidad de Málaga), de la titulación (Grado en Derecho) y del Área de Conocimiento (Derecho Penal). Además de preguntar sobre el grado de satisfacción general con la labor docente, el cuestionario incluye otras 13 preguntas sobre diferentes aspectos. En concreto, se pueden encontrar 3 preguntas relacionadas con el grado de cumplimiento de la programación académica (información a los estudiantes sobre su contenido, objetivos, sistema de evaluación, etc., seguimiento de la planificación establecida, claridad en la presentación de los contenidos que se deben conocer para superar la asignatura), otras 3 preguntas relacionadas con el grado de preocupación del docente por el proceso de aprendizaje de los estudiantes (interés por el grado de comprensión de las explicaciones, resolución de dudas planteadas, respeto en el trato), y otras 6 preguntas que tienen relación directa con las metodologías aplicadas y las competencias del docente para conseguir los objetivos de aprendizaje (coordinación de actividades teóricas y prácticas, buena organización de las actividades que se realizan en clase, uso de recursos didácticos como la pizarra, medios audiovisuales, material de apoyo en red virtual, etc., capacidad de explicar con claridad, seguridad y resaltando contenidos importantes, habilidad para motivar a los estudiantes para que se interesen por la asignatura mediante una comunicación espontánea y fluida, desarrollo de actividades teóricas, prácticas de trabajo individual y en grupo, etc., que contribuyen a alcanzar los objetivos de la asignatura, y, por último, aplicación de criterios y sistemas de evaluación que se consideren adecuados para valorar el aprendizaje).

Aunque se puede observar que los resultados obtenidos por la docente siempre superan las medias mencionadas (gráfico 10), llama la atención que precisamente dichos resultados han mejorado mucho en los últimos cursos, en los que se ha hecho un uso más intenso del campus virtual y se han incorporado a la práctica docente algunas actividades más de las que ya se aplicaban anteriormente.

Gráfico 10. Evolución de los resultados de encuesta de satisfacción con la actividad docente (cursos 2011/12 a 2020/21)

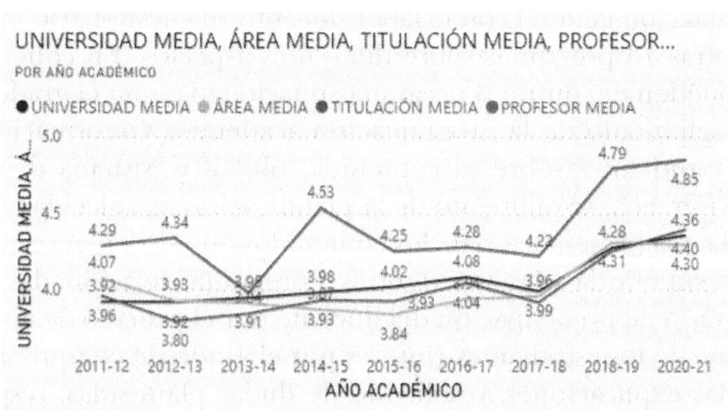

4.3. Resultados académicos obtenidos por los estudiantes

Los resultados académicos pueden ser un indicador importante de la calidad de la docencia, pero por supuesto no el único. Se ha querido tener en cuenta en este proyecto, aunque lo cierto es que los resultados, como se verá a continuación, no son demasiado concluyentes en la comparación con los obtenidos los cursos anterior y posterior. Se muestran las calificaciones finales obtenidas en el sistema de evaluación continua en primera convocatoria, en los cursos 2019/20 (previo al proyecto), 2020/21 (cuando se pone en práctica y se evalúan las actividades implementadas) y 2021/22 (como continuación del proyecto iniciado, aunque ya no se evalúan las actividades realizadas).

Tabla nº 1. Resultados académicos obtenidos (cursos 2019/20 a 2021/22)

	Suspensos	**Aprobados**	**Notables**	**Sobresalientes**	**No presentados**
2019/20	0,83%	29,16%	55,83%	8,33%	5,83%
2020/21	0%	31,38%	42,33%	16,78%	9,51%
2021/22	0%	48,03%	29,92%	4,72%	17,32%

Como se observa, si bien el número de suspensos ha descendido y el de aprobados se ha incrementado considerablemente, hay variaciones en las notas más altas (desciende el número de notables y, aunque parece aumentar el número de sobresalientes, en el siguiente curso vuelve a descender). Aunque cada curso está formado por individuos distintos, con diferentes situaciones y grados de implicación en la asignatura, llama la atención que el número de "no presentados", es decir, personas que no han realizado la evaluación continua y que, probablemente prefieren presentarse al sistema de examen final en segunda convocatoria, ha aumentado. Ello puede significar que el sistema resulta demasiado exigente y hay un número creciente de estudiantes que no pueden seguirlo, aunque también puede ser algo coyuntural. Para poder sacar conclusiones más claras sería conveniente hacer un seguimiento en los próximos cursos. En cualquier caso, resulta positivo que la tendencia de personas que consiguen superar la asignatura sea creciente, pues ello implica que se alcanzan los contenidos y se adquieren las competencias por un porcentaje muy alto de los estudiantes inscritos.

5. CONCLUSIONES

A partir de las respuestas abiertas a los cuestionarios que se han usado para evaluar la aplicación de las técnicas docentes se concluye que las actividades innovadoras respecto a la lección magistral llevan a una mejor interiorización de contenidos, aumentan la facilidad de comprensión y aplicación práctica de estos, promueven el respeto a los diversos ritmos y formas de aprendizaje y ayudan a llevar la asignatura al día. Por otra parte, los estudiantes valoran especialmente que el campus virtual es una plataforma muy completa y que la organización de la asignatura en dicha plataforma presenta los recursos de forma muy ordenada y ello permite consultarlos en cualquier momento. Los estudiantes también indican que la profesora facilita saber qué contenidos son más importantes y establece elementos de evaluación previsibles y claros. Además, señalan que el uso de estas metodologías pone de manifiesto un interés de la docente por el proceso de aprendizaje del estudiante.

Por otra parte, respecto a la lección magistral (no convencional, pues durante las clases se realizan explicaciones dinámicas con uso de muchos ejemplos y pausas para iniciar debates en torno a cuestiones más polémicas o que presentan más dificultad), el cuestionario pone de manifiesto que se valora también muy bien esta metodología. Aunque hay ciertas diferencias en la valoración de unas actividades y otras, estas no son muy contundentes. En las respuestas abiertas se observa una preferencia por alternar ambas metodologías (la lección magistral y las actividades como los casos prácticos, los cuestionarios de autoevaluación, etc.), de manera que no se deberían abandonar las explicaciones teóricas.

En cuanto al uso del campus virtual como recurso metodológico, se concluye que es bien valorado por los estudiantes, pues contribuye al trabajo autónomo y a una mejor organización del tiempo. Además, en el contexto concreto del proyecto que se presenta en estas páginas, su uso facilita la docencia y la evaluación en grupos grandes. Parece, por tanto, que quedaría confirmada la hipótesis principal: "Las técnicas docentes alternativas a la lección magistral convencional (como transmisión de conocimiento unidireccional) consiguen que los estudiantes tengan una mejor experiencia de su propio aprendizaje, integrando más fácilmente y de manera duradera y efectiva los contenidos curriculares y las competencias requeridas en los planes de estudios". Respecto a la hipótesis secundaria ("las técnicas docentes alternativas logran además una mejor predisposición del estudiante de cara a cualquier otro aprendizaje futuro"), todo indica que es probable que también quede confirmada, pero para poder aseverarlo tendrían que realizarse evaluaciones del proceso de aprendizaje en otras asignaturas o situaciones problemáticas a las que se enfrente el estudiante en el futuro.

Es necesario tener en cuenta que el presente estudio tiene algunas limitaciones que pueden desvirtuar las conclusiones. En primer lugar, la muestra resulta reducida, pues el número total de estudiantes cada curso es de unos 120, pero finalmente, solo contestan a la encuesta de satisfacción de la actividad docente en torno a un 25%, y en el presente estudio han completado los cuestionarios un 33% de los estudiantes matriculados. Otra de las limitaciones es la ausencia de un grupo de control de características similares y que haya cursado la misma asignatura con metodología estrictamente convencional. La comparación entre grupos en este estudio se ha realizado con los de otros cursos (anterior y posterior), de composición probablemente algo distinta y con metodología similar (pues la docente responsable es la misma y las actividades no han cambiado en exceso de un curso al otro).

Para terminar, se propone continuar alternando la lección magistral con otras técnicas docentes más dinámicas, siempre partiendo de que dicha lección no puede ser meramente expositiva, sino dinámica y activa, con procesos bidireccionales y uso abundante de ejemplos. Otra de las propuestas es continuar con actividades como las que se han evaluado en este estudio (casos prácticos, cuestionarios de autoevaluación, uso del campus virtual como plataforma que facilita el acceso a la información y la autogestión del proceso de aprendizaje, etc.). Por último, los resultados académicos y algunas de las respuestas abiertas al cuestionario, ponen de manifiesto que es necesario coordinar adecuadamente la actividad docente entre los distintos profesores que entran en contacto con los estudiantes, para que este tipo de metodologías no supongan una sobrecarga que acabe desmotivándoles.

6. BIBLIOGRAFÍA

Elgueta Rosas, M.F.; Palma González, E.E.: "Una propuesta de clasificación de la clase magistral impartida en la Facultad de Derecho", en *Revista Chilena de Derecho,* vol. 41, nº3, 2014, págs. 907-924.

Espejo Leupín, R.: "¿Pedagogía activa o métodos activos? El caso del aprendizaje activo en la universidad", en *Revista Digital de Investigación en Docencia Universitaria,* junio 2016, vol. 10, nº 1, págs. 16-27.

García Magna: "Una experiencia novedosa de simulación en el aula. El trabajo de investigación y negociación previo al proceso penal", en Sánchez Hernández, C. (coord.): *Aprendizaje colaborativo y técnicas de simulación,* Ed. Tirant Lo Blanch, Madrid, 2019.

García Magna, D.: “Metodologías para el aprendizaje duradero en Derecho penal”, en *Actas II Congreso Internacional Virtual sobre la Educación en el s. XXI*, Eumed, 2012.

García Magna, D., Castillo Rodríguez, C., Ríos Moyano, S., et al.: “La interdisciplinariedad en la educación superior: Propuesta de una guía para el diseño de juegos de rol”, en *Education in the Knowledge Society EKS*, 12 (1), págs. 386-413, 2011.

Reyero, D., Morcillo, J.G., Rodríguez, E., Gil, F., Jover, G.: “Elaboración de criterios pedagógicos para un mejor aprovechamiento de los campus virtuales”, en *Revista Electrónica Teoría de la Educación. Educación y Cultura en la Sociedad de la Información*, vol. 9, nº 1, febrero 2008, págs. 5-24.

Ríos Corbacho, J.M.: “Sobre la metodología y herramientas en la enseñanza del moderno Derecho penal”, en *Revista Jurídica de Investigación e Innovación Educativa*, nº 6, junio 2012, págs. 55-80.

Steiner, G., Ladjali, C.: *Elogio de la transmisión. Maestro y alumno.* Ediciones Siruela, 2005.

Verona Martel, M.C.: “Métodos didácticos aplicables a materias de las disciplinas administrativas, de la lección magistral al campus virtual”, en *Tiempo de Educar*, año 5, segunda época, nº 9, enero-junio 2004, págs. 89-114.

Zabalza Beraza, M.A.: *Competencias docentes del profesorado universitario.* Madrid: Narcea, 2003.

Zambrano Garza, M.; Habib Mireles, L.; Alfaro Cazeres, N.G.: “La intervención del docente como facilitador del aprendizaje”, en *Revista COPEI*, año 3, número 4, noviembre 2016 – abril 2017, págs. 42-49.

Capítulo 6

Metodologías activas para la docencia en grandes grupos

MARÍA INMACULADA JIMÉNEZ PERONA
Profesora sustituta interina
Universidad de Málaga

MIGUEL ÁNGEL FERNÁNDEZ JIMÉNEZ
Profesor contratado doctor
Universidad de Málaga

JUAN JOSÉ LEIVA OLIVENCIA
Profesor titular
Universidad de Málaga

1. INTRODUCCIÓN

La importancia de las metodologías activas para la construcción de una educación de calidad es uno de los temas más relevantes en el actual panorama pedagógico. Así, no solo se trata de aspectos meramente técnicos o de aplicación transmisiva en el desarrollo vehicular de la profesión docente, sino de un compromiso inequívoco por facilitar las mejores y mayores oportunidades de aprendizaje significativo e innovador para todo el alumnado sin ningún tipo de excepción.

Precisamente, en este trabajo queremos reflexionar críticamente acerca de la docencia y la necesidad de imbricar activamente la evaluación como una parte inherente e ineludible de una formación integral, donde es esencial trabajar en el aula, potenciando el aprendizaje personalizado y el trabajo en equipo, a la vez que se promueve la retroalimentación, la supervisión y la orientación en gran grupo, en grupos más pequeños de estudiantes y, también, de forma más individualizada[1].

Ni que decir tiene que existen un buen número de desafíos y retos que están emergiendo de forma nítida dentro del actual mundo educativo y que requiere un debate sereno y sosegado acerca de las evidencias y estudios científicos que avalen el empleo de recursos didácticos participativos y eminentemente interactivos para la mejora de la calidad, amén de la eficiencia y la eficacia en los propios procesos formativos. Grosso modo, en este trabajo queremos reflexionar y debatir acerca de los siguientes desafíos:

- Falta de interacción personalizada: En grupos grandes, el profesorado no puede interactuar personalmente con cada estudiante, lo que puede dificultar la comprensión individual y el aprendizaje personalizado.

La interacción es el componente relacional y emocional clave en la formación, y el bienestar y el potencial máximo de

---

1 JIMÉNEZ HERNÁNDEZ, DAVID, GONZÁLEZ ORTIZ, JUAN JOSÉ, & TORNEL ABELLÁN, MARÍA. "Metodologías activas en la universidad y su relación con los enfoques de enseñanza". *Profesorado, Revista de Currículum y Formación del Profesorado, 24*(1), 2020, pp. 76-94.

aprendizaje se sitúa anclado de forma clara en las posibilidades reales de una mayor participación y una empatía auténtica que facilite los mejores aprendizajes para todo el alumnado. Así, no podemos negar que la docencia desde un punto de vista magistral adquiere muchas dificultades, especialmente derivadas de la falta de un intercambio directo entre el profesorado y el alumnado y entre el mismo alumnado entre sí[2].

Hoy día, la incorporación de elementos tecnológicos y digitales como recursos y herramientas innovación educativa pueden facilitar el ahorrarnos el desarrollo de estructuras o dispositivos de aprendizaje basados en la clase o exposición magistral, por ejemplo, utilizando el flipped classroom o, en su caso, reduciendo al máximo la parte más transmisible de la docencia para incrementar y aumentar los tiempos destinados al trabajo colaborativo[3].

- Dificultad para fomentar la participación activa: En grupos grandes, puede ser difícil para el profesorado fomentar la participación activa de todos los estudiantes. Los estudiantes más tímidos o introvertidos pueden no sentirse cómodos para hablar en grupo.

Desde el punto de vista del espacio formativo es importante tener en cuenta el Mundo emocional de todos los intervinientes y agentes educativos, especialmente los estudiantes. La educación emocional es hoy uno de los principales baluartes y ejes básicos de una educación de calidad, moderna e inclusiva para todo el alumnado y sus familias. Las dificultades

---

2 SOBRADOS-LEÓN, MARITZA. "El trabajo docente en grupos numerosos. Experiencias en el uso del portafolio". *Opción: Revista de Ciencias Humanas y Sociales,* 32 (10-Extra), 2016, pp. 773-788.

3 SOSA DÍAZ, MARÍA JOSÉ, & PALAU MARTÍN, RAMÓN. "Flipped classroom en la formación inicial del profesorado: perspectiva del alumnado". *REDU. Revista de Docencia Universitaria,* 16(2), 2018, pp. 249-264.

de comunicación y de gestión constructiva de las emociones puede limitar de forma significativa la participación dinámica del alumnado en aulas y escuelas que están aprendiendo a generar climas propositivos y sinergias positivas para el aprendizaje en equipo. Dicho esto, lo importante no son las tareas únicamente de lápiz y papel, sino que la propia adquisición competencial supone el manejar distintos tipos de dispositivos de aprendizaje en los que el mundo oral y la comunicación empática adquieren una gran prevalencia y relevancia en los procesos formativos, en todas las etapas y niveles educativos.

- Dificultad para la retroalimentación individual: Con un gran número de estudiantes, el profesorado puede tener dificultades para proporcionar retroalimentación individualizada en el trabajo y desempeño de cada estudiante.

La necesidad de incorporar un seguimiento y una supervisión constante y dinámica de las tareas formativas que realiza el alumnado en clase implica una conexión más directa y personalizada en relación con las necesidades personales y comunidades de aprendizaje que tienen los estudiantes y los grupos que se conforman en las aulas. La retroalimentación o feedback supone una oportunidad única para nutrir de aportaciones recíprocas de aprendizaje crítico por parte de un docente comprometido con la calidad que se puede vehicular perfectamente a través de tareas y procedimientos de evaluación continua, y, por supuesto, esto puede favorecer de manera inexcusable una mayor motivación y accesibilidad al currículum que se desarrolla dentro del aula[4].

---

[4] JUÁREZ-PULIDO, MARÍA, RASSKIN-GUTMAN, IRINA, & MENDO-LÁZARO, SANTIAGO “El aprendizaje cooperativo, una metodología activa para la educación del siglo XXI: una revisión bibliográfica”. *Revista Prisma Social,* 26, 2019, pp. 200-210.

A todas luces esto supone una apuesta decidida por lo que sería la aplicación práctica del diseño universal para el aprendizaje lo que implica no solamente una mayor motivación y participación del alumnado en el proceso de su aprendizaje, sino que además, posibilita incrementar opciones de distintos formatos accesibles, gamificados e interactivos donde se tenga en cuenta una amplia amalgama de competencias de comunicación lingüística, digitales, de asertividad y de aprendizaje social y cívico, así otras de corte transversal que resultan cada vez más importantes y se encuentran dentro de lo que se denominan las "soft skills"[5].

- Administración de tareas de evaluación: Con un gran número de estudiantes, la administración de tareas de evaluación puede ser complicada. Puede ser difícil mantener un registro de las notas y la retroalimentación de cada estudiante.

La tendencia a la evaluación continua como estrategia ya significativa e importante para el desarrollo de una educación personalizada e inclusiva y, por supuesto, de calidad inherente al propio desarrollo de los procesos más que al resultado, supone poner en valor la necesidad de incorporar de manera plena un conjunto interdependiente de tareas, actividades, ejercicios y situaciones de aprendizaje que puedan apoyar y dar sentido al proceso de estudio que desarrolla los estudiantes. En este sentido, resulta más que conveniente el poder facilitar todo tipo de estrategias evaluativas y auto-evaluativas para la construcción emergente de nuevas conciencias y mentalidades reflexivas acerca de una evaluación plenamente imbricada dentro de la educación. Evaluación y educación son palabras que van juntas de la mano, y no es posible mantener la eterna dicotomía o

---

5 MORENO, ELENA. "El "Breakout EDU" como herramienta clave para la gamificación en la formación inicial de maestros/as". *EDUTEC. Revista electrónica de tecnología educativa,* 67, 2019, pp. 66-79.

diferenciación entre educar y evaluar como si no estuviéramos educando y aprendiendo en los momentos de evaluación y de valoración progresiva de los aprendizajes adquiridos en el aula.

En este trabajo, también debemos aludir a oportunidades que resultan esenciales para la calidad de los procesos formativos en el aula, atendiendo de forma ajustada las necesidades e intereses que presentan los estudiantes en relación con los contenidos y los planteamientos pedagógicos que desarrollamos los docentes. Así pues, vamos a mencionar de forma sintética algunos de las oportunidades que nos ofrecen las mejoras pedagógicas en términos de inclusión:

- Aprendizaje colaborativo: Los grupos grandes pueden proporcionar una oportunidad para el aprendizaje colaborativo. Los estudiantes pueden trabajar juntos para comprender mejor los conceptos y material de aprendizaje.

Aprender de forma colaborativa supone un ejercicio de gran relevancia en el aprendizaje de la convivencia y del propio ser como estudiante y persona que está construyendo su propio desarrollo identitario[6]. En pocas palabras aprender de forma colaborativa implica alimentar de una manera constructiva la identidad de cada persona participante en los procesos activos de aprendizaje, en la medida en que se potencia su integralidad, su bienestar emocional y su crecimiento cognitivo, emocional y moral.

- Enfoque en la enseñanza y evaluación objetiva: En grupos grandes, puede ser beneficioso enfocarse en la

---

6 DE LA FÉ RODRÍGUEZ, CHRISTIAN, VIDAURRETA, IRENE, GÓMEZ, ÁNGEL, & CORRALES, JUAN CARLOS. "El método de estudio de casos: Una herramienta docente válida para la adquisición de competencias". *Revista Electrónica Interuniversitaria de Formación del Profesorado,* 18(3), 2015, pp. 127-136.

enseñanza y evaluación objetiva. Esto puede ayudar a los estudiantes a entender los criterios de evaluación y cómo su trabajo se evaluará.

Existe un eterno debate pedagógico acerca de la necesidad de establecer los mejores criterios y parámetros de rigor y objetividad en pro de una educación que realmente esté al servicio del mejor aprendizaje posible. Esto implica también un control y una comprensión fehaciente de los procesos gradualmente establecidos de mejora identificación de disfunciones o de elementos propositivos que nos indiquen valorar bien los avances en los estudios y aprendizajes que realiza el alumnado. Sin perjuicio de ello, nunca debemos confundir evaluación con calificación y entrar en procesos meramente de estandarización en la evaluación puede llevar a error en el desarrollo integral del alumnado, o, en su caso, aquel docente pueda incurrir en defectos o disfunciones significativas en la aplicación práctica de su labor evaluativa. Contar con instrumentos, técnicas, estrategias y rúbricas es esencial siempre que esté al servicio de la comprensión, mejora y toma de decisiones para poder favorecer nuevos impulsos revitalizadores del aprendizaje por parte del alumnado. La evaluación como un termómetro también del proceso de enseñanza y del propio clima de aula adquiere un sentido muy relevante sí se contempla desde un enfoque más participativo, siempre y cuando propicie el diálogo y la asertividad en clase, así como el autoconocimiento y un espíritu de esfuerzo, de colaboración y solidaridad.

- Tecnología educativa: Las tecnologías educativas pueden ser útiles en grupos grandes para la presentación de material educativo y la realización de evaluaciones. Por ejemplo, el uso de plataformas en línea puede hacer que la administración de tareas y la retroalimentación sea más eficiente.

La Tecnología educativa se constituye como un eje fundamental dentro de la docencia del siglo XXI, y es que nadie duda de que desde la pandemia especialmente en este momento temporal e histórico post-pandémico, se han llevado a cabo cambios que realmente han llegado para quedarse. Nos referimos especialmente al manejo y usabilidad de todo tipo de plataformas virtuales de aprendizaje para el alumnado de distintas etapas educativas, y no solamente aquellas más avanzadas en el tiempo, sino que desde el inicio de la propia educación obligatoria se viene facilitando la incorporación de las TIC en aras a la adquisición de las competencias digitales que puedan ayudar en la motivación y la comprensión holística de los aprendizajes por parte del alumnado y sus familias. Hablamos de familia, sí, dado que las familias están siendo pilares fundamentales de una nueva educación donde también ayudan a sus hijos siempre y cuando tenga las competencias digitales necesarias para ello. Precisamente, a la luz de los acontecimientos, experiencias y estudios desarrollados en la épica de la pandemia a causa de la COVID-19 pudimos asistir a un incremento en la brecha digital en las escuelas, y es que no solamente había diferencias entre los propios estudiantes en el manejo de dispositivos digitales, también en las propias familias, tanto en la dotación de recursos como en la propia usabilidad y gestión de datos.

- Enseñanza inclusiva: Con un gran número de estudiantes, puede ser importante centrarse en la enseñanza inclusiva. Los profesores pueden hacer un esfuerzo adicional para asegurarse de que todos los estudiantes tengan las mismas oportunidades para participar y aprender.

Uno de los pilares fundamentales de una educación de calidad se sitúa en el aseguramiento de la atención a la diversidad desde una perspectiva pedagógica de inclusión. De hecho, la pedagogía inclusiva requiere de mejoras sustanciales en la personalización de los aprendizajes para el alumnado con necesidades específicas de apoyo educativo donde sabemos que existe una amplísima diversidad por lo que es necesario seguir incidiendo en los valores de equidad y diversidad que son los que constituyen la esencia de la propia educación actual[7]. En este punto, siempre decimos que la diversidad es lo común y lo común es la diversidad desde el punto de vista de cómo ha ido variando la propia fisionomía de aulas y escuelas, que son hoy espacios y escenarios de multiculturalidad y de diversidad en sus distintas dimensiones y facetas.

2. ESTRATEGIAS Y TÉCNICAS AL SERVICIO DE LA DOCENCIA Y EVALUACIÓN EN GRANDES GRUPOS

La enseñanza y evaluación en grupos de grandes dimensiones puede presentar desafíos significativos para los educadores. Sin embargo, mediante la planificación cuidadosa, el uso de tecnología, la evaluación continua y la adaptación del enfoque de enseñanza y evaluación según las necesidades de los estudiantes, es posible proporcionar una educación de alta calidad y efectiva para un gran número de estudiantes.

A continuación, se presentan algunas estrategias y técnicas que pueden ayudar a los educadores a abordar estos desafíos y brindar una educación de alta calidad a un gran número de estudiantes:

1. Planificar cuidadosamente: Los educadores deben planificar cuidadosamente sus lecciones y actividades para asegurarse de que son apropiadas para un grupo grande de estudiantes. Esto puede incluir la identificación de objetivos claros de aprendizaje y el diseño de actividades que fomenten la participación activa de los estudiantes.

---

7 MUNTANER-GUASP, JOAN JORDI, MUT-AMENGUAL, BARTOMEU, & PINYA-MEDINA, CARME. "Las metodologías activas para la implementación de la educación inclusiva". *Revista Electrónica Educare*, 26(2), 2022, pp. 85-105.

2. Utilizar tecnología: La tecnología puede ser una herramienta valiosa para la enseñanza y evaluación en grupos de grandes dimensiones. Los educadores pueden utilizar herramientas como el aprendizaje en línea, videos, presentaciones multimedia y otras herramientas digitales para hacer la enseñanza más accesible y efectiva para un gran número de estudiantes.
3. Fomentar la participación activa de los estudiantes: La participación activa de los estudiantes es esencial para el aprendizaje efectivo en grupos de grandes dimensiones. Los educadores pueden fomentar la participación activa de los estudiantes mediante el uso de técnicas de enseñanza activas, como discusiones en grupo, actividades de colaboración y preguntas interactivas.
4. Proporcionar retroalimentación constante: Los educadores deben monitorear el progreso de los estudiantes y proporcionar retroalimentación constante para asegurarse de que están aprendiendo y progresando adecuadamente. Esto puede ayudar a los educadores a identificar áreas donde los estudiantes pueden necesitar ayuda adicional.
5. Fomentar la colaboración y el trabajo en equipo: Fomentar la colaboración y el trabajo en equipo puede ser una forma efectiva de involucrar a los estudiantes en el proceso de aprendizaje y mejorar la calidad de la enseñanza y evaluación en grupos de grandes dimensiones.
6. Adaptar el enfoque de enseñanza y evaluación según las necesidades de los estudiantes: Es importante que los educadores adapten su enfoque de enseñanza y evaluación según las necesidades de los estudiantes en grupos de grandes dimensiones. Esto puede incluir la adaptación de la velocidad y el nivel de dificultad de las lecciones, la utilización de diferentes métodos de enseñanza y la implementación de diferentes técnicas de evaluación.

3. METODOLOGÍAS AL SERVICIO DE LA DOCENCIA EN GRANDES GRUPOS

Existen diferentes metodologías de enseñanza que pueden ser efectivas para la enseñanza y evaluación en grupos de grandes dimensiones. A continuación, se presentan algunas de las mejores metodologías de enseñanza que pueden ser útiles para abordar los desafíos de la enseñanza y evaluación en grupos grandes:

3.1. Aprendizaje basado en problemas

El aprendizaje basado en problemas (ABP) es una metodología de enseñanza efectiva para grupos de grandes dimensiones, ya que fomenta la participación activa y colaborativa de los estudiantes en su proceso de aprendizaje.

Esta metodología implica presentar a los estudiantes un problema o desafío para resolver, lo que les permite aplicar su conocimiento y habilidades para encontrar soluciones, y fomenta la colaboración y la participación activa de los estudiantes, lo que es especialmente importante en grupos grandes.

Algunos estudios demuestran que el uso del aprendizaje basado en problemas en la práctica educativa, contribuye a que los estudiantes desarrollen ciertas habilidades relacionadas con el pensamiento crítico, la capacidad de independencia cognoscitiva, la capacidad de análisis, síntesis o la argumentación, entre otras[8,9].

---

8 BERMÚDEZ MENDIETA, JHON. "El aprendizaje basado en problemas para mejorar el pensamiento crítico". *INNOVA Research Journal,* 6(2), 2021, PP. 77-89.

9 GUAMÁN GÓMEZ, VERONICA JACQUELINE, & ESPINOSA FREIRE, EUDALDO ENRIQUE. "Aprendizaje basado en problemas para

Para implementar el aprendizaje basado en problemas (ABP) con éxito, es importante seleccionar un problema relevante, dividir a los estudiantes en subgrupos, facilitar el proceso por parte del profesorado y evaluar tanto el contenido como el proceso de aprendizaje.

El Aprendizaje Basado en Problemas (ABP) es una metodología de enseñanza que se centra en el planteamiento de problemas reales y relevantes para que los estudiantes los resuelvan, y así puedan aplicar y desarrollar su conocimiento, habilidades y actitudes. En grupos de grandes dimensiones, esta metodología puede ser muy efectiva, ya que fomenta la participación activa y colaborativa de los estudiantes, así como su implicación en el proceso de aprendizaje.

A continuación, se describen algunos aspectos clave para utilizar el aprendizaje basado en problemas (ABP) en grupos de grandes dimensiones:

1. Selección del problema: Es importante seleccionar un problema que sea relevante para los estudiantes y que les permita aplicar el conocimiento y habilidades que se desean enseñar. También se debe asegurar que el problema sea lo suficientemente amplio para permitir diferentes enfoques y soluciones.

2. División en subgrupos: Para facilitar la discusión y el trabajo en equipo, se pueden dividir a los estudiantes en subgrupos más pequeños, de entre 4 y 6 personas. Cada subgrupo puede abordar el problema desde diferentes perspectivas y presentar sus resultados al resto de la clase.

---

el proceso de enseñanza-aprendizaje". *Revista Universidad y Sociedad,* 14 (2), 2022, pp. 124-131.

3. Facilitación del profesorado: El profesorado debe actuar como facilitador, proporcionando orientación y retroalimentación a los estudiantes, así como animándolos a reflexionar sobre su proceso de aprendizaje y sus resultados. Es importante que el profesorado esté disponible para responder a las preguntas y dudas que puedan surgir durante el proceso.
4. Evaluación: La evaluación del ABP debe estar enfocada en la resolución del problema y en el proceso de aprendizaje, no solo en los resultados finales. Es importante evaluar tanto el contenido como las habilidades y actitudes que se han desarrollado durante el proceso.

3.2. Aprendizaje cooperativo

Esta metodología implica trabajar en equipos pequeños para resolver problemas y alcanzar objetivos de aprendizaje. Esta metodología fomenta la participación activa de los estudiantes y les permite colaborar y aprender juntos.

El Aprendizaje Cooperativo es una metodología de enseñanza que se centra en el trabajo en equipo y la colaboración entre los estudiantes para lograr objetivos comunes. En grupos de grandes dimensiones, el aprendizaje cooperativo puede ser una estrategia muy efectiva, ya que permite a los estudiantes interactuar de forma más cercana y personalizada, fomentando así la participación activa, la colaboración y el aprendizaje significativo de los estudiantes.

Para implementar el aprendizaje cooperativo con éxito, es importante formar equipos heterogéneos, establecer objetivos claros, facilitar el proceso por parte del profesor y evaluar tanto el trabajo en equipo como el contenido y los objetivos del proyecto, construir relaciones positivas entre los estudiantes y la promoción de la responsabilidad individual y grupal[10,11,12].

A continuación, se describen algunos aspectos clave para implementar el aprendizaje cooperativo en grupos de grandes dimensiones:

1. Formación de equipos: Es importante formar equipos heterogéneos, que incluyan estudiantes con diferentes niveles de conocimiento, habilidades y experiencias. También es importante asegurarse de que los estudiantes estén cómodos trabajando juntos y de que se hayan establecido normas claras de trabajo en equipo.

2. Establecimiento de objetivos: Es importante establecer objetivos claros y específicos para el trabajo en equipo, y asegurarse de que todos los miembros del equipo los comprendan y estén de acuerdo con ellos. También es importante definir los roles y responsabilidades de cada miembro del equipo.

3. Facilitación del profesor: El profesor debe actuar como facilitador, proporcionando orientación y retroalimentación a los equipos, y ayudando a resolver conflictos o problemas que puedan surgir durante el proceso. El profesor también puede proporcionar re-

---

10 JOHNSON, DAVID. W., & JOHNSON, ROGER. T. "The impact of cooperative, competitive, and individualistic learning environments on achievement". En: HATTIE JOHN. & ANDERMAN ERIC. M. (Eds.). *International handbook of student achievement.* New York: Routledge, 2013. pp. 372-374

11 KAGAN, SPENCER. "Kagan Structures, Processing, and Excellence in College Teaching". *Journal on Excellence in College Teaching,* 25 (3), 2014, pp. 119-138.

12 SLAVIN, ROBERT. E. "Cooperative learning and academic achievement: Why does groupwork work?". *Anales de Psicología,* 30(3), 2014, pp. 785-791.

cursos y materiales adicionales para ayudar a los equipos a alcanzar sus objetivos.

4. Evaluación: La evaluación del aprendizaje cooperativo debe enfocarse tanto en el trabajo en equipo como en el contenido y los objetivos específicos del proyecto. Es importante evaluar tanto la contribución individual como la contribución del equipo en general, y asegurarse de que los estudiantes comprendan los criterios de evaluación desde el inicio del proyecto.

3.3. Aprendizaje en línea

La enseñanza en línea puede ser una forma efectiva de llegar a un gran número de estudiantes y proporcionarles una educación de alta calidad. Las plataformas de aprendizaje en línea pueden ser utilizadas para proporcionar materiales de lectura, videos, actividades y evaluaciones a un gran número de estudiantes.

El aprendizaje en línea se ha convertido en una opción cada vez más popular para la enseñanza y evaluación en grupos de grandes dimensiones. Esta metodología ofrece una serie de ventajas, como la posibilidad de llegar a un gran número de estudiantes de manera eficiente y flexible, y la capacidad de personalizar la experiencia de aprendizaje para cada estudiante.

Algunas de las ventajas de la enseñanza en línea para grandes grupos incluyen:

- Escalabilidad: la enseñanza en línea permite que un número ilimitado de estudiantes accedan a los materiales de enseñanza y participen en las discusiones en línea. Esto hace que la enseñanza en línea sea una opción escalable para grandes grupos.
- Flexibilidad: la enseñanza en línea permite a los estudiantes acceder a los materiales de enseñanza y completar las

tareas en su propio tiempo y ritmo, lo que puede ser beneficioso para grandes grupos con horarios y ubicaciones diversos.

- Interactividad: la tecnología de la enseñanza en línea puede fomentar la interactividad y la colaboración, lo que puede ayudar a los estudiantes a conectarse con sus compañeros y con el material de enseñanza.
- Accesibilidad: la enseñanza en línea puede ser una opción más accesible para los estudiantes con discapacidades o limitaciones de tiempo, ya que los materiales de enseñanza y las discusiones en línea pueden ser adaptados para satisfacer sus necesidades.

Sin embargo, también hay desafíos asociados con la enseñanza en línea, especialmente para grandes grupos, como la necesidad de desarrollar materiales de enseñanza y actividades que sean atractivos e interactivos, y la necesidad de asegurarse de que los estudiantes estén involucrados y comprometidos con el material de enseñanza

Para implementar con éxito el aprendizaje en línea, es importante contar con la tecnología adecuada, diseñar cursos efectivos, fomentar la comunicación efectiva y diseñar evaluaciones justas y precisas. Por ello es importante tener en cuenta los siguientes aspectos:

1. Tecnología: Se debe contar con la tecnología adecuada para llevar a cabo el aprendizaje en línea, como plataformas de enseñanza en línea, herramientas de comunicación, y recursos educativos interactivos. También es importante asegurarse de que los estudiantes tengan acceso a la tecnología necesaria, como computadoras y conexiones a Internet confiables.
2. Diseño de cursos: Los cursos deben estar diseñados de manera efectiva, con materiales educativos bien estructurados y diseñados para ser entregados en línea. Es

importante incluir una variedad de recursos y actividades para mantener a los estudiantes comprometidos e interesados en el aprendizaje.

3. Comunicación: La comunicación efectiva es fundamental para el aprendizaje en línea. Los estudiantes deben tener acceso a una plataforma de comunicación en línea, como un foro de discusión o un chat en vivo, para interactuar con sus compañeros y el profesor. También es importante que el profesor esté disponible para responder preguntas y proporcionar orientación durante todo el curso.
4. Evaluación: La evaluación en línea debe ser diseñada cuidadosamente para asegurar que sea justa y precisa. Es importante utilizar una variedad de métodos de evaluación, como exámenes en línea, tareas y proyectos, y discusiones en línea. También es importante proporcionar retroalimentación detallada y específica sobre el desempeño de los estudiantes.

3.4. Aprendizaje basado en proyectos

El aprendizaje basado en proyectos es una metodología implica que los estudiantes trabajen en proyectos que requieren investigación, análisis y solución de problemas.

Esta metodología fomenta la participación activa de los estudiantes y les permite aplicar sus habilidades y conocimientos en situaciones del mundo real, y puede tener una gran utilidad en grandes grupos.[13,14]

---

13 TOLEDO MORALES, PURIFICACIÓN, & SÁNCHEZ GARCÍA, JOSE MANUEL. "Aprendizaje basado en Proyectos: Una experiencia universitaria". *Revista de Currículum y Formación de Profesorado,* 22(2), 2018, pp. 471-491.

14 MOLINA TORRES, MARÍA PILAR. "El Aprendizaje Basado en Proyectos (ABP) en la formación metodológica del profesorado del

El aprendizaje basado en proyectos (ABP) es un enfoque educativo en el que los estudiantes trabajan en proyectos prácticos y auténticos para aprender y aplicar habilidades y conocimientos en un contexto real. En este enfoque, los estudiantes colaboran en grupos pequeños para investigar, diseñar, planificar y llevar a cabo un proyecto que resuelva un problema o cumpla con un objetivo específico.

El ABP se enfoca en el aprendizaje activo y participativo, en lugar del aprendizaje pasivo y memorístico. Los estudiantes son responsables de su propio aprendizaje y trabajan en proyectos que tienen relevancia y significado para ellos, lo que puede aumentar su motivación y compromiso con el proceso de aprendizaje.

Algunas de las ventajas del ABP incluyen:

- Promueve el pensamiento crítico y la resolución de problemas: el ABP fomenta la habilidad de los estudiantes para analizar, sintetizar y evaluar información, y aplicar ese conocimiento para resolver problemas del mundo real.
- Fomenta la colaboración y la comunicación: el ABP fomenta la colaboración en grupo y la comunicación, ya que los estudiantes trabajan juntos para resolver un problema y presentar sus ideas.
- Aumenta la motivación y el compromiso: los estudiantes pueden estar más motivados y comprometidos con el aprendizaje cuando trabajan en proyectos que tienen relevancia y significado para ellos.
- Prepara a los estudiantes para el mundo real: el ABP puede preparar a los estudiantes para el mundo real,

---

Grado de Educación Primaria". *Enseñanza & Teaching: Revista Interuniversitaria De Didáctica*, 37(1), 2019, pp. 123–137.

ya que les enseña habilidades y competencias prácticas que son relevantes para sus futuras carreras y vidas.

Sin embargo, también hay desafíos asociados con el ABP, como el tiempo y el esfuerzo que requiere planificar y llevar a cabo proyectos significativos, y la necesidad de evaluar adecuadamente el aprendizaje de los estudiantes y su participación en el proyecto.

Para implementar con éxito el aprendizaje basado en proyectos en grupos de grandes dimensiones, es importante tener en cuenta los siguientes aspectos:

1. Selección de proyectos: Los proyectos deben ser cuidadosamente seleccionados para asegurarse de que sean relevantes para los objetivos de aprendizaje del curso. También es importante seleccionar proyectos que sean lo suficientemente amplios como para que los estudiantes tengan la oportunidad de explorar diferentes aspectos del tema, pero lo suficientemente específicos como para que se puedan completar en un tiempo razonable.

2. Trabajo en equipo: El aprendizaje basado en proyectos implica el trabajo en equipo y la colaboración entre los estudiantes. Es importante establecer roles claros dentro de los equipos y proporcionar orientación sobre cómo trabajar en equipo efectivamente.

3. Evaluación: La evaluación debe ser diseñada cuidadosamente para asegurar que se evalúen tanto el proceso de creación del proyecto como el producto final. Es importante establecer criterios de evaluación claros y proporcionar retroalimentación detallada y específica sobre el desempeño de los estudiantes.

4. Apoyo y orientación: Es importante que los estudiantes reciban apoyo y orientación durante todo el proceso de creación del proyecto. El profesor debe estar disponible

para responder preguntas y proporcionar orientación sobre el proceso y los contenidos del proyecto.

3.5. Flipped Classroom

Flipped Classroom puede ser una metodología efectiva para la enseñanza y evaluación en grupos de grandes dimensiones. Para implementar con éxito el Flipped Classroom, es importante crear materiales de alta calidad, mantener una comunicación clara, diseñar actividades prácticas y colaborativas y diseñar una evaluación efectiva.

Con un enfoque adecuado, el Flipped Classroom puede mejorar significativamente el aprendizaje de los estudiantes en grupos grandes.[15,16,17]

actividades en línea antes de asistir a la clase, lo que les permite aprender a su propio ritmo y luego utilizar el tiempo en clase para discusiones, actividades prácticas y trabajo en equipo. Esta metodología puede ser especialmente efectiva en grupos grandes, ya que permite a los estudiantes trabajar a su propio ritmo y les brinda la oportunidad de interactuar con el profesor y otros estudiantes en un ambiente más interactivo y colaborativo.

La metodología Flipped Classroom, también conocida como aula invertida, es un enfoque pedagógico que implica

---

15 TUCKER, BILL. "The flipped classroom". *Education Next*, 12(1), 2012, pp. 82-83.

16 O'FLAHERTY, JACQUELINE, & PHILLIPS, CRAIG. "The use of flipped classrooms in higher education: A scoping review". *The Internet and Higher Education*, 25, 2015, pp. 85-95.

17 LO, CHUNG KWAN, & HEW, KHE FOON. "A comparison of flipped learning with game-based learning and traditional learning in a higher education statistics course". *Educational Research and Evaluation*, 23(5), 2017, pp. 338-355.

invertir el orden tradicional de la enseñanza en el aula. En lugar de que el profesorado presente nuevos contenidos en la clase y los estudiantes hagan tareas en casa, los estudiantes ven videos, leen materiales y realizan actividades previas al encuentro en el aula. Luego, en el aula, se dedica el tiempo a discutir los conceptos y aplicar lo aprendido a través de actividades prácticas y colaborativas. Esta metodología puede ser particularmente útil en la enseñanza y evaluación en grupos de grandes dimensiones.

Para implementar la metodología Flipped Classroom en grupos de grandes dimensiones, es importante considerar los siguientes aspectos:

1. Creación de materiales: Es importante crear materiales de alta calidad para que los estudiantes puedan trabajar de forma autónoma en casa, incluyendo videos, lecturas y actividades. Los materiales deben ser claros, concisos y enfocados en los objetivos de aprendizaje del curso.

2. Comunicación: Es importante mantener una comunicación clara con los estudiantes para asegurarse de que están preparados para las actividades que se realizarán en el aula. Esto puede incluir recordatorios por correo electrónico o mensajes en una plataforma de aprendizaje en línea.

3. Diseño de actividades: En el aula, es importante diseñar actividades prácticas y colaborativas que permitan a los estudiantes aplicar lo aprendido y trabajar juntos para resolver problemas y retos. Las actividades deben ser diseñadas para permitir la participación de todos los estudiantes, incluso en grupos grandes.

4. Evaluación: La evaluación debe estar diseñada para medir el aprendizaje de los estudiantes a través de su participación en las actividades prácticas y colaborativas en el aula. Es importante establecer criterios de evaluación

claros y proporcionar retroalimentación detallada y específica sobre el desempeño de los estudiantes.

3.6. Gamificación

La gamificación es una técnica de enseñanza que implica el uso de elementos de juego para motivar y comprometer a los estudiantes con el aprendizaje. Esta metodología puede ser especialmente útil en grandes grupos, ya que puede aumentar la participación y la motivación de los estudiantes, además de facilitar la evaluación y el seguimiento del progreso individual y grupal[18,19,20].

La gamificación es una metodología que se basa en la aplicación de elementos y dinámicas propias de los juegos en contextos no lúdicos, como la educación.

La gamificación se puede aplicar en diferentes contextos educativos, como la enseñanza presencial, semipresencial o en línea. Algunas de las técnicas y herramientas más utilizadas en la gamificación son los juegos serios, las competiciones, los retos y las misiones, las recompensas y los reconocimientos, entre otros.

---

18 PRIETO ANDREU, JOEL MANUEL, GÓMEZ ESCALONILLA TORRIJOS, JUAN DIEGO, & SAID HUNG, ELIAS. "Gamificación, motivación y rendimiento en educación: Una revisión sistemática". *Revista Electrónica Educare,* 26 (1),2022, pp. 251-273.

19 MENA RODRÍGUEZ, ESTHER, GÓMEZ CARRILLO, VITORIA DEL ROCÍO, & FERNÁNDEZ JIMÉNEZ, MIGUEL ÁNGEL. "La gamificación en el aula: análisis de una experiencia en el Grado de Educación Infantil". En: PÉREZ FUENTES, MARÍA DEL CARMEN. *Innovación docente e investigación en Educación.* Madrid: Dykinson, 2019, pp. 461-470.

20 CORCHUELO RODRÍGUEZ, CAMILO ALEJANDRO. "Gamificación en educación superior: experiencia innovadora para motivar estudiantes y dinamizar contenidos en el aula". *Edutec. Revista Electrónica de Tecnología Educativa,* 63, 2018, pp. 29-41.

Al utilizar la gamificación como metodología en grandes grupos, es importante tener en cuenta algunos aspectos clave, como el diseño cuidadoso de los objetivos, la selección adecuada de los elementos y dinámicas de juego, la integración con el currículo y la evaluación del proceso y los resultados obtenidos.

A continuación, se describen algunos aspectos importantes a considerar al implementar la gamificación en grupos de grandes dimensiones:

1. Establecer objetivos y reglas claras: Es importante establecer objetivos claros para el juego y explicar las reglas de manera clara y concisa para evitar confusiones. Además, es fundamental establecer una estructura clara para la gamificación, que involucre el progreso y la recompensa por el desempeño.
2. Crear un sistema de puntos: Crear un sistema de puntos puede ser una forma efectiva de motivar a los estudiantes a participar en el juego. Los puntos pueden ser otorgados por logros específicos o por la participación general del estudiante en el juego.
3. Fomentar la colaboración y la competencia saludable: La gamificación también puede fomentar la colaboración y la competencia saludable entre los estudiantes. Se pueden crear equipos y asignar tareas grupales para fomentar la colaboración, y se pueden otorgar recompensas a los equipos con mejor desempeño. Además, es importante asegurarse de que la competencia sea saludable y no se convierta en una fuente de estrés o conflicto entre los estudiantes.
4. Diseñar desafíos atractivos: Los desafíos y tareas deben ser atractivos para los estudiantes y estar diseñados para aumentar su motivación y compromiso. Se pueden incluir elementos de juego, como puzles o laberintos, para hacer que las tareas sean más atractivas y desafiantes.

5. Evaluar el aprendizaje: Es importante asegurarse de que el aprendizaje sea evaluado de manera efectiva, incluso si se está utilizando la gamificación. Se deben establecer criterios claros de evaluación y proporcionar retroalimentación detallada y específica sobre el desempeño de los estudiantes.

3.7. Aprendizaje servicio

El aprendizaje servicio es una metodología educativa que combina la enseñanza y el servicio a la comunidad. En esta metodología, los estudiantes aplican los conocimientos adquiridos en el aula para resolver problemas reales en la comunidad, y a su vez, aprenden de la experiencia de servicio. En ella los estudiantes participan activamente en el proyecto, lo que les permite adquirir conocimientos, habilidades y valores a través de la experiencia práctica.

El aprendizaje servicio puede ser especialmente útil en grupos de grandes dimensiones, ya que permite la colaboración entre los estudiantes y la distribución de tareas en subgrupos, lo que facilita la organización y gestión del proyecto[21,22,23].

---

21 ALONSO SÁEZ, ISRAEL, ARANDIA, MAITE, MARTÍNEZ, ISABEL, MARTÍNEZ, BEGOÑA, & GEZURAGA, MONIKE. "El Aprendizaje-Servicio en la innovación universitaria. Una experiencia realizada en la formación de educadoras y educadores sociales". *Revista Internacional de Educación para la Justicia Social,* 2(2), 2015. pp. 195-216.

22 AYUSTE GONZÁLEZ, ANA, ESCOFET ROIG, ANNA, OBIOLS SUARI, NURIA, & MASGRAU JUANOLA, MARIONA. "Aprendizaje-servicio y codiseño en la formación de maestros: vías de integración de las experiencias y perspectivas de los estudiantes". *Bordón. Revista de Pedagogía,* 68(2), 2016, pp.169-183.

23 GÓMEZ ESCOBAR ARIADNA, & SIMÓN MEDINA, NATALIA "Las Matemáticas pueden ser divertidas. Un caso práctico mediante

Así, al trabajar en proyectos que tienen un impacto real en la comunidad, los estudiantes pueden sentirse motivados y comprometidos con el aprendizaje y el servicio.

La elección de la metodología dependerá de las necesidades y objetivos específicos del curso, así como del tipo de estudiantes y el contenido que se esté enseñando. Es importante experimentar con diferentes enfoques y adaptarlos según las necesidades de los estudiantes y las condiciones del grupo.

A continuación, se describen algunos aspectos importantes a considerar al implementar el aprendizaje servicio en grupos de grandes dimensiones:

1. Identificar las necesidades de la comunidad: Es importante identificar las necesidades reales de la comunidad y seleccionar proyectos que sean significativos y relevantes para los estudiantes. Los proyectos deben ser desafiantes, pero alcanzables para los estudiantes y tener un impacto positivo en la comunidad.
2. Organizar grupos de trabajo: Es necesario organizar a los estudiantes en grupos de trabajo, ya que trabajar en equipos puede mejorar la colaboración y la resolución de problemas. Es importante asegurarse de que los grupos de trabajo sean equilibrados en cuanto a habilidades y experiencia.
3. Proporcionar orientación y apoyo: El aprendizaje servicio requiere un alto nivel de orientación y apoyo para los estudiantes. Los profesores deben proporcionar orientación y supervisión para asegurarse de que los estudiantes

---

Aprendizaje-Servicio en la Universidad". *Revista Complutense de Educación*, *33*(3), 2022, pp. 425-434.

estén avanzando en sus proyectos y aprendiendo de la experiencia.

4. Evaluar el aprendizaje y el servicio: Es importante evaluar tanto el aprendizaje como el servicio para garantizar que los estudiantes estén aprendiendo y que su servicio esté teniendo un impacto positivo en la comunidad. Se pueden utilizar múltiples métodos de evaluación, incluyendo reflexiones, presentaciones y evaluaciones por parte de la comunidad.
5. Fomentar la reflexión y el aprendizaje: El aprendizaje servicio requiere reflexión y aprendizaje para que los estudiantes puedan comprender plenamente la relación entre su aprendizaje y su servicio a la comunidad. Los profesores deben proporcionar oportunidades para la reflexión y el aprendizaje a lo largo del proceso.

4. CONCLUSIONES

Es cierto que los grupos de aprendizaje suelen ser más reducidos en los últimos tiempos, como consecuencia de la bajada de ratios y también la reducción de oferta de plazas y la propia bajada de la natalidad está afectando de una forma significativa a los centros educativos y la educación en general. En todo caso, resulta paradójico que en estos momentos es los que existe una gran incertidumbre por los cambios normativos últimos que intentan acentuar y enfatizar la necesidad de una mayor participación y una mayor equidad y sostenibilidad en los sistemas educativos para que sean más inclusivos y de calidad. El debate curricular únicamente se centra y los aspectos meramente competenciales obviando la necesidad de analizar y de reinventar la docencia a partir de métodos y técnicas más abiertas, plurales, creativas e innovadoras[24,25,26].

Hemos defendido la necesidad de un abordaje global y holístico acerca de la pertenencia en el empleo de métodos activos y proactivos, así como eminentemente asertivos para facilitar los aprendizajes de algunos estudiantes que demandan una mayor participación en las aulas y, sobre todo, tener voz dentro de las dinámicas metodológicas que se desarrollan en aulas e instituciones educativas que están comprometidas con la evaluación y formación continua, la atención a la diversidad y la educación inclusiva, así como la incorporación progresiva de las TIC como recursos que pueden y deben ayudar a mejorar el bienestar y el impacto de los aprendizajes que se desarrollen de forma cooperativa y solidaria.[27]

De la misma forma no podemos obviar la relevancia de la inclusión de competencias transversales y de una educación en valores que también esté relacionada con la metodología en tanto los docentes tengamos un compromiso inequívoco por la participación y la democracia en las aulas[28], porque no

---

24 SÁEZ, I. A., & LOROÑO, M. A. "Aprender creando: "Factoría Creativa" en las aulas universitarias". *REDU. Revista de Docencia Universitaria,* 12(1), 2014, pp. 443-468.

25 Castro, J. P. "Educación emprendedora y metodologías activas para su fomento". *Revista electrónica interuniversitaria de formación del profesorado,* 20(3), 2017, pp. 33-48.

26 CHIVA-BARTOLL, ÓSCAR, & GIL-GÓMEZ, JESÚS. *Aprendizaje-servicio universitario: modelos de intervención e investigación en la formación inicial docente.* Barcelona: Octaedro, 2018, 165 p.

27 CANDIA GARCÍA, FILIBERTO. "Diseño de un modelo curricular E-learning, utilizando una metodología activa participativa". *RIDE. Revista Iberoamericana para la Investigación y el Desarrollo Educativo,* 7(13), 2016, pp. 147-182.

28 RODRÍGUEZ RENSOLI, MADELIN, GARCÍA FELIPE, WILFREDO, & FUENTES RODRÍGUEZ, CLAUDIA. "Valores éticos y emociones

solamente se trata de compartir y de enseñar conocimientos, sino de reinventar la profesión docente a partir de una premisa esencial de que mientras estamos formando los docentes también somos capaces de estar educándonos desde un punto de vista de mentalidad de crecimiento[29].

En síntesis, lo que debemos inculcar a nuestros estudiantes y las nuevas generaciones son los nuevos caminos para celebrar llamar el aprendizaje compartido combinando la personalización y la socialización de los aprendizajes desde la integridad y la honestidad como docentes para una educación de calidad e inclusiva.

---

desde el desarrollo de metodologías activas en la formación docente". *Revista Scientific*, 5(15), 2020, pp. 229-246.

29 JEREZ YÁÑEZ, ÓSCAR, ORSINI SÁNCHEZ, CÉSAR, & HASBÚN HELD, BEATRIZ. "Atributos de una docencia de calidad en la educación superior: una revisión sistemática". *Estudios pedagógicos (Valdivia)*, 42(3), 2016, pp. 483-506.

Capítulo 7

El póster como herramienta de evaluación

GLORIA LUQUE MOYA
Profesora Ayudante Doctora
Universidad de Málaga

1. INTRODUCCIÓN

En el Espacio Europeo de Educación Superior el estudiante cobra un papel protagonista en el proceso de enseñanza-aprendizaje a través de un modelo pedagógico que potencia la capacidad de pensamiento crítico y de reflexión. Dicho modelo intenta atender a las competencias transversales, como la capacidad de innovar y de auto-aprendizaje, que permitirán al alumnado desarrollar su actividad laboral futura con éxito.[1]

---

1 Véase HUERTA, J. et al. 2000. "Desarrollo curricular por competencias profesionales integrales". *Educar. Revista de Educación* 13(1). Disponible en: https://www2.ufro.cl/docencia/documentos/Competencias.pdf; y NÚÑEZ VELÁZQUEZ, J. 2002. "Qué piden las em-

Ante estas demandas, se ha tratado de desarrollar nuevos escenarios educativos que proporcionen herramientas de comunicación y cooperación y potencien el desarrollo de habilidades interpersonales necesarias para el mercado laboral. Pero ¿cómo hago esto?

Durante los cursos 2019-2020 y 2020-2021 pude introducir la metodología *puzzle* y el póster como herramienta de evaluación, como parte de la estrategia adoptada por el grupo de investigación (PIE 19-171) del que formaba parte, para crear un nuevo entorno educativo. Durante las semanas que llevamos a cabo la actividad el aula se transformó en un espacio de colaboración e interacción, que generaban un lugar de participación activa del alumnado. Dicha estrategia consistía en la división del grupo grande en pequeños grupos de trabajos que profundizaban sobre un tema y a través de la creación de un póster lo compartían con las/os compañeras/os, fomentando el diálogo y la reflexión activa

Estas páginas exponen la actividad de evaluación realizada en la asignatura Ideas y Corrientes Filosófica del siglo XVIII hasta nuestros días del Grado de Historia del Arte, explicando los instrumentos y los procedimientos, el sistema de evaluación de la misma, así como sus resultados y las acciones de mejora para posibles años venideros. Con ella se ha intentado fomentar la capacidad de aprender a aprender, fomentar la autonomía y el pensamiento crítico en el alumnado.[2] (Ministerio de Educación y Formación Profesional, 2019).

---

presas a la Universidad en las 'sociedades de la información'". En VV.AA. (Coord.), *La Universidad en la nueva economía. V Encuentro del Consejo de Universidades.* Madrid: Ministerio de Educación, Cultura y Deportes.

2 MINISTERIO DE EDUCACIÓN Y FORMACIÓN PROFESIONAL. 2019. *TALIS 2018. Estudio internacional de la enseñanza y del aprendizaje. Informe español.* Secretaría General Técnica. https://www.educa-

2. OBJETIVOS

Esta propuesta sigue la metodología horizontal de aprendizaje cooperativo, basado en la participación, desarrollo e implementación del currículo, ya que, como han puesto de relieve diversos especialistas[3], fomenta un interés por el contenido de la asignatura y potencia una mayor participación y desarrollo de las competencias. En este sentido, esta propuesta consiste en crear un escenario formativo a través de una actividad basada en la cooperación, corresponsabilidad y comunicación. Los objetivos principales de la misma serán los siguientes:

En primer lugar, la actividad nace con el objetivo de que los estudiantes adquieran la competencia de trabajar en grupo, así como otras competencias y recursos para su incorporación al mundo laboral. Dichas herramientas serán esenciales para poder aprender a gestionar el tiempo y el trabajo, así como a desarrollar competencias de comunicación y liderazgo.

En segundo lugar, esta actividad intenta potenciar el uso del pensamiento crítico y la capacidad de análisis, a través de la realización de un póster que tendrán que elaborar manejando recursos bibliográficos, seleccionando, sintetizando y presentando al resto de sus compañeros/as.

---

cionyfp.gob.es/inee/evaluaciones-internacionales/talis/talis-2018/informesespanoles.html.

3 MCLAREN, B. et al. 2014, "What Happens When We Learn Together A Research-Based Whitepaper on the Power of Collaborative Learning". Wiley. Extraído 10 de octubre de 2022 desde https://www.cs.cmu.edu/~bmclaren/pubs/Wiley-ColaborativeLearningWhitePaper-2014.pdf. HINOJOSA, N. et al. 2006. "El puzzle de Aronson: una técnica de aprendizaje cooperativo para la mejora del rendimiento de los alumnos universitarios." En *La innovación en la enseñanza superior (II). Curso 2003-2004* (pp. 465-478). Sevilla: Universidad de Sevilla.

En tercer lugar, se trata de que los estudiantes exploren su creatividad, como una vía para seguir perfeccionando su forma de aprender, sea cual sea la situación en la que se encuentren. La elaboración de un póster es muy diferente según las habilidades de los estudiantes para usar herramientas informáticas, pero también según su capacidad de afrontar nuevas situaciones en las que ellos tienen que asumir el liderazgo y el control.

En último lugar, esta actividad pretende desarrollar las capacidades comunicativas del alumnado, no sólo haciendo una presentación, sino también demostrando su comprensión del trabajo, en el momento de realizar preguntas y de compartir las experiencias con los restos de grupos y la docente.

3. LA METODOLOGÍA *PUZZLE* Y EL PÓSTER COMO PRINCIPAL INSTRUMENTO

La introducción del póster como herramienta de evaluación se enmarca dentro de una metodología basada en la técnica puzzle. Dicha técnica, con la que se pretende desarrollar el aprendizaje cooperativo, la propuso el profesor Elliot Aronson de la Universidad de Austin (Texas) en 1971[4] y ha recibido diversas modificaciones en los años posteriores[5]. Esta será clave

---

4 ARONSON, E.; BLANEY, N.; STEPHIN, C.; SIKES, J. & SNAPP, M. 1978. The jigsaw classroom. Beverly Hills, CA: Sage Publishing Company.

5 Véase COHEN, E. G., & LOTAN, R. A. 1995. "Producing equal-status interaction in the heterogeneous classroom". *American Educational Research Journal*, vol. 32, pp. 99-120; JOHNSON, D. W.; JOHNSON, R. T. & SMITH, K. A. 1991. *Active learning: Cooperation in the college classroom.* Edina, MN: Interaction Book Company; KAGAN, S. 1992. *Cooperative learning.* San Juan Capistrano, CA: Kagan Cooperative Learning, Inc. Más recientemente véase también SLAVIN, R. E., HURLEY, E. A., & CHAMBERLAIN, A. 2003."Cooperative learning

para comprender el desarrollo de la actividad de póster ya que, como ha puesto de relieve diversos autores[6], para poder hablar de aprendizaje cooperativo en el aula no es suficiente poner a trabajar juntos a los alumnos en grupos, sino que será necesario que se den las premisas para poder trabajar esta estrategia.

¿En qué consiste, pues, esta metodología? Como el propio nombre indica, *puzzle*, la introducción de dicho método conlleva la división de la clase en pequeños grupos de trabajo, en la que cada estudiante será una pieza esencial para el desarrollo del producto final, en este caso el póster. Cada componente será imprescindible para la realización de la actividad y su contribución será única. En otras palabras, el resultado final no puede conseguirse sin el trabajo de todos/as los/as participantes en conjunto. En este sentido, mi propuesta se basa en la introducción de dicha metodología como base desde la que construir la actividad de evaluación.

La elección de la misma no sólo se debe a que este recurso facilita a los/as estudiantes que relacionen los contenidos teóricos en un proceso de cuestionamiento, sino que, la división de tareas y reuniones de expertos permite al alumnado demostrar con mayor facilidad su nivel de comprensión, su capacidad de síntesis y reflexión, especialmente importante para una asignatura propiamente filosófica.

---

and achievement: Theory and research", en REYNOLDS, W. M. & MILLER, G. E. (eds.), *Handbook of psychology: Educational psychology*, Vol 7,New York: Wiley, o LA PROVA, A. 2017. *La práctica del aprendizaje cooperative. Propuestas operativas para el grupo-clase.* Madrid: Narcea, S. A. Ediciones.

6 ANGUAS, J. et al. "La técnica del Puzzle al servicio del aprendizaje de la programación de ordenadores". Disponible en: https://www.researchgate.net/publication/228359182_La_tecnica_del_Puzzle_al_servicio_del_aprendizaje_de_la_programacion_de_ordenadores].

La actividad se realizará a través de la división de la clase en grupos de trabajo de tres integrantes, esto es grupos colaborativos, que tendrán que presentar la influencia de determinadas ideas o pensadores en un artista, movimiento artístico, película, grupo musical, obra teatral etc. Dentro de cada grupo se escogerá un estudiante como líder y se le asignaran roles definidos a cada uno de los miembros.

Para su realización, se les proporciona al alumnado una descripción detallada de la actividad y de lo que se espera del grupo (incluída una rúbrica y plantilla de los tres borradores que tienen que entregar), al igual que el tiempo de exposición. Toda esta información, junto con algunos ejemplos de póster y recursos (tanto para buscar fuentes bibliográficas como para realizar el póster en cuestión) también la tienen disponible en la asignatura del campus virtual.

Los/as estudiantes pueden elegir el tema de trabajo según sus preferencias, intereses y afinidades. Para ello, se le ofrecerá un listado con diferentes temáticas y bibliografía relacionada, pero también se len brinda libertad de plantear cualquier otro tema que no se vea recogido en la lista suministrada. Esto último es especialmente interesante porque a lo largo de estos cursos he podido ir recogiendo relaciones sumamente interesantes propuestos por el propio estudiantado.

El principal objetivo de la actividad es conseguir que el grupo trabaje desplegando competencias y técnicas de interacción, de liderazgo, de gestión de tiempo y de división de trabajo a través de diferentes fases. De esta manera, el desarrollo de la actividad se realizara mediante distintas etapas en las que la docente desplegará una figura como guía del proceso para detectar los problemas e intervenir en el momento que sea necesario.

La realización del póster requerirá unas fases y tiempos de preparación diferentes a los de otros procesos de evaluación y aprendizaje, lo que permite no sólo evaluar el resultado (el póster) sino el proceso en sí mismo.[7] En este sentido, la docente trata de intervenir en la menor medida posible, mostrándose como un mero consultor y mediador en situaciones de conflicto.

En primer lugar, los/as estudiantes deberán formar grupo, elegir tema y publicarlo en el foro dedicado para ello en el campus. Más adelante, las/os alumnas/os realizarán la actividad durante las sesiones de grupos reducidos que comenzarán la semana diez del semestre). Se dedicarán cuatro sesiones para ello:

Primera sesión: Los/as estudiantes tienen que realizar la división de roles, definir el tema de trabajo y dividir las partes a trabajar. Antes de finalizar la sesión deben presentar el tema y la asignación de tareas a la docente y subirlo en un documento a la tarea del campus virtual primer borrador.

Segunda sesión: Los primeros 45 minutos los integrantes del grupo pondrán en común el trabajo realizado y se discutirá la elaboración del póster. Los siguientes 45 minutos se realizará una reunión de expertos en la que los diferentes grupos se reúnen para comparar los avances realizados y ver en qué puntos pueden mejorar.

Tercera sesión: Tras la reunión de expertos, los miembros del grupo comprueban cuáles son sus puntos débiles y preparan el último borrador antes de la sesión final. En este momento es importante que todos los/as integrantes del grupo participen en la composición y preparación de las diferentes partes

---

7 Véase ATTARD, A., et al. 2010. S*tudent-Centred Learning: Toolkit for Students, Staff and Higher Education Institutions.* Bruselas: Education International-The European Students' Union; y ORSMOND, P. et al. 2000. "The use of student derived marking criteria in peer and self-assessment". *Assessment and Evaluation in Higher Education,* 25, 23-38.

del póster porque luego tendrán que exponerlo. Tras esta sesión habrá que subir el segundo borrador al campus virtual

Cuarta sesión: Elaboración del póster y presentación del borrador final a la profesora.

La quinta y sexta sesión se procederá a la presentación del póster durante un par de sesiones en la que todos/as los/as participantes del grupo tendrán que exponer al menos una vez sus resultados a sus compañeras/os. La exposición del póster será en torno a unos cinco minutos. La asistencia a esta sesión será imprescindible, no sólo porque todos los/as integrantes tienen que exponer su póster, sino porque los/as estudiantes tendrán que evaluar el póster del resto de sus compañeros/as.

Esto será especialmente importante porque los/as estudiantes no sólo reciben un *feedback* por parte del docente, sino que también el resto de compañeros/as valoran el póster y la exposición del resto de grupos. Para la evaluación se empleará un formulario *google* que planteará preguntas en relación a la rúbrica de evaluación que los/as estudiantes disponen desde el inicio del semestre. De este modo, esta herramienta permite a la docente y a los/as alumnos/as valorar la labor de los/as estudiantes de manera sencilla y ofrece la posibilidad a la docente de analizar los resultados, con vistas a seguir mejorando esta actividad.

4. LA EVALUACIÓN

Una vez expuesta la actividad y metodología resulta necesario responder a la cuestión sobre la evaluación. En este sentido, la docente elaboró una rúbrica que permite evaluar, por un lado, los aspectos referentes al contenido, originalidad y procedimientos; y, por otro lado, los aspectos relativos a la presentación en sí (entre los que se incluye la estructura, el uso de recursos, la comunicación, la invitación al debate y a la reflexión, así como la temporalidad). De esta manera los/as estudiantes pueden conocer desde el inicio del semestre qué aspectos se van a evaluar en su trabajo.

		Excelente	Bueno	Regular	Deficiente	No lo hizo
OBJETIVOS Y CONCLUSIONES	CONTENIDO PROPIO (30%)	Contenido creado por el estudiante, utiliza referencias bibliográficas, notas al pie, etc.	Contenido creado por el estudiante, algunas ocasiones no utiliza referencias bibliográficas, notas al pie, etc.	La mayor parte del contenido descargado en Internet, utiliza pocas referencias bibliográficas	Contenido plagiado en su mayoría.	Todo el contenido es un plagio
	ORIGINALIDAD (10%)	El trabajo demuestra imaginación, distinción y creatividad.	El trabajo demuestra imaginación, y creatividad.	Falto un poco más de creatividad.	Es un trabajo que se asemeja mucho a otros, no presenta mucha originalidad	Es un plagio de otro trabajo
	PROCEDIMIENTO (10%)	El estudiante fue capaz de explicar lo leído y aportar otras ideas, ejemplos, etc.	El estudiante comprende lo leído pero no es capaz de aportar algo más.	Comenta a su modo lo leído pero no demuestra comprensión de lo que explica.	No llega a la comprensión de lo leído, trata de comentar algo.	No comprendió nada de lo leído.

PRESENTACIÓN	ESTRUCTURA (10%)	La presentación está muy bien ordenada y estructurada correctamente	La presentación está bastante ordenada y estructurada faltaron mínimos detalles	La presentación está bien estructurada, pero hay que corregir algunos detalles de orden y distribución del contenido.	La distribución del contenido, es bastante mala	No cuenta con ningún orden en la distribución de los contenidos
	IMÁGENES RECURSOS (10%)	Utiliza imágenes y recursos de buen tamaño y adecuados en relación al mensaje.	Utiliza imágenes y recursos, pero no se ajustan al tamaño.	Usa imágenes y recursos, pero a veces no poseen relación	Apenas usa imágenes y recursos y no tienen relación alguna	No usa imágenes ni recursos
	COMUNICACIÓN (15%)	El estudiante es capaz de exponer las ideas en público, suscitando atención y manteniendo un registro adecuado	El estudiante es capaz de exponer las ideas en público, pero a veces pierde el hilo del discurso	El estudiante es capaz de exponer las ideas en público, pero no usa un registro adecuado	El estudiante no es capaz de exponer con claridad las ideas en público	El estudiante no es capaz de exponer las ideas en público, no utiliza un registro adecuado

PRESENTACIÓN	DEBATE Y REFLEXIÓN (10%)	Capacidad para iniciar y participar en un debate; así como para participar en una reflexión colectiva aportando ideas de manera crítica y razonada	Capacidad para participar en un debate; así como para participar en una reflexión colectiva aportando ideas	Capacidad para participar en un debate	Apenas puede realizar un aporte a un debate iniciado	No es capaz de participar en debates o en una reflexión colectiva
	TEMPORALIDAD (5%)	Se adapta al tiempo establecido, dejando espacio para el debate y la reflexión colectiva	Se adapta al tiempo establecido, pero no deja espacio para el debate	La presentación no se ajusta al tiempo establecido, pero hay debate y reflexión	La presentación no se ajusta al tiempo establecido, pero el estudiante intenta iniciar un debate o reflexión (aunque sin éxito)	La presentación no se ajusta al tiempo y el estudiante no propicia un debate o reflexión

No obstante, un aspecto esencial que se trata de transmitir a los/as estudiantes desde el inicio del semestre es que esta actividad no evalua meramente el resultado, sino el proceso. Obviamente el resultado, con sus aspectos formales y su contenido será una parte importante. Sin embargo, la introducción de este tipo de metodología y herramienta se trata de cambiar el escenario del aula para lograr un entorno que permita la evaluación de otro tipo de habilidades, capacidades y competencias que se espera el/la estudiante alcance durante el proceso de enseñanza-aprendizaje. En este sentido, a través de esta actividad se pretende evaluar:

La habilidad para lograr un aprendizaje social y cooperativo. Como ha señalado Cobas[8], el aprendizeje cooperativo es una estrategia que promueve de forma activa la participación del alumnado. En este sentido, todos se busca que los/as estudiantes aprendan a trabajar conjuntamenta para conseguir una meta común; y, por ello, el aprendizaje es de todos y para todos.

La capacidad para trabajar en equipo, capacidad para defender y argumentar las tesis propias frente al grupo. Pese a que se busca que trabajen por conseguir una meta común, es sumamente relevante que la capacidad de trabajar en equipo no conlleve la homogeneización de ideas o la subordinación de algunas de las ideas frente a otras. Por ello, se valorará la diversidad, el diálogo entre componentes y el acuerdo.

La capacidad para compartir ideas y conocimientos. Este aspecto resulta esencial, porque no sólo tendrá que compartir las ideas y conocimientos el día de la presentación del póster, también durante las sesiones de trabajo en la que tendrán que compartir sus lecturas y avances para ir construyendo el póster en colaboración.

La flexibilidad para admitir ideas diferentes a las propias. El trabajo individual a veces no nos permite acercarnos a diferentes temas de investigación desde perspectivas diferentes a la nuestra. A través de la introducción de la metodología *puzzle* se busca sacar a los/as estudiantes de su grupo de amigos, poniéndolo a dialogar con los expertos de otros grupos que le

---

8 COBAS COBIELLA, M. E. 2016. "Formación en aprendizaje cooperativo. Retos en el nuevo siglo XXI". En AA.VV: *Aprendizaje cooperativo. Un recurso indispensable en la formación universitaria.* Valencia: Unviersidad de Valencia, pp. 7-26.

permitan acercarse a los temas de estudio e investigación desde otros puntos de vista.

La capacidad para gestionar el tiempo. La actividad está diseñada para que el alumnado aprenda a organizar sus tareas y tiempo de realización acorde a lo que se le pide en cada fase. Este será un aspecto sumamente importante para su desarrollo laboral y personal posterior.

La capacidad para organizar, distribuir y coordinar actividades. Cada estudiante forma una parte única del puzzle, por lo que será esencial que tanto el grupo, como los/as estudiantes a nivel individual sean capaces de organizar las tareas asignadas porque su aportación será imprescindible para la elaboración del proyecto final.

Las habilidades necesarias para utilizar tecnologías de la información y de la comunicación (TICs). Los/as estudiantes aprenderán a usar internet y sus recursos digitales como fuentes de información de calidad, una cuestión crucial en el contexto que vivimos.

La capacidad para aplicar los conocimientos adquiridos en la actividad profesional futura. El tipo de actividad planteada, basada en la colaboración para la elaboración de un proyecto, la puesta en común, la exposición, les prepara para su entorno laboral más próximo.

La formación de una conciencia receptiva a la necesidad de desarrollar una formación interdisciplinar. La asignatura en la que se implanta esta metodología y actividad forma parte de la formación básica del Grado de Historia del Arte, por lo que no corresponde directamente con su campo de estudio. Ante la posible desmotivación y falta de interés, con esta estrategia se busca fomentar la interdisciplinariedad y la actitud abierta hacia la interacción y relación entre las distitnas áreas de conocimiento.

5. RESULTADOS

Es indudable que la introducción de la herramienta póster siguiendo la metodología puzzle conlleva numerosas ventajas. Este tipo de trabajo conlleva un contexto estimulador de interacción y participación en el aula que crea nuevos entornos de enseñanza aprendizaje. Dichos espacios se basan en una interdependencia positiva entre el alumnado y promueven el desarrollo de técnicas de gestión del tiempo, así como un sentido de la responsabilidad por parte del alumnado, el cuales se compromete a realizar la tarea que le ha sido asignada.

A grandes rasgos las encuestas realizadas recogen un resultado bastante positivo de la actividad: el 97% de los/as estudiantes considera que este tipo de actividad es enriquecedora en su proceso de adquisición de conocimientos. Asimismo, el alumnado considera adecuado (89%) este tipo de actividad como herramienta para evaluar un conjunto de competencias que se espera alcancen según la programación de la asignatura.

Es bastante interesante destacar que cuando se les preguntaba a los estudiantes si habían experimentado diferencias entre la técnica y metodología empleada y la lección magistral el aspecto que más destacaban era la responsabilidad (47,1%). En cambio, el protagonismo, uno de los principales aspectos que se querían trabajar sólo ocupaba un 2,9%. Creo que estos aspectos de la encuesta destacan cómo se trata de una actividad donde realmente los/as estudiantes desarrollan un aprendizaje cooperativo y no individual.

En relación a los problemas encontrados en el desarrollo de la actividad, cabe destacar que, antes de llevarla a cabo, una de las principales preocupaciones era que determinados estudiantes no participaran activamente y se beneficiaran del trabajo de los compañeros. Ante esto anticipe que las reuniones de expertos, junto con un catálogo de normas que todos los/as integrantes se comprometían a cumplir podían solventar los posibles problemas que surgieran. Tras la realización durante dos cursos académicos de la actividad, a grandes rasgos sólo se ha registrado dos casos aislados de cuatro grupos en los que se puso en práctica.

Asimismo, otros problemas derivados previstos como la realización del póster, la organización del contenido en un espacio tan limitado o la presentación del mismo por cada uno de los/as participantes no han supuesto situaciones complicadas a atender, sino que los/as propios estudiantes han gestionado las situaciones y han sabido resolver las adversidades, desarrollando ellos mismos su capacidad de resolución de problemas.

Estos resultados son sólo preliminares y requieren seguir introduciéndose en futuros cursos para obtener unos resultados dignos de análisis. No obstante, su implementación durante dos cursos académicos en los dos grupos (turno de mañana y turno de tarde) ha generado unos resultados sumamente positivos (no sólo a nivel de encuestas, sino también si tenemos en cuenta las calificaciones de la actividad).

No hay que olvidar que esta actividad de evaluación supone un 40% de su nota final, por este motivo, los/as estudiantes se toman en serio la realización de esta actividad. De hecho, creo que el aspecto más relevante a destacar, antes de finalizar la sección sobre los resultados, es que tanto estudiantes como docente disfrutan de una actividad en la que son los/as estudiantes los/as protagonistas, los/as creadores de conocimiento y ambas partes recogen que se trata de una propuesta sumamente enriquecedora.

6. CONCLUSIONES

Para concluir me gustaría resaltar que, pese a que habrá que esperar al desarrollo de la actividad en los siguientes grupos y generaciones, la elección de este tipo de dinámica ha evidenciado que promueve varios aspectos significativos: en primer lugar, usando la metodología *puzzle* y el aprendizaje cooperativo los estudiantes pueden aprender más que usando el aprendizaje individual; en segundo lugar, esta metodología permite un enfoque más amplio que pueda propiciar un debate más rico e interesante en el aula; en tercer lugar, la fórmula póster permite acercar a los estudiantes a un entorno más cercano a su futuro entorno laboral, desarrollando habilidades de comunicación y de reparto de tareas.

Por todo ello, pese a que es necesario seguir poniendo en práctica esta metodología y herramienta, porque dos cursos académicos no permiten arrojar resultados claros, parece que esta estrategia tiene mucho que aportar, sobre todo si cada año se van introduciendo aspectos de mejora.

7. BIBLIOGRAFÍA

ANGUAS, J. et al. "La técnica del Puzzle al servicio del aprendizaje de la programación de ordenadores". Disponible en: https://www.researchgate.net/publication/228359182_La_tecnica_del_Puzzle_al_servicio_del_aprendizaje_de_la_programacion_de_ordenadores].

ARONSON, E.; BLANEY, N.; STEPHIN, C.; SIKES, J. & SNAPP, M. 1978. The jigsaw classroom. Beverly Hills, CA: Sage Publishing Company.

ATTARD, A., et al. 2010. *Student-Centred Learning: Toolkit for Students, Staff and Higher Education Institutions.* Bruselas: Education International-The European Students' Union; y ORSMOND, P. et al. 2000. "The use of student derived marking criteria in peer and self-assessment". *Assessment and Evaluation in Higher Education*, 25, 23-38.

COBAS COBIELLA, M. E. 2016. "Formación en aprendizaje cooperativo. Retos en el nuevo siglo XXI". En AA.VV: *Aprendizaje cooperativo. Un recurso indispensable en la formación universitaria.* Valencia: Unviersidad de Valencia, pp. 7-26.

COHEN, E. G., & LOTAN, R. A. 1995. "Producing equal-status interaction in the heterogeneous classroom". *American Educational Research Journal*, vol. 32, pp. 99-120.

GARCÍA ALMIÑANA, D. et al. "El método del póster como herramienta de docencia en asignaturas de proyectos". [Disponible en: http://hdl.handle.net/2117/6248].

HUERTA, J. et al. 2000. "Desarrollo curricular por competencias profesionales integrales". *Educar. Revista de Educación* 13(1). Disponible en: https://www2.ufro.cl/docencia/documentos/Competencias.pdf.

JOHNSON, D. W.; JOHNSON, R. T. & SMITH, K. A. 1991. *Active learning: Cooperation in the college classroom.* Edina, MN: Interaction Book Company.

LA PROVA, A. 2017. *La práctica del aprendizaje cooperative. Propuestas operativas para el grupo-clase.* Madrid: Narcea, S. A. Ediciones.

KAGAN, S. 1992. *Cooperative learning.* San Juan Capistrano, CA: Kagan Cooperative Learning, Inc.

MCLAREN, B. et al. 2014, "What Happens When We Learn Together A Research-Based Whitepaper on the Power of Collaborative Learning". Wiley. Extraído 10 de octubre de 2022 desde https://www.cs.cmu.edu/~bmclaren/pubs/Wiley-ColaborativeLearningWhitePaper-2014.pdf. HINOJOSA, N. et al. 2006. "El puzzle de Aronson: una técnica de aprendizaje cooperativo para la mejora del rendimiento de los alumnos universitarios." En *La innovación en la enseñanza superior (II). Curso 2003-2004* (pp. 465-478). Sevilla: Universidad de Sevilla.

MINISTERIO DE EDUCACIÓN Y FORMACIÓN PROFESIONAL. 2019. *TALIS 2018. Estudio internacional de la enseñanza y del aprendizaje. Informe español.* Secretaría General Técnica. https://www.educacionyfp.gob.es/inee/evaluaciones-internacionales/talis/talis-2018/informe-sespanoles.html.

NÚÑEZ VELÁZQUEZ, J. 2002. "Qué piden las empresas a la Universidad en las 'sociedades de la información'". En VV.AA. (Coord.), *La Universidad en la nueva economía. V Encuentro del Consejo de Universidades.* Madrid: Ministerio de Educación, Cultura y Deportes.

SLAVIN, R. E., HURLEY, E. A., & CHAMBERLAIN, A. 2003."Cooperative learning and achievement: Theory and research", en REYNOLDS, W. M. & MILLER, G. E. (eds.), *Handbook of psychology: Educational psychology,* Vol 7,New York: Wiley.

Capítulo 8

El debate académico como instrumento eficaz para una dinamización efectiva y creciente de la docencia en grupos de grandes dimensiones

ANTONIO MARTÍN PARDO

Profesor contratado doctor interino

Universidad de Málaga

1. INTRODUCCIÓN

La presente contribución versa sobre la aplicación de la técnica del debate a la docencia en grupos de grandes dimensiones. Como se verá a continuación, este instrumento parece conllevar una serie de ventajas muy importantes de cara a la moderna formación en competencias de los alumnos sin exigir unos requerimientos materiales, temporales o espaciales exagerados. Del mismo modo, se comprobará que su utilización parece inducir en una medida muy importante el protagonismo y la autorresponsabilidad de los estudiantes, lo cual, además, ayudaría a romper la monótona pasividad de la ancestral lección magistral, técnica preferente en dicha clase de grupos.

A la hora de desarrollar el presente capítulo, se tratará de exponer *grosso modo* cuáles son las características definitorias principales del debate puramente académico para posteriormente profundizar en las ventajas docentes que la doctrina especializada en el particular ha puesto de manifiesto. Del mismo modo, se analizarán las ventajas específicas que este instrumento ofrece en el seno de los grupos de grandes dimensiones. Igualmente, como no podía ser de otro modo en un análisis objetivo, se estudiarán para terminar los posibles inconvenientes y desafíos genéricos que dicha técnica puede presentar, así como las eventuales medidas para hacerles frente o minimizarlos en su caso. Se finalizará intentando sintetizar las principales conclusiones del estudio llevado a cabo.

2. EL DEBATE ACADÉMICO

2.1. Caracterización general del debate como actividad dialéctica

El debate como tal no es ni mucho menos una invención reciente. Según recoge algún autor, ya en Mesopotamia o en el antiguo Egipto podemos encontrar las primeras referencias a la práctica de esta disciplina[1]. No obstante, su época de

---

1 ALÉS CANALES, J. A. *El valor pedagógico del debate académico en educación secundaria y universitaria.* Dir. ARRIBAS ESTEBARANZ, J. M.

máximo esplendor se asocia al periodo clásico grecorromano[2] en el que los ciudadanos primero y los cónsules y tribunos después se servían de él como instrumento esencial para participar en los asuntos públicos[3].

Con independencia de su mayor o menor antigüedad, nos parece oportuno, para identificar de forma precisa el objeto de estudio, delimitarlo respecto de otras formas de intercambio de información o de antagonismo entre seres humanos con los que podría confundirse en un sentido vulgar. En tal sentido, según expone CATTANI, es preciso diferenciar el debate *stricto sensu* del diálogo, la discusión, la polémica, la controversia, la diatriba, la disputa o la antilogía, todas las cuales podrían inscribirse en un eje cuyos polos serían el coloquio-dialogo y la polémica-disputa. Cada una de dichas formas de oposición con sus particularidades —en las que no podemos detenernos

---

Trabajo de fin de máster inédito. Facultad de educación de Segovia. Universidad de Valladolid. 2022. p. 17.

2 Vid. entre otros, DELGADO REVERTER, L. "El debate académico como instrumento educativo en la enseñanza secundaria", en *Publicaciones,* 48(2), 2018. pp. 115-116; PELLICER, T.M. et AL. *El debate académico para el desarrollo de competencias transversales* [en línea]. Congreso In-Red 2022. VIII Congreso de innovación educativa y docencia en red. Universidad Politécnica de Valencia, 6–8 de julio de 2022. Doi: https://doi.org/10.4995/INRED2022.2022.15921, pp. 1193-1194; GUZMÁN VIL LANUEVA, J. E. *Análisis del Debate de Competición Académico -estrategias discursivas.* Dir. BERMÚDEZ VÁZQUEZ, M. Tesis doctoral inédita. Universidad de Córdoba. 2019. pp. 25-26.

3 Un magistral ejemplo, si bien ficticio, de uno de estos debates clásicos puede contemplarse en la película *Julius Caesar* (1953), dirigida por Joseph L. Mankiewicz y basada en la obra de teatro homónima escrita por William Shakespeare. En dicho filme podemos contemplar las depuradas argumentaciones de Bruto, interpretado por James Mason, y Marco Antonio, interpretado por Marlon Brando, acerca del carácter justificado o no del asesinato de César.

aquí[4]— diferirían con respecto al debate según el autor no sólo en relación con el distinto grado de «enfrentamiento» (vehementes, encarnizadas o furiosas pueden ser una simple discusión o una polémica), sino también con la *finalidad* (decidirse por lo mejor, convencer, vencer), los *medios* (argumentos más o menos rigurosos, honradez intelectual...), la relación entre los *interlocutores* y la posibilidad de *plantear* la cuestión[5].

Frente a todas ellas, el elemento más característico del debate, su rasgo definitorio, sería la existencia de un tercero imparcial —el jurado o audiencia— al que se trata de convencer. Como señala SÁNCHEZ PRIETO, en una discusión cotidiana intentamos convencer a nuestro interlocutor, pero, sin embargo, en un debate el objetivo es convencer a un tercero[6]. A dicha característica definitoria podríamos añadir además el carácter público y la dirección por un moderador[7], así como la existencia de unas normas predeterminadas sobre su

---

4 Vid. la definición de cada una de estas formas de enfrentamiento verbal en CATTANI, A. *Los usos de la retórica* (Trad. LINARES, P.). Alianza Editorial. Madrid, 2003. p. 32 y 33.

5 CATTANI, A. *ibidem.* p. 33.

6 SÁNCHEZ PRIETO, G. *El debate académico en el aula como herramienta didáctica y evaluativa* [en línea]. IV Jornadas Internacionales de Innovación Universitaria. Métodos docentes afines al EEES. 12 y 13 de julio, Universidad Europea de Madrid. 2007. p.2. Disponible en: https://abacus.universidadeuropea.es /bitstream/handle/11268/3294/S%C3%A1nchez%20Prieto%2C%20Guillermo.pdf?sequence=1; En el mismo sentido, CIRLIN, A. *Academic debate and program development for students and teachers around the world. An introductory textbook, handbook and sourcebook.* Isocratic Press. 1999. p. 8.

7 Vid. PAREDES GARCÍA, A. *El debate académico como técnica de aprendizaje interdisciplinaria en el nivel medio superior.* Dirs. MURILLO PANCARDO, B. y AYALA PALOMINO, M. H. Trabajo de fin de máster inédito. Tecnológico de Monterrey. Escuela de graduados en educación, 2013. p. 15.

desarrollo[8]. De tal manera, podría ofrecerse una definición operativa de debate como aquel enfrentamiento dialectico reglado entre dos posturas generalmente contrapuestas mediante la exposición de argumentos y contraargumentos[9], dirigida por un moderador y en el que el vencedor es decidido por un tercero imparcial.

Una vez definido el debate, como apunte final de su caracterización general, es también interesante identificar los géneros que puede presentar. Son los llamados géneros retóricos, los cuales pueden ser fundamentalmente tres: el judicial, el demostrativo o *epidíptico,* y el deliberativo. El primero, también conocido como tesis de hecho, versa acerca de la realidad o no de determinada premisa, siendo muy apropiado para fomentar una investigación extensa. El segundo, por su parte, es el que se relaciona con la valoración de una hipótesis dada —tesis de valor—. Tal género exige la identificación de un principio, para luego generar criterios que permitan determinar si éste se aplica o no al caso concreto, es decir, obliga a realizar y defender el resultado de un proceso de evaluación. Por último, el tercer género aludido o tesis política consistiría en debatir sobre una determinada solución a un asunto. Se aboga por la aplicación de una solución para un problema ya determinado, o por la no aplicación de ésta, alegando que podría ser ineficiente o generar más problemas[10].

---

8 ALÉS CANALES, J. A. *El valor pedagógico del debate...* cit. p. 11.

9 En dicho elemento incide SÁNCHEZ PRIETO, G. "El debate competitivo en el aula como técnica de aprendizaje cooperativo en la enseñanza de la asignatura de recursos humanos". *Aula,* nº 23, 2017, p. 311.

10 Vid. ALBORNOZ BARRIENTOS, J. et Al. *Manual ASPADE. Debate y argumentación para el desarrollo de Pensamiento Crítico* [en línea]. Santiago de Chile, 2005. pp. 131-135. Disponible en: https://www.researchgate.net/publication/338286511_Manual_ASPADE_Debate_y_Argumentacion_para_el_desarrollo_de_Pensamiento_Critico

2.2. El debate académico en sentido estricto

El debate académico puede entenderse en general como una modalidad específica de debate en la que prima la función pedagógica. En tal sentido, PAREDES GARCÍA lo identifica con aquel que ha sido previamente diseñado y estructurado con una finalidad educativa dentro de un proceso de enseñanza- aprendizaje, el cual involucra directamente a la tríada pedagógica: estudiantes, profesores y contenidos[11]. De otro lado, también desde un prisma general, BONWELL y EISON lo definen como *todo lo que envuelve que los estudiantes hagan cosas y piensen sobre las mismas*[12].

Si bien es cierto que esta variante del debate ya existía en la Grecia clásica o en la Edad media[13], su conformación moderna está muy vinculada al mundo anglosajón. Así, a finales del siglo XVIII y principios del siglo XIX se fundan prestigiosas sociedades de debate en universidades británicas como las de Sant Andrews (1794), Oxford (1823) o Cambridge (1815), mientras que, en el siglo XX, el protagonismo es asumido más bien por los Estados Unidos. En 1947 se funda en la academia militar de West Point el *National Debate Tournament*, el cual 20 años después pasaría a ser responsabilidad de la *Ame-*

---

11 PAREDES GARCÍA, A. *El debate académico como técnica de aprendizaje…* cit. p. 17.

12 BONWELL, C. C. y EISON, J. A. *Active Learning: Creating Excitement in the Classroom.* ASHE-ERIC Higher Education Reports. Washington D.C. 1991. cit. en DELGADO REVERTER, L. "El debate académico como instrumento educativo…" cit. p. 116.

13 La llamada *disputatio* constituía una parte crucial de la enseñanza en las primeras universidades europeas. Era en esa parte de la enseñanza donde los discípulos demostraban al maestro hasta dónde llegaba su dominio y compresión de lo impartido durante la lección magistral. Vid. DELGADO REVERTER, L. "El debate académico como instrumento educativo…" cit. p. 115.

rican Forensic Association[14]. Dicha competición prácticamente ha sentado las bases del moderno debate académico universitario de competición.

Desde la cuna trasatlántica acabada de referir, el debate académico ha cuajado en el mundo continental europeo a partir de la última década del siglo XX. En concreto en nuestro país, con la salvedad de algún intento sin continuidad en el s. XIX —Universidad de Deusto, 1896— ha habido que esperar hasta el s. XXI para asistir al florecimiento de esta disciplina[15]. En el año 2000 se funda la Liga Nacional de Debate y las primeras sociedades dedicadas a tal actividad tales como los clubes de la Universidad Francisco de Vitoria, de la Complutense de Madrid o de la Universidad Pontificia de Comillas. Tras unos años de actividad, hay un breve parón que durará hasta 2009, año en que se funda la asociación de debate "Dilema" en Córdoba, la cual vuelve a dinamizar el panorama nacional. Ya entrada la segunda década del siglo XXI el fenómeno se extiende y se crean clubes de debate en muchas universidades (Santiago de Compostela Jaén, Salamanca, Valencia, Sevilla, Barcelona, Málaga...)[16].

---

14 PELLICER, T.M. et AL. *El debate académico para el desarrollo de competencias...* cit. p. 1194; ALÉS CANALES, J. A. *El valor pedagógico del debate...* cit. p. 18. Dicho formato estaba pensado en principio para que se ejercitaran en el uso de la palabra los futuros abogados. Vid. GUZMÁN VILLANUEVA, J. E. *Análisis del Debate...* cit. p. 27.

15 GUZMÁN VILLANUEVA, J. E. *Análisis del Debate...* cit. p. 28. Sin embargo, este autor sitúa el inicio en nuestro país en el año 1994 tomando como punto de partida la fundación de la Sociedad de debate de la Universidad complutense de Madrid.

16 ALÉS CANALES, J. A. *El valor pedagógico del debate...* cit. pp. 18-19. Con más detalle sobre la historia del debate de competición en nuestro país, GUZMÁN VILLANUEVA, J. E. *Análisis del Debate...* cit. pp. 39-41.

Este debate de competición encaminado al aprendizaje puede desarrollarse bajo distintos formatos tales como, entre otros, el *Karl Popper*, el *refutación*, el *Lincoln-Douglas*, el *Oregon-Oxford*, el *foro público*, el *escuela media*, el *British Parlament* (BP) o el *debate académico* propiamente tal[17]. De entre ellos, los más utilizados en nuestro país son el académico sobre todo y últimamente el BP.

El formato British Parlament simula la labor legislativa en un congreso bicameral y su objeto es probar que debe realizarse alguna política o medida. En tal formato se enfrentan dos grandes bancadas (Gobierno vs Oposición que se componen cada una de dos equipos (Cámara Alta y Cámara Baja), donde cada equipo debe cumplir el rol de defender a su bancada y de contra argumentar a la contraria. Cada equipo cuenta con dos oradores, cada uno de los cuales realiza un discurso de 7 minutos en el cual, desde el minuto 1 al minuto 6, debe dar la oportunidad al menos dos veces al equipo contrario para que realice puntos de información[18]. Es un sistema donde se prima la capacidad de improvisación, disponiendo los debatientes sólo de quince minutos para prepararse el tema —que varía en cada ronda— desde el momento en que se lo comunican. Debido a ello, se valoran especialmente la capacidad oratoria de los participantes y las construcciones lógicas, así como la cultura general, pero se da bastante poca importancia al aporte de evidencias y a la investigación[19].

---

17 Sobre las características de cada uno de estos formatos vid. ALÉS CANALES, J. A. *El valor pedagógico del debate*... cit. p. 19 y ss., y sobre todo ALBORNOZ BARRIENTOS, J. et Al. *Manual ASPADE*... cit. p. 96 y ss.

18 Vid. ALBORNOZ BARRIENTOS, J. et Al. *Manual ASPADE*...cit. pp. 98-99.

19 ALÉS CANALES, J. A. *El valor pedagógico del debate*... cit. pp. 20-21.

Por su parte, el debate académico en sentido estricto —denominación que surgió y se ha popularizado a partir de un torneo en Málaga— se trata de una modalidad única del sistema educativo español[20] que no existe prácticamente en ninguna otra parte del mundo. Es un formato de debate en el que se enfrentan dos posturas opuestas asignadas por sorteo respecto a una pregunta de debate que es única durante todo el torneo (a diferencia del BP) y que es conocida con al menos tres semanas de antelación. A diferencia del anterior, es un sistema que prioriza la investigación y la evidencia para desarrollar los argumentos, dándose también bastante importancia a la forma, esto es, a cómo se expresa el contenido. En cuanto a la argumentación, se establece un modelo específico para proceder, el llamado ARE, basado en ofrecer afirmaciones, razonamientos y evidencias. En lo que se refiere a su estructura, existe un turno de introducción, dos de refutación y una conclusión final por cada equipo. Los tiempos de los que disponen los oradores varían en función del rol que asuman dentro de su equipo: los introductores hablan cuatro minutos, los refutadores cinco y los encargados de la conclusión tres minutos. Tanto los

---

[20] Este sistema entronca directamente con la tradición binaria americana y con el género forense al que ya hemos aludido en el apartado anterior. Nos encontramos ante un formato joven de reciente cuño que se encuentra sometido a continua revisión y renovación por parte de algunas universidades, las cuales han introducido en los últimos años diferentes innovaciones para mejorar y/o completar el formato, tales como la introducción de preguntas cruzadas o la duplicación de algún turno. Amén de ello, la expansión de otro tipo de formatos externos como el parlamentario británico, que satisfacen nuevas necesidades y realidades sociales de la población española y que no puede suplir ni ofrecer el formato académico, hace que su supervivencia pueda quedar en entredicho en un futuro no muy lejano, o que se reduzca a la práctica minoritaria en aquellas disciplinas de las que es propio. En tal sentido, ALBORNOZ BARRIENTOS, J. et Al. *Manual ASPADE*...cit. pp. 100-103.

excesos o defectos de tiempo muy pronunciados como los fallos en la secuencia de exposición argumental son penalizados. Una vez finalizado el debate, los equipos abandonan la sala para permitir la deliberación de los jueces, tras la que se realiza una retroalimentación con los equipos, donde se les ofrece un análisis del debate[21].

Es a este último formato específicamente al que nos referimos en esta aportación y sobre el que reflexionaremos en las líneas que siguen.

2.3. El debate académico como instrumento pedagógico

El paso del siglo XX al siglo XXI ha estado marcado por un viraje en las teorías psicopedagógicas desde el conductismo hacia el constructivismo, en el cual se identifica al conocimiento como un constructo social y permanente. En este nuevo paradigma educativo, el aprendizaje deja de ser una metodología memorística para pasar a generarse a través del descubrimiento. No se entrega al estudiante información acabada, sino que éste, mediante observación y reflexión sobre casos particulares, de un modo inductivo, genera un conocimiento significativo para él[22].

En la enseñanza universitaria, sin embargo, aún perdura en muchos casos la mentalidad de que el alumno es una suerte de vaso vacío y el profesor una jarra que vierte el conocimiento en él para llenarlo. Como señala BRENIFIER, dicha concepción entiende que, en caso de dificultad, es preciso insistir,

---

21 Vid. BERMÚDEZ, M. y LUCENA, J. *Manual de debate: guía práctica para desarrollar tus habilidades en el debate académico y la oratoria.* Berenice. Córdoba, 2019, pp. 33-34.

22 ALBORNOZ BARRIENTOS, J. et Al. *Manual ASPADE*...cit. pp. 107-109.

perseverar, "continuar golpeando con el martillo hasta que el clavo se hunda por completo". Si se golpea con la fuerza suficiente y durante el tiempo necesario, el mensaje debería ser asimilado. En caso contrario, el problema sería del discente[23]. Tal actitud no casa bien con la realidad actual. Incluso en las clases teóricas, los alumnos suelen tener a su disposición diversos materiales[24], ya sea existentes en la red o suministrados por el propio profesor, que los exime en gran medida de la labor de transcribir el contenido teórico que mana del docente[25]. De tal modo, las clases presenciales ya no se pueden diseñar como la clásica lección magistral so riesgo de convertirlas en algo tedioso y percibido como innecesario por los alumnos[26].

Es por lo anterior por lo que el nuevo espacio de convergencia europea en el ámbito universitario —el ya familiar EEES—, más que en la mera transmisión de conocimientos, se enfoca en la adquisición y desarrollo de competencias, y en el proceso de aprender a aprender asignando un papel más activo al alumnado y un nuevo cometido al profesor[27]. El profesor,

---

23 BRENIFIER, O. *Enseñar mediante el debate.* Edere. México, 2005. p. 32.

24 ALBORNOZ BARRIENTOS, J. et Al. *Manual ASPADE*...cit. p. 110.

25 AIGE MUT, M. B, "Acercando el derecho al nuevo modelo de alumno 3.0", en DELGADO GARCÍA, A. M. y BELTRÁN DE HEREDIA RUIZ, I. (Coords.) *La docencia del derecho en la sociedad digital.* HUYGENS. Barcelona, 2019. p. 273.

26 De la persistencia en esta actitud podría traer causa la queja de algunos docentes sobre el absentismo en sus clases. Vid. como ejemplo. «"Me dedico a engañar más que a enseñar": la carta viral de un profesor universitario», en *La Razón,* 12 de enero de 2023. Puede consultarse en: *https://www.larazon.es/ actualidad/20230112/vwbsdmevvvemxf5qyavrsx5wea.html*

27 ORIHUELA GALLARDO, F y SIERRA CASANOVA, C. "Una experiencia de innovación docente: el debate académico en Administración de Empresas". RESED. Nº 8, 2020, p. 64; en un sentido similar, ESTEBAN GARCÍA, L. y ORTEGA GUTIÉRREZ, J. "El debate

progresivamente, va dejando de ser fuente de conocimiento incuestionable que el estudiante debe retener de manera memorística, y pasa a ser un planificador/guía de experiencias didácticas útiles para desafiar los esquemas cognitivos del estudiante, generando desequilibrios que repercutan en su motivación para asimilar los nuevos conocimientos y adaptar a ellos su matriz cognitiva[28]. En tal tesitura, cobran especial protagonismo las metodologías activas, en las que el alumno se vuelve protagonista de su propia formación[29].

Es preciso diferenciar, según indica PAREDES GARCÍA, entre estrategias y técnicas de aprendizaje. Mientras las estrategias de aprendizaje son un conjunto de procedimientos orientados hacia la consecución de una meta de aprendizaje, las tácticas o técnicas de aprendizaje son los procedimientos específicos, insertos en las estrategias, para conseguir las metas de aprendizaje. Es decir, las estrategias de aprendizaje se refieren a los métodos, y las técnicas de aprendizaje, a los instrumentos[30].

De acuerdo con tal distinción, el debate podría conceptualizarse como una técnica que se ubica en el marco de la estrategia del aprendizaje colaborativo, la cual, a su vez, constituye un ejemplo de las metodologías activas[31]. Tal tipo de aprendi-

---

como herramienta de aprendizaje", en FORONDA ROBLES, C. et AL. (Coords.) *VIII Jornada de Innovación e Investigación Docente 2017. Actas.* Universidad de Sevilla, 2017. pp. 49-50; DE LA ENCARNACIÓN, A. M. y ABRIL STOFFELS, R. "Derecho en clave: debatamos lo jurídico", en DELGADO GARCÍA, A. M. y BELTRÁN DE HEREDIA RUIZ, I. (Coords.) *La docencia del derecho en la sociedad digital.* HUYGENS. Barcelona, 2019. p. 387

[28] ALBORNOZ BARRIENTOS, J. et Al. *Manual ASPADE*...cit. p. 108

[29] ALÉS CANALES, J. A. *El valor pedagógico del debate*... cit. p. 30

[30] PAREDES GARCÍA, A. *El debate académico como técnica de aprendizaje*... cit. p. 14

[31] Una justificación fundamentada de esta clasificación en SÁNCHEZ PRIETO, G. "El debate competitivo en el aula como técnica..." cit.

zaje puede definirse como una manera de aprender que, de manera estructurada, promueve la interacción entre iguales, en torno a un objetivo o tarea educativa. El núcleo central del mismo lo constituye la idea de que, de manera conjunta, los estudiantes dan lugar a ese aprendizaje significativo al que nos hemos referido supra a través de la actividad compartida[32]. De tal manera, se comprueba cómo el debate, en tanto técnica inserta en dicha metodología se compadecería especialmente bien con las nuevas exigencias de aprendizaje ya aludidas y con el modelo constructivista propuesto[33].

Sin perjuicio de las ventajas específicas que el debate puede aportar —sobre las que nos detendremos *infra*—, a nivel general, son dos las utilidades que a nuestro parecer ofrece la herramienta didáctica que presentamos y que justifican sobradamente su utilización como un instrumento pedagógico en la educación superior.

En primer lugar, el debate se mostraría especialmente útil en un nuevo contexto universitario en el que, como se ha señalado, se debe ir más allá de la mera transmisión de conocimientos y formar al alumno de un modo integral[34]. La inmensa mayoría de los títulos universitarios actuales contemplan una serie de competencias transversales cuyo ejercicio en muchos casos rivaliza con la propia materia[35]. Muy especialmente en

---

p. 313 y ss. En el mismo sentido, GUZMÁN VILLANUEVA, J. E. *Análisis del Debate...* cit. p. 83.

32 ESTEBAN GARCÍA, L. y ORTEGA GUTIÉRREZ, J. "El debate como herramienta..." cit. p. 50.

33 ALBORNOZ BARRIENTOS, J. et Al. *Manual ASPADE*...cit. p. 111.

34 ESTEBAN GARCÍA, L. y ORTEGA GUTIÉRREZ, J. "El debate como herramienta..." cit. p. 51.

35 Vid. LEÓN VEGAS, M. y BAENA CRIADO, J. *El arte de la palabra. Un método educativo a partir del debate académico universitario.* III Congreso Internacional sobre Aprendizaje, Innovación y Competitividad (CI-

el ámbito de las ciencias jurídicas es preciso el desarrollo de competencias orales, de investigación, de análisis y síntesis, de razonamiento crítico, de compromiso ético, etc. En este aspecto, el debate contribuye grandemente a la sinergia entre las competencias transversales y el aprendizaje profundo de la materia[36]. A la vez que el alumno aprende de forma autónoma sobre un tema, va a poder ejercitar muchas, si no todas, de las competencias antedichas. En segundo lugar, es igualmente un instrumento idóneo para superar otra de las grandes dificultades de la educación superior. Su empleo permite llevar a cabo la transmisión del conocimiento a los alumnos sin que estos lo perciban como una obligación. A través de una actividad semilúdica y estimulante conseguimos hacer al alumno partícipe en su formación asumiendo un papel activo[37]. Los alumnos no sólo adquieren información, sino que, además, aprendan a aplicarla y a transmitirla, e incluso a usarla para convencer y persuadir[38], lo que demuestra su interiorización profunda.

Especialmente indicado para la enseñanza universitaria resultaría en particular el formato académico debido tanto a su

---

NAIC 2015). 14-16 de octubre de 2015, Madrid. p. 3. Según los autores, la imposibilidad de desarrollar correctamente las competencias transversales afecta de forma decidida y evidente a las aptitudes técnicas que los alumnos deben adquirir en su formación. Como consecuencia de ello, los alumnos adquieren sólo un saber parcial correspondiente a datos inconexos entre sí que, en el mejor de los casos, recuerdan tras haber memorizado un material que ellos no elaboran y sobre el que se les evalúa sin que añadan otro tipo de información o se impliquen académicamente de forma más personal.

36 LEÓN VEGAS, M. y BAENA CRIADO, J. *El arte de la palabra. Un método...* cit. p. 3.

37 Vid. LEÓN VEGAS, M. y BAENA CRIADO, J. *El arte de la palabra. Un método...* cit. p. 1.

38 ALÉS CANALES, J. A. *El valor pedagógico del debate...* cit. p. 31.

temporalización, que permite desarrollarlo holgadamente durante el tiempo habitual de una clase, como por su exigencia de investigación. Como bien dice ALÉS GONZÁLEZ, está claro que un modelo que permite la investigación y la indagación para conocer más en profundidad un tema es mucho más aplicable al currículo educativo[39]. Buena prueba de lo dicho lo constituyen las no pocas experiencias llevadas a cabo en nuestro país en este sentido[40].

2.3.1. Ventajas que presenta

Una vez justificado de modo general la aptitud del debate académico para mejorar, o por lo menos para contribuir notablemente a la enseñanza universitaria, resaltaremos en este apartado las ventajas concretas que tal técnica puede reportar. Por obvias razones de extensión no podremos agotar cada una de ellas, limitándonos a dar una visión global de las mismas.

---

39 ALÉS CANALES, J. A. *El valor pedagógico del debate...* cit. pp. 55-56 con más citas en el mismo sentido.

40 Vid. entre otras las experiencias referenciadas en PELLICER, T.M. et AL. *El debate académico para el desarrollo de competencias...* cit. p. 1195 o en ALÉS CANALES, J. A. *El valor pedagógico del debate...* cit. p. 31.

Una primera ventaja de primer orden que esta técnica presenta es la de desarrollar en el alumno el *pensamiento crítico*[41,42]. El sistema tradicional tiende a promover en el alumno la idea

---

41 En tal sentido, entre otros, MAYORAL GARCÍA-BERLANGA O. et AL. "Outdoor academic debate as a tool to stimulate critical thinking and scientific orientation: a pilot experience". *@tic. Revista d´innovació eduactiva,* nº 21, 2018, p. 2; BRENIFIER, O. *Enseñar mediante el debate...* cit. p. 3; PELLICER, T.M. et AL. *El debate académico para el desarrollo de competencias...* cit. p. 1195; DELGADO REVERTER, L. "El debate académico como instrumento educativo..." cit. p. 117; CURRÁS MÓSTOLES, R. et AL. "Blended learning y vídeo: herramientas para la preparación de debates sobre global issues", en DELGADO GARCÍA, A. M. y BELTRÁN DE HEREDIA RUIZ, I. (Coords.) *La docencia del derecho en la sociedad digital.* HUYGENS. Barcelona, 2019. p. 369; ALBORNOZ BARRIENTOS, J. et Al. *Manual ASPADE...*cit. p. 112; CAÑABATE PÉREZ, J. y PAZ TORRES, O. "El uso de la herramienta de trabajo cooperativo "slack" para la preparación de los debates académicos en la asignatura de Historia del derecho y las instituciones", en DELGADO GARCÍA, A. M. y BELTRÁN DE HEREDIA RUIZ, I. (Coords.) *La docencia del derecho en la sociedad digital.* HUYGENS. Barcelona, 2019. p. 469, CAMP. J.M. y SCHNADER, A. L. "Using Debate to Enhance Critical Thinking in the Accounting Classroom: The Sarbanes-Oxley Act and U.S.Tax Policy", *Issues in accounting eductaion,* vol. 25, nº 4, 2010, p. 656. ORIHUELA GALLARDO, F y SIERRA CASANOVA, C. "Una experiencia de innovación..." cit. p. 67; USACH. I et AL. *El debate académico como estrategia de aprendizaje activo para Grados de Ciencias de la Salud con TICs y con perspectiva ODS-Agenda 2030.* Congreso In-Red 2022. VIII Congreso de innovación educativa y docencia en red. Universidad Politécnica de Valencia, 6–8 de julio de 2022. Doi: https://doi.org/10.4995/INRED2022.2022.15869, p. 609; ESTEBAN GARCÍA, L. y ORTEGA GUTIÉRREZ, J. "El debate como herramienta..." cit. p. 55;

42 ALBORNOZ BARRIENTOS, J. et Al. *Manual ASPADE...*cit. p. 113 define el pensamiento crítico como como la capacidad de identificar paradigmas de base sobre distintos discursos, analizarlos, comprenderlos y evaluarlos en contraste con principios o creencias propias. Se trata de una capacidad cognitiva de alto nivel posterior a la

de que recibe verdades absolutas del docente, dogmas que asume acríticamente[43]. Ello choca abiertamente con la realidad actual en la que se exigen profesionales capaces de leer el mundo, entenderlo y proponerle alternativas plausibles y lógicas[44]. El ejercicio del debate boga precisamente en la dirección contraria, ya que no se trata de sólo de exponer la propia postura, sino que es necesario refutar la contraria, lo cual obliga a reflexionar sobre la misma para identificar aquello con lo que se puede estar de acuerdo y que se acepta y aquello que se entiende erróneo y que se va a contradecir. Pero no solo se ejercita el pensamiento crítico respecto al otro. Como subraya DELGADO, durante la preparación y el propio desarrollo del debate, las convicciones originarias del estudiante pueden llegar a cambiar, eliminando sus prejuicios y ganando una perspectiva más amplia, tanto por la reflexión, uso e investigación de la información, como por la posibilidad de que se les asigne defender un punto de vista contrario a sus ideales personales iniciales[45].

En segundo lugar, la práctica de esta disciplina conlleva una muy importante adquisición de *competencias orales y argumentativas*[46]. La clase tradicional apenas brinda oportunidades a la

---

memorización y repetición, compuesta por habilidades de análisis, comprensión y evaluación.

43 En idéntico sentido BRENIFIER, O. *Enseñar mediante el debate...* cit. pp. 37-38; CAMP. J.M. y SCHNADER, A. L. "Using Debate to Enhance Critical Thinking..." cit. p. 656.

44 ALBORNOZ BARRIENTOS, J. et Al. *Manual ASPADE*...cit. p. 107.

45 DELGADO REVERTER, L. "El debate académico como instrumento educativo..." cit. pp. 117-118. En un sentido similar, OCAMPO TABARES, M. A. *Del debate a la cultura política.* GARCÍA DÍAZ, F. A. (Dir.) Trabajo de grado inédito. Universidad de Antioquia, 2020, p. 26.

46 En tal sentido, CAÑABATE PÉREZ, J. "La introducción de la perspectiva de género en asignaturas histórico-jurídicas a través del

oralidad. El alumno tipo, entregado amanuense, puede limitarse a recoger la información que le plantea el profesor sin pronunciarse en todo el curso si así lo desea. Al practicar el debate el panorama sin embargo es diametralmente opuesto. El alumno se ve impelido a elaborar un discurso argumentado y verosímil para convencer a su audiencia a partir de la información que ha recabado previamente[47]. Muy especialmente en la fase de refutaciones, debe construir su discurso ad hoc en función de los argumentos contrarios o de la respuesta que ha recibido, trabajando con ello además tanto la creatividad como la agilidad oral[48]. De otra parte, la necesidad de hacerse entender para que la propia postura pueda ser compartida le impulsa a depurar su expresión y la construcción de sus argumentos[49]. Por último, merece ser destacada también la contribución del ejercicio de la dialéctica a la hora de controlar la ansiedad y el miedo que el hablar en público produce en muchos estudiantes[50].

---

debate académico", en ESPUNY I TOMÁS, M. J. et AL. (Coords.) *La Docencia del derecho con perspectiva de género.* Universidad Autónoma de Barcelona, Observatori per a la Igualtat. Barcelona, 2018, p. 61; ORIHUELA GALLARDO, F y SIERRA CASANOVA, C. "Una experiencia de innovación..." cit. p. 67; DELGADO REVERTER, L. "El debate académico como instrumento educativo..." cit. p. 116; PAREDES GARCÍA, A. *El debate académico como técnica de aprendizaje...* cit. p. 31 y ss.

47 LEÓN VEGAS, M. y BAENA CRIADO, J. *El arte de la palabra. Un método...* cit. p. 3.

48 ORIHUELA GALLARDO, F y SIERRA CASANOVA, C. "Una experiencia de innovación..." cit. p. 76

49 ORIHUELA GALLARDO, F y SIERRA CASANOVA, C. "Una experiencia de innovación..." cit. p. 67

50 LEÓN VEGAS, M. y BAENA CRIADO, J. *El arte de la palabra. Un método...* cit. p. 3. Sobre este tema profundizaremos algo más *infra* en el próximo apartado.

Una tercera competencia instrumental que se ve fuertemente potenciada con el desarrollo de esta actividad es *la investigación y la compresión lectora*[51]. En la actualidad nos encontramos ante una situación paradójica en este aspecto. Asistimos a una época en la que disponemos de una cantidad prácticamente inabarcable de información a sólo un click de distancia, pero, sin embargo, los alumnos, aun siendo altamente capaces en el manejo de las TICs, no lo son tanto a la hora de gestionar, seleccionar y tratar dicha información[52]. La preparación previa del debate les fuerza a tener que buscar ellos mismos una información pertinente y veraz para construir sus argumentos. Tal tarea les ayuda a desarrollar un análisis crítico de la calidad de las distintas fuentes y a aprender a profundizar y seguir una línea de investigación a través de citas y referencias[53]. En lo que se refiere a la comprensión lectora, por su parte, la propia dinámica del debate igualmente les obliga a una lectura profunda y comprensiva durante la preparación. Dado que tienen que formular argumentos y defenderlos frente a las objeciones

---

51 En tal sentido, ESTEBAN GARCÍA, L. y ORTEGA GUTIÉRREZ, J. "El debate como herramienta..." cit. p. 51; CURRÁS MÓSTOLES, R. et AL. "Blended learning y vídeo: herramientas..." cit. p. 370; DE LA ENCARNACIÓN, A. M. y ABRIL STOFFELS, R. "Derecho en clave..." cit. p. 389; DÍEZ DE FEX, A. M., y SALAZAR ESCALANTE, L. *De las Aulas a la Participación Democrática: El debate como herramienta de discusión de políticas públicas de tu país: Propuesta de Taller para el Día Enseña y Aprende.* Campeonato mundial de debate en español (CMUDE 2014) Ciudad de México, 2014. p. 15

52 ORIHUELA GALLARDO, F y SIERRA CASANOVA, C. "Una experiencia de innovación..." cit. p. 66

53 Como señala GUZMÁN VILLANUEVA, J. E. *Análisis del Debate...* cit. p. 83; el debatiente, antes que comunicador es investigador, y sus análisis deben ser serios y profundos en función de las disponibilidades temporales de que disponga; un requisito para debatir con rigor es confeccionar previamente un dosier amplio, ordenado, estructurado y con fuentes primarias.

que les van a plantear externamente, los alumnos se van a esforzar en comprender de un modo profundo la información que recopilan a fin de poder usarla ágil, eficazmente y con propiedad.

Además de las ventajas acabadas de aludir a un nivel instrumental o técnico, la práctica del debate aporta también en el plano axiológico. Los graduados universitarios no solo deben ser profesionales cualificados técnicamente, también deben interiorizar una serie de valores humanistas y democráticos que contribuyan a crear una sociedad mejor[54]. En este aspecto, el debate promueve, entre otros, valores tan importantes como *la ciudadanía democrática*[55], *el espíritu de grupo*[56], *la resiliencia*[57], *la sana competencia*[58], *la cortesía*[59], *la humildad y la perseverancia intelectual*[60], *etc.*

Específicamente, en lo que respecta al primero de ellos, el ejercicio regular del debate contribuye decisivamente a aprender

---

54 En el mismo sentido, ESTEBAN GARCÍA, L. y ORTEGA GUTIÉRREZ, J. "El debate como herramienta..." cit. p. 55.

55 Así, ALÉS CANALES, J. A. *El valor pedagógico del debate...* cit. p. 62; BRENIFIER, O. *Enseñar mediante el debate...* cit. p. 37; OCAMPO TABARES, M. A. *Del debate a la cultura...* cit. p. 28.

56 CAÑABATE PÉREZ, J. "La introducción de la perspectiva de género..." cit. p. 61; PELLICER, T.M. et AL. *El debate académico para el desarrollo de competencias...* cit. p. 1195; CURRÁS MÓSTOLES, R. et AL. "Blended learning y vídeo: herramientas..." cit. p. 369.

57 ALÉS CANALES, J. A. *El valor pedagógico del debate...* cit. p. 29; GUZMÁN VILLANUEVA, J. E. *Análisis del Debate...* cit. p. 88.

58 DELGADO REVERTER, L. "El debate académico como instrumento educativo..." cit. p. 117; LEÓN VEGAS, M. y BAENA CRIADO, J. *El arte de la palabra. Un método...* cit. p. 4.

59 GUZMÁN VILLANUEVA, J. E. *Análisis del Debate...* cit. p. 88.

60 ALBORNOZ BARRIENTOS, J. et Al. *Manual ASPADE...*cit. p. 131.

a escuchar al otro[61]. La necesidad de refutar hace un imperativo el escuchar atenta y comprensivamente al adversario para no caer en un diálogo de sordos[62]. Igualmente, como ya hemos visto, se juzga en qué puede ser acertado el razonamiento del contrincante para no atacar por ahí. De tal modo, se acaba siendo consciente de que, en las posturas contrarias, en la inmensa mayoría de las ocasiones, hay elementos valiosos o a tener en cuenta y que, consecuentemente, merecen respeto[63]. Junto a ello, se promueve la empatía y la tolerancia a ideas diversas a las propias[64], lo cual se ve potenciado por el hecho de que, en muchas ocasiones, en virtud de la asignación aleatoria de las posturas, los alumnos se ven obligados a profundizar y a defender posicionamientos que no son compartidos en conciencia. Por último, esta práctica promueve también la discusión basada en evidencias y datos, desterrando las argumentaciones circulares basadas exclusivamente en la ideología, como es el caso de los debates que los jóvenes pueden contemplar hoy las más de las veces en los medios[65].

---

61 CAÑABATE PÉREZ, J. "La introducción de la perspectiva de género..." cit. pp. 64-65; CURRÁS MÓSTOLES, R. et AL. "Blended learning y vídeo: herramientas..." cit. p. 370; PAREDES GARCÍA, A. *El debate académico como técnica de aprendizaje...* cit. pp. 111 y 114.

62 GUZMÁN VILLANUEVA, J. E. *Análisis del Debate...* cit. p. 70

63 LEÓN VEGAS, M. y BAENA CRIADO, J. *El arte de la palabra. Un método...* cit. p. 4.

64 DELGADO REVERTER, L. "El debate académico como instrumento educativo..." cit. p. 118; ESTEBAN GARCÍA, L. y ORTEGA GUTIÉRREZ, J. "El debate como herramienta..." cit. p. 54; ALBORNOZ BARRIENTOS, J. et Al. *Manual ASPADE...*cit. p. 131; ORIHUELA GALLARDO, F y SIERRA CASANOVA, C. "Una experiencia de innovación..." cit. p. 77.

65 MAYORAL GARCÍA-BERLANGA O. et AL. "Outdoor academic debate as..." cit. p. 2 y ss.

Además de las anteriores, son muchas más las ventajas derivadas de la utilización del debate que han sido destacadas por la doctrina especializada. Por cuestiones de extensión no es posible profundizar en cada una de ellas, pero nos parece oportuno por lo menos referenciarlas para culminar el presente apartado. Entre dichas ventajas podemos aludir sin ánimo de agotarlas a la adquisición de responsabilidad ética, medioambiental y profesional; la mejora en el análisis y resolución de problemas, y en la planificación y gestión del tiempo[66], el incremento de la empatía, la autoexigencia, la seguridad y la autoestima[67]; el aumento de la motivación[68] y de la asimilación activa de conocimiento[69]; el desarrollo de habilidades sociales[70] y de resiliencia[71]; la orientación a objetivos y la capacidad de trabajar bajo presión[72]; el fomento de la autonomía[73]

66 Vid. PELLICER, T.M. et AL. *El debate académico para el desarrollo de competencias...* cit. p. 1195.

67 Vid DELGADO REVERTER, L. "El debate académico como instrumento educativo..." cit. p. 116; PAREDES GARCÍA, A. *El debate académico como técnica de aprendizaje...* cit. pp. 11 y 38.

68 CAMP. J.M. y SCHNADER, A. L. "Using Debate to Enhance Critical Thinking..." cit. p. 669; DE LA ENCARNACIÓN, A. M. y ABRIL STOFFELS, R. "Derecho en clave..." cit. p. 393.

69 Vid DELGADO REVERTER, L. "El debate académico como instrumento educativo..." cit. p. 118.

70 Vid. DELGADO REVERTER, L. "El debate académico como instrumento educativo..." cit. p. 118

71 Vid. ALÉS CANALES, J. A. *El valor pedagógico del debate...* cit. p. 29; GUZMÁN VILLANUEVA, J. E. *Análisis del Debate...* cit. p. 88.

72 Vid. GUZMÁN VILLANUEVA, J. E. *Análisis del Debate...* cit. p. 81.

73 Vid. CAÑABATE PÉREZ, J. "La introducción de la perspectiva de género..." cit. p. 64; DE LA ENCARNACIÓN, A. M. y ABRIL STOFFELS, R. "Derecho en clave..." cit. p. 389; SÁNCHEZ PRIETO, G. "El debate competitivo en el aula como técnica..." cit. p. 314.

y de la capacidad de negociación[74] y liderazgo[75]; la mejora de la cultura general[76]...

2.3.2. Aplicación del debate a grupos de grandes dimensiones

Como se ha aludido líneas atrás, la clásica lección magistral se compadece mal con las nuevas tendencias pedagógicas y con la nueva orientación universitaria a competencias. Como destaca BRENIFIER, la lección proviene del latín *lectio*, que significa lectura. Tal correspondencia etimológica entronca directamente con el papel central que en esa técnica se presta a un texto escrito y concluido con anterioridad, circunstancia que no es inocua. El apego al texto genera menos reflexión por parte del orador y este tiende a acelerar el ritmo, lo cual da lugar a una cierta distancia y falta de complicidad entre el orador y su público, entre la persona que sabe y la masa opaca que escucha. La conferencia o la clase magistral impone una secuencia específica, un tono determinado y un ritmo particular que produce en muchos casos el decaimiento de la atención y del esfuerzo por comprender en pos de la toma mecánica de apuntes que serán "ingeridos y digeridos" en un momento posterior —real o imaginario como señala el propio autor—[77]. A pesar de este panorama, lo cierto es que la lección magistral es la técnica predominante en muchas aulas universitarias, muy especialmente en los grupos de grandes dimensiones. Este contexto añade ciertos inconvenientes específicos a los que dicha técnica trae de suyo.

---

74 GUZMÁN VILLANUEVA, J. E. *Análisis del Debate...* cit. p. 81.

75 DE LA ENCARNACIÓN, A. M. y ABRIL STOFFELS, R. "Derecho en clave..." cit. p. 387.

76 PAREDES GARCÍA, A. *El debate académico como técnica de aprendizaje...* cit. p. 111.

77 BRENIFIER, O. *Enseñar mediante el debate...* cit. pp. 9 y 10.

En primer lugar, en tal tipo de grupos ese ambiente de desidia del que hemos hablado parece contagiarse a todos los asistentes y se crea una suerte de barrera ambiental para la intervención de los alumnos que acaba por convertir la clase en un tedioso monólogo unidireccional del profesor, el cual no aporta demasiado valor a los alumnos. El proceso narrado termina desembocando en falta de motivación y aburrimiento, los cuales se convierten en una poderosa barrera frente al aprendizaje[78].

Otro obstáculo muy relacionado con el anterior es el que tiene que ver con los alumnos tímidos —y los que no lo son tanto[79]—. En grupos numerosos se acrecienta el temor a hablar en público[80]. En tales grupos es muy normal que no haya

---

78 Vid. LÓPEZ-PÉREZ, M. y DE LA MAYA RETAMAR, G. "Influencia de las emociones en el aprendizaje de la lengua inglesa: análisis de las distintas destrezas lingüísticas". *DELTA: Documentação de Estudos em Lingüística Teórica e Aplicada,* vol. 38.2, 2022, p. 6.

79 Según OREJUDO HERNÁNDEZ et AL., la ansiedad manifestada al hablar en público es uno de los problemas más frecuentes entre la población universitaria, que, si bien no llega a alcanzar criterios de patología nada más que en una pequeña parte, si condiciona lo suficiente para que más del 75% evite al menos una exposición a esta situación cada año y casi un 50% presente mucho o muchísimo miedo al enfrentarse a la misma. Vid. OREJUDO HERNÁNDEZ, S. et AL. "El desarrollo de la competencia para hablar en público en el aula a través de la reducción de la ansiedad ante esta situación. Estudio previo". *Revista electrónica interuniversitaria de formación del profesorado,* vol. 8, n.º 1, 2005, p. 1.

80 Las dificultades para hablar en público aparecen de manera prototípica en las exposiciones orales ante una audiencia numerosa. Vid. OREJUDO HERNÁNDEZ, S. et AL. "Resultados de un programa para reducir el miedo y aumentar la autoeficacia para hablar en público en estudiantes universitarios de primer año". *Estudios sobre educación,* vol. 22, 2012, p. 201; OREJUDO HERNÁNDEZ, S. et AL. "Participación del alumnado universitario en el aula. Una investigación sobre el temor a hablar en público en grandes gru-

confianza entre todos y cada uno de los presentes[81], y ello supone una importante traba para las intervenciones de los estudiantes introvertidos, aun en muchos casos ante interpelaciones directas del propio profesor. Incluso cuando se consigue que participen, en muchas ocasiones el miedo los bloquea y les impide reflexionar, limitándose a decir lo que sea en un intento de que el mal trago pase cuanto antes. Con ello, cualquier objetivo docente del profesor se frustra[82]. Este efecto se acrecienta en el seno de una lección magistral, en la que el profesor se percibe amenazadoramente, más como el experto que pregunta y que juzga que como el guía que acompaña en el proceso de aprendizaje[83].

Un tercer inconveniente muy característico que presentan los grupos copiosos a nuestro modo de ver está relacionado con lo poco ágiles que éstos resultan a la hora de diseñar y planificar

---

pos". *Revista Interuniversitaria de Formación del Profesorado*, n.º 21(1), 2007, p. 147. 145-160.

81 La situación que más temor supone para los estudiantes al inicio del curso es hablar delante de desconocidos. Vid. OREJUDO HERNÁNDEZ, S. et AL. "Participación del alumnado universitario en el aula. Una investigación..." cit. p. 153.

82 Desde la psicología educativa está suficientemente establecida la necesidad de la participación activa del alumno para generar un aprendizaje significativo, siendo a través de tareas que requieren intervenir en público cómo se logra éste de una manera más eficaz. Algunos trabajos, de hecho, relacionan la asistencia y la participación en clase con el rendimiento académico, poniendo de manifiesto que cuando el miedo a hablar en público aparece dentro de un cuadro de más gravedad como la fobia social puede acabar incluso en el abandono de los estudios. Vid. GONZÁLEZ ALONSO, F. "Competencias desde la perspectiva intercultural para el grado de educación infantil." *Revista Electrónica Interuniversitaria de Formación del Profesorado*, n. º 8 (1), pp. 1-4.

83 OREJUDO HERNÁNDEZ, S. et AL. "Participación del alumnado universitario en el aula. Una investigación..." cit. p. 159

actividades o metodologías alternativas a la lección magistral, lo cual explica fundamentalmente la preferencia por dicha técnica en este tipo de grupos. La realización de tales actividades alternativas supone en la mayoría de las ocasiones una importante carga de logística, corrección, evaluación, etc. que en muchos casos es difícilmente asumible por el profesor sin desmedro de otras tareas a las que viene obligado.

En todas las cuestiones antedichas entendemos que la utilización del debate puede suponer una ayuda valiosa. En lo que se refiere a la primera de ellas, el debate claramente rompe el ambiente de apatía en el que se puede caer durante la tradicional *lectio* sin comprometer los objetivos de aprendizaje. Como ya se ha visto, la técnica que se propone comporta un papel activo y dinámico de los alumnos, y los fuerza a participar a la vez que promueve un aprendizaje significativo y profundo de la materia. Son abundantes las experiencias llevadas a cabo que respaldan tal extremo. En tal sentido, SÁNCHEZ PRIETO, en una experiencia en la asignatura de Derecho Comunitario e Instituciones de la Unión Europea de la Facultad de Derecho de la Universidad Pontificia Comillas de Madrid, constata a partir de las propias opiniones de los alumnos que el aprendizaje subjetivo sobre el tema fue superior a otras formas tradicionales de enseñanza y que la actividad se consideró bastante entretenida, aumentando significativamente el interés en el tema del debate[84]. De la misma manera, DE LA ENCARNACION Y STOFFELS, a partir de una experiencia real de simulación de un debate televisivo constatan una alta motivación, animosidad y participación por parte del alumnado[85]. Por su parte, LEÓN VEGAS y BAENA CRIADO, tras tres años de realización

84 SÁNCHEZ PRIETO, G. *El debate académico en el aula como herramienta didáctica*... cit. p. 13

85 DE LA ENCARNACIÓN, A. M. y ABRIL STOFFELS, R. "Derecho en clave..." cit. pp. 393-394.

de debate con sus alumnos, atestiguan que, estableciendo una comparativa entre los estudiantes que han participado en estos debates y los que no, existe una singular diferencia tanto en conocimientos como en calificaciones a favor de los primeros[86].

En lo que respecta al problema de los estudiantes intimidados por la masa, según ha demostrado la doctrina especializada[87], el temor a hablar en público está muy vinculado con la percepción de la llamada *autoeficacia*[88], la cual a su vez tiene que ver con variables como la motivación, la conducta del profesor, la presencia de comunicadores compulsivos en el aula, el tipo de metodología, etc. En tal sentido, según han indicado OREJUDO et. Al.[89], los alumnos reducen significativamente su ansiedad a hablar en público cuando se les brindan oportunidades reiteradas de participación reglada en el seno de

---

86 LEÓN VEGAS, M. y BAENA CRIADO, J. *El arte de la palabra. Un método...* cit. Otras experiencias que atestiguan lo dicho en PELLICER, T.M. et AL. *El debate académico para el desarrollo de competencias...* cit; ESTEBAN GARCÍA, L. y ORTEGA GUTIÉRREZ, J. "El debate como herramienta..." cit; USACH. I et AL. *El debate académico como estrategia de aprendizaje activo...*cit; ORIHUELA GALLARDO, F y SIERRA CASANOVA, C. "Una experiencia de innovación..." cit; o MAYORAL GARCÍA-BERLANGA O. et AL. "Outdoor academic debate as..." cit.

87 Vid. por todos, OREJUDO HERNÁNDEZ, S. et AL. "Resultados de un programa para reducir el miedo y..." cit. p. 203; OREJUDO HERNÁNDEZ, S. et AL. "Participación del alumnado universitario en el aula. Una investigación..." cit. p. 149.

88 Se denomina autoeficacia al conocimiento que los individuos tienen acerca de sus capacidades y confianza para alcanzar una meta o enfrentar una situación. Sobre ella pueden consultarse las investigaciones. Sobre dicho constructo puede consultarse BANDURA, A. *Auto-eficacia: cómo afrontamos los cambios de la sociedad actual.* Desclée de Brouwer. Biblioteca de Psicología. Bilbao, 1999, p. 101.

89 Vid. OREJUDO HERNÁNDEZ, S. et AL. "Participación del alumnado universitario en el aula. Una investigación..." cit. pp. 158-160.

metodologías activas[90]. Igualmente, se consigue una mayor autoeficacia del alumnado con el trabajo en grupos reducidos[91], en los que pueden interactuar con iguales al tiempo que preparan y practican las tareas requeridas. El efecto aumenta aún más si a lo anterior se añade la motivación por parte del alumno[92] y una actitud cercana y de apoyo por parte del profesor[93].

Como puede atisbarse sin demasiada dificultad, la práctica del debate brinda todas las condiciones antedichas que permiten aumentar la autoeficacia percibida y reducir el miedo a hablar en público. Los alumnos trabajan en pequeños grupos, donde, amén de poder llevar a cabo una preparación muy minuciosa de la actividad a desarrollar, se crean lazos de confianza y apoyo, así como una orientación común al mismo objetivo que asegura una buena reacción de la audiencia, la cual también correlaciona positivamente con la autoeficacia[94]. Durante la fase de preparación, además, el profesor no actúa como un experto distante y superior, sino como un asesor y un apoyo —muchas veces en contextos de informalidad—, lo cual redunda

---

90 OREJUDO HERNÁNDEZ, S. et AL. "Participación del alumnado universitario en el aula. Una investigación..." cit. p. 154.

91 OREJUDO HERNÁNDEZ, S. et AL. "Evolución del miedo a hablar en público en estudiantes universitarios. Predictores de cambio a lo largo de un curso académico". *Ansiedad y Estrés*. n.º 13(1), 2007, p. 98.

92 OREJUDO HERNÁNDEZ, S. et AL. *Evolución del miedo a hablar en público en la universidad. Variables personales y del entorno de enseñanza aprendizaje*. I Jornadas de innovación docente, tecnologías de la información y la comunicación e investigación educativa en la Universidad de Zaragoza. 23 y 24 de noviembre del 2006. p. 21.

93 OREJUDO HERNÁNDEZ, S. et AL. "Evolución del miedo a hablar en público en estudiantes universitarios. Predictores..." cit. p. 98.

94 OREJUDO HERNÁNDEZ, S. et AL. "Participación del alumnado universitario en el aula. Una investigación..." cit. p.159; OREJUDO HERNÁNDEZ, S. et AL. "Evolución del miedo a hablar en público en estudiantes universitarios. Predictores..." cit. p. 98.

en un considerable aumento de la cercanía con él de cara al desarrollo del curso.

Posteriormente, en el desarrollo del debate en sí, los alumnos deben intervenir de manera perfectamente reglada, con un tiempo y un papel predeterminados. Este último detalle no debe pasarse por alto, ya que aquellos alumnos más reservados pueden elegir roles con menor nivel de riesgo como el de introductor o argumentador sin reducir su percepción de autoeficacia. De otra parte, en el debate los estudiantes interactúan y rebaten exclusivamente entre iguales, siendo la figura del profesor la de un mero moderador que prácticamente no interviene en el fondo del debate. A todo ello se une también de modo positivo la obligada restricción a habladores compulsivos que produce el carácter medido de los tiempos, así como la contemplación de modelos efectivos de comunicación en algunos compañeros[95]. El caldo de cultivo idóneo que esta metodología ofrece para mejorar la capacidad de expresarse ante grupos numerosos se completa si se atiende a la especial motivación interna que, como ya se ha visto, esta actividad produce en el alumnado y a su carácter reiterado en el seno de una competición durante el curso, lo cual brinda una oportunidad de mejora continuada de la competencia oral y un aumento consecuente de la percepción de autoeficacia.

Por último, en lo que respecta al tercer inconveniente aludido en relación con los grupos voluminosos, el debate es una forma de implantar metodologías alternativas sin demasiada carga para el docente. Más allá de coordinar la actividad —incluida una pequeña formación previa del alumnado— y encontrar un espacio apropiado para el desarrollo del debate, el grueso de la preparación recae en los propios alumnos. Son éstos los que deben buscar los materiales necesarios e investigarlos en

---

95 OREJUDO HERNÁNDEZ, S. et AL. "Participación del alumnado universitario en el aula. Una investigación..." cit. p. 159.

profundidad, actuando el profesor aquí como un asesor externo o guía exclusivamente a demanda de éstos. Igualmente, el docente no debe corregir ningún tipo de material elaborado ni dar el visto bueno a los argumentos que aquellos presentarán durante la contienda. Durante el debate su labor tampoco es especialmente exigente. Caso que no se delegue también a algún alumno, se limitará a controlar los tiempos, pudiendo evaluar cómodamente a cada uno de los intervinientes durante su alocución con ayuda, por ejemplo, de una rúbrica. Para finalizar, puede aportar la retroalimentación que estime oportuna a la vista del enfrentamiento dialéctico entre los equipos. Como se puede comprobar, con la técnica que se propone se consigue limitar prácticamente todo el trabajo del profesor al desarrollo de las clases, evitándose así esa rivalidad a la que aludíamos entre una docencia adaptada a las nuevas tendencias y las otras obligaciones del profesorado.

2.3.3. Riesgos y desafíos de su utilización

A pesar de lo dicho hasta aquí, no debe caerse en el error de considerar al debate como el remedio a todos los males de la enseñanza universitaria[96]. Dicha técnica, como se ha resaltado, posee numerosas ventajas, pero también presenta ciertos desafíos o dificultades que es de justicia señalar.

Un primer riesgo a tener en cuenta en este apartado es la de que la naturaleza lúdica y competitiva del debate se imponga a sus fines educativos. Aunque precisamente es este carácter una de las causas de la motivación extra que la actividad produce y parte consustancial de la misma[97], como han señalado

---

96 Vid en tal sentido, PAREDES GARCÍA, A. *El debate académico como técnica de aprendizaje*… cit. p. 39; MAYORAL GARCÍA-BERLANGA O. et AL. “Outdoor academic debate as…” cit. p. 6.

97 ALÉS CANALES, J. A. *El valor pedagógico del debate*… cit. pp. 29-30

algunos autores, ciertos alumnos no debaten, sino que fundamentalmente compiten. Su objetivo es ganar y sólo de paso aprender[98]. Tal actitud, muy relacionada con la cosmovisión liberal capitalista[99], merma la calidad de la argumentación, ya que se nubla la razón y gana terreno la pasión, impidiéndose el objetivo esencial del debate, que no es otro que la socialización del aprendizaje[100].

Muy relacionado con ese ánimo excesivamente belicoso acabado de poner de manifiesto se halla el riesgo, sobre todo cuando son los alumnos los encargados de formar los equipos de debate, de que nos encontremos con equipos en los que se concentren los alumnos de mejor nivel académico, generando un claro desequilibrio o desigualdad con otros equipos y perdiéndose las ventajas de equipos más heterogéneos[101].

En la misma línea, aun siendo quizás algo de lo que preocuparse más en niveles medios o básicos de enseñanza que en el nivel universitario, no puede descartarse el que algunos alumnos con habilidad para la práctica de esta disciplina eleven en demasía su ego, así como la terquedad y testarudez, anclados en la creencia de una supuesta superioridad intelectual[102]. Cuando esto ocurre podría llegarse al escenario extremo de un exceso de acaloramiento en la defensa de las posturas o incluso a agresividad verbal bajo la forma de faltas de respeto o ridiculizaciones hacia la persona del adversario durante

---

98 OCAMPO TABARES, M. A. *Del debate a la cultura...* cit. p. 27; cuerpo 119

99 OCAMPO TABARES, M. A. *Del debate a la cultura...* cit. p. 27.

100 Vid. PAREDES GARCÍA, A. *El debate académico como técnica de aprendizaje...* cit. p. 18.

101 DELGADO REVERTER, L. "El debate académico como instrumento educativo..." cit. p. 119

102 OCAMPO TABARES, M. A. *Del debate a la cultura...* cit. p. 30.

los turnos de palabra de modo más o menos sutil o incluso abiertamente[103].

La solución a todas las cuestiones antedichas discurre por el mismo sendero, el control del docente durante toda la actividad y el ejercicio efectivo de su labor de moderador. Es muy importante que el profesor deje muy claro desde el principio —e insista en ello habitualmente— que el objetivo de estas prácticas es instaurar una forma de aprender alternativa y que será la adquisición de conocimiento efectivo y no equis número de victorias el auténtico éxito en la actividad. De igual modo, debe asumir un rol vigilante durante la formación de los equipos para, respetando en todo lo posible la autonomía de éstos, evitar las desigualdades ya aludidas en su conformación. Por último, durante los debates, debe atajar rápidamente los pleitos improductivos, así como evitar que los argumentos se conviertan en ataques personales que enturbien el objetivo principal, incluso advirtiendo en su caso, como ocurre en las competiciones reales, de que se puede llegar a perder un debate por faltas de respeto al contrincante[104].

Un segundo riesgo que se presenta en el desarrollo de una actividad de debate consiste en pensar que los alumnos debatirán racional y ordenadamente desde un principio y que la actividad saldrá adelante de un modo completamente autónomo sin un trabajo previo de preparación del docente. Cualquiera que haya intentado organizar un debate en clase de forma espontánea —ha sido nuestro caso— será consciente perfectamente de la reticencia de los alumnos a intervenir y, en el mejor de los casos, del carácter puramente subjetivo e ideológico de los argumentos vertidos —el típico "yo creo que…"—. Este hecho no debe suponer una especial frustración para el profesor.

---

103 PAREDES GARCÍA, A. *El debate académico como técnica de aprendizaje…* cit. p. 18.

104 Vid ALÉS CANALES, J. A. *El valor pedagógico del debate…* cit. p. 29.

Piénsese que la falta de competencias orales es algo transversal al sistema educativo español. Los alumnos han estado durante prácticamente toda su vida académica instalados en la comodidad del oyente sin ser iniciados en la cultura de la discusión[105]. Con tales antecedentes sería muy osado pensar que se trata de elegir un tema y simplemente ponerse a discutir.

Para que lo acabado de relatar no ocurra es indispensable una preparación o formación previa de los alumnos. Es necesario que el profesor o expertos invitados ilustren a los alumnos sobre los rudimentos de la retórica y el discurso, cómo se construye un argumento, las falacias que hay que evitar, la necesidad de una investigación previa solvente, etc[106]. Cuanto más detallada sea esta preparación previa, mejor irá posteriormente el desarrollo de la actividad. Del mismo modo, la reiteración en la experiencia será algo que la hará ir mejorando en cada ocasión.

Una vez realizada la formación previa, como ya se ha visto, el profesor se descarga bastante de trabajo en tanto que el mayor peso de la actividad pasa a recaer en los alumnos. Aquí surge otro riesgo de esta actividad que no se debe desconocer: la posibilidad de sobrecargar excesivamente de trabajo a los alumnos. La actividad del debate, si se realiza correctamente, conlleva una importante inversión de tiempo y energía por parte de los estudiantes en su preparación (investigación previa, reuniones del equipo, construcción de los argumentos, ensayos...). No se puede olvidar además que, amén de la asignatura propia, los alumnos tienen otras materias en las que es muy posible que también se estén llevando a cabo actividades alternativas que ocupan un tiempo no desdeñable fuera de clase. Esto tiene que tenerse obligatoriamente en cuenta si no

---

105 BRENIFIER, O. *Enseñar mediante el debate...* cit. p. 81

106 Vid. PELLICER, T.M. et AL. *El debate académico para el desarrollo de competencias...* cit p. 1206.

se quiere que la actividad pierda todo su carácter motivador y lúdico por desbordamiento de los alumnos. Es forzoso ser racionales a la hora de establecer el número de enfrentamientos a lo largo del curso y coordinarse con los otros profesores. En este sentido, puede ser muy útil planear esta actividad de manera multidisciplinar. Ello aumentaría la riqueza del debate y permitiría a los alumnos aprovechar un el mismo esfuerzo para varias asignaturas.

Igualmente, y relacionado también con el protagonismo principal que asumen los estudiantes en esta actividad, no se puede olvidar el peligro de que los alumnos no trabajen realmente en grupo de manera coordinada, sino que, por el contrario, se repartan la tarea y cada uno cumpla con sus obligaciones de manera aislada[107]. La tarea conjunta no tiene sentido si se desarrolla como una suma de individualidades, ya que en tal caso se pierden muchos de los beneficios del trabajo cooperativo que esta técnica comporta y el resultado aparecerá como deslavazado, sin una coherencia global. Este riesgo debe contenerse con una labor asidua de asesoramiento y control por parte del profesor. En una línea semejante, debe controlarse por el profesor que los alumnos debatan realmente durante los enfrentamientos. Que presten atención a los argumentos contrarios y traten de refutarlos efectivamente, y que no se limiten a desarrollar un dialogo de sordos en el que cada interviniente expone su discurso sin interacción con el oponente. Si esto no es así, el ejercicio nuevamente pierde una parte importante de sus ventajas y queda convertido simplemente en una vana representación teatral.

Otro extremo al que hay que prestar atención —que suele ocurrir en general con las metodologías alternativas— es el que tiene que ver con la inseguridad que estos métodos

---

107 CAÑABATE PÉREZ, J. "La introducción de la perspectiva de género..." cit. p. 66.

generan entre los alumnos, especialmente entre los más aplicados. Como se ha visto, los alumnos provienen de un sistema muy apegado al temario y al contenido de cara a los exámenes. Cuando se implantan este tipo de metodologías en las que es el alumno el que aprende de manera autónoma determinados contenidos, ello les produce cierto vértigo e inseguridad por la ausencia de una figura de autoridad que establezca sin lugar a dudas cuál es el conocimiento "adecuado" que se ha de interiorizar[108]. Aquí se trata simplemente de ir inculcando la idea de que de lo que se trata en realidad es de aprender y de que el conocimiento que adquiere el alumno es igual de valioso, si no más que el que le pueda transmitir el propio profesor. En igual sentido, si se verifica por medios diversos al examen que los alumnos están adquiriendo los conocimientos necesarios, tampoco habría excesivo problema en descargar el temario de cara a exámenes o pruebas de lo que se haya aprendido por esta vía, lo cual tranquilizará bastante al alumnado[109].

Por último, y asumiendo que no podemos abarcar en este apartado todos los desafíos o problemáticas que pueden presentarse en relación a la utilización del debate en la docencia, no queremos dejar de referirnos para terminar al hándicap que nos encontramos en esta técnica con el número de integrantes de los equipos de debate. Dada la propia mecánica del debate y sus turnos de intervención, los equipos se encuentran limitados a unos cuatro o cinco miembros cada uno. Ello hace que en cada contienda sólo pueda haber un máximo de 10 debatientes que han investigado sobre el tema. El resto de alumnos deben adoptar la función de juez o público, para lo cual es incluso aconsejable que no investiguen, a fin de no estar

---

108 En tal sentido, BRENIFIER, O. *Enseñar mediante el debate...* cit. pp. 83-84.

109 Vid. LEÓN VEGAS, M. y BAENA CRIADO, J. *El arte de la palabra. Un método...* cit. p. 6.

condicionados a favor de una u otra postura en su decisión. En tal situación, surge la cuestión del aprendizaje de todos aquellos que no han debatido ni investigado sobre el tema. Sin descartar absolutamente que ocupar el papel de juez y contemplar el debate produzca también un aprendizaje relevante, parece que la solución a este problema puede venir de la organización de liguillas en las que se lleven a cabo distintos encuentros clasificatorios con diferentes preguntas de debate referentes a un mismo tema de investigación[110]. Acudiendo a este sistema se puede ampliar bastante el número de alumnos debatientes y asegurar que todos ellos investiguen en profundidad un determinado bloque temático, obteniendo así los resultados de aprendizaje perseguidos con la actividad.

3. IDEAS CONCLUSIVAS

A partir de lo hasta aquí expuesto, y como recapitulación final de ideas, parece que efectivamente estamos en situación de poder afirmar que la utilización del debate es un instrumento especialmente útil en la docencia universitaria, y singularmente en el seno de grupos de grandes dimensiones.

En primer lugar, como se ha puesto debidamente de manifiesto, nos encontramos ante una técnica que, de acuerdo a los nuevos estándares educativos universitarios, fomenta de un modo muy reseñable el protagonismo del alumnado frente a la pasividad y apatía de la tradicional lección magistral. Ello la hace particularmente apropiada para dinamizar los grupos numerosos en los que aquella técnica parecía la única opción viable. A mayor abundamiento, como también se ha resaltado *supra*, a través de la utilización del debate se pueden obtener

110 Vid LEÓN VEGAS, M. y BAENA CRIADO, J. *El arte de la palabra. Un método...* cit. p. 5.

los beneficios de las nuevas técnicas docentes en este tipo de grupos sin que ello suponga una carga de trabajo inasumible para el profesor como sí que ocurriría con otros tipos de metodologías innovadoras.

En este último sentido, los estudios han demostrado que esta técnica de trabajo cooperativo permite alcanzar los estándares más elevados de desarrollo cognitivo y meta cognitivo[111]. El debate no sólo permite que el alumno participe activamente en su formación, sino que además se ve obligado a desarrollar sus capacidades meta cognitivas, evolucionando desde la memorización a la generación de pensamiento crítico y la innovación, dando lugar con ello a un "pensamiento de calidad", caracterizado por ser crítico, creativo y metacognitivo[112]. El objetivo de la información que aprende el alumno no es sólo ser retenido del modo habitual, sino que tiene una finalidad práctica. Tal componente ayuda a buscar la aplicación de aquellos conocimientos teóricos aprendidos. Se desarrollan así y se hace uso de procesos cognitivos de orden superior según la famosa taxonomía de Bloom[113]. De igual modo, ese componente práctico de la información asimilada inherente a la práctica del debate genera un conocimiento altamente significativo, el cual es mucho mas útil y perdurable en el tiempo que el típico conocimiento memorístico de cara a un examen. Este tipo de conocimiento subsiste y se integra de un modo más profundo en el acervo de cultura del alumno.

---

111 Según recientes investigaciones, el debate contribuye a alcanzar los seis niveles de aprendizaje cognitivo incluidos en la taxonomía cognitiva de Bloom: conocimiento, comprensión, aplicación, análisis, síntesis y evaluación. Vid. DELGADO REVERTER, L. "El debate académico como instrumento educativo…" cit. p. 117.

112 ALBORNOZ BARRIENTOS, J. et Al. *Manual ASPADE*…cit. pp. 111-112

113 ALÉS CANALES, J. A. *El valor pedagógico del debate*… cit. p. 27.

A pesar de lo acabado de mencionar sobre las virtudes de esta técnica, también es preciso concluir que no se puede pensar que la misma es una suerte de varita cuya utilización puntual provoca mágicamente un cambio prodigioso de los alumnos. Es necesario una preparación previa sólida y estructurada, y, asimismo, es imprescindible cierta perseverancia para que el debate desarrolle todas las virtudes aludidas en este trabajo. Como ha señalado PAREDES GARCÍA, hay una relación proporcional entre el tiempo de práctica y los beneficios. Es decir: cuanto más se practican los debates académicos, más beneficios se obtienen[114]. Conforme pasa el tiempo, los alumnos cada vez investigan más y son capaces de aplicar lo aprendido en otros debates, en otras asignaturas, en otros eventos, o en simples conversaciones, incluso dos o más años después de la realización de la serie de debates[115]. Es por esto que, tal y como reza el título de la presente contribución, haya de considerarse al debate como un instrumento de mejora progresiva o creciente.

Por último, y como una ventaja específica, no puede olvidarse que, además de todo lo dicho en relación a las virtudes del debate de cara al desarrollo intelectual de los estudiantes en general, en el ámbito concreto de las disciplinas que a nosotros atañen —las disciplinas jurídicas—, esta técnica desarrolla de un modo muy sustancial la competencia oral[116], básica en estas disciplinas, a pesar de su incomprensible a la par que tradicional postergación.

---

114 PAREDES GARCÍA, A. *El debate académico como técnica de aprendizaje...* cit. p. 112; en el mismo sentido, ALÉS CANALES, J. A. *El valor pedagógico del debate...* cit. p. 64.

115 GUZMÁN VILLANUEVA, J. E. *Análisis del Debate...* cit. p. 69.

116 DE LA ENCARNACIÓN, A. M. y ABRIL STOFFELS, R. "Derecho en clave..." cit. p. 389.

En definitiva, y a la luz de lo hasta aquí manifestado, creemos factible afirmar como idea final la sobresaliente utilidad de esta técnica de cara a una formación integral y autónoma de los alumnos, y lo recomendable que la misma resulta en el ámbito de grupos numerosos, muy especialmente en el seno de estudios relacionados con las ciencias sociales y jurídicas.

4. BIBLIOGRAFÍA

AIGE MUT, M. B, "Acercando el derecho al nuevo modelo de alumno 3.0", en DELGADO GARCÍA, A. M. y BELTRÁN DE HEREDIA RUIZ, I. (Coords.) *La docencia del derecho en la sociedad digital.* HUYGENS. Barcelona, 2019. pp. 269-277.

ALBORNOZ BARRIENTOS, J. et Al. *Manual ASPADE. Debate y argumentación para el desarrollo de Pensamiento Crítico* [en línea]. Santiago de Chile, 2005. pp. 131-135. Disponible en: https://www.researchgate.net/publication/338286511_Manual_ASPADE_Debate_y_Argumentacion_para_el_desarrollo_de_Pensamiento_Critico

ALÉS CANALES, J. A. *El valor pedagógico del debate académico en educación secundaria y universitaria.* Dir. ARRIBAS ESTEBARANZ, J. M. Trabajo de fin de máster inédito. Facultad de educación de Segovia. Universidad de Valladolid. 2022.

BANDURA, A. *Auto-eficacia: cómo afrontamos los cambios de la sociedad actual.* Desclée de Brouwer. Biblioteca de Psicología. Bilbao, 1999.

BERMÚDEZ, M. y LUCENA, J. *Manual de debate: guía práctica para desarrollar tus habilidades en el debate académico y la oratoria.* Berenice. Córdoba, 2019.

BONWELL, C. C. y EISON, J. A. *Active Learning: Creating Excitement in the Classroom.* ASHE-ERIC Higher Education Reports. Washington D.C. 1991

BRENIFIER, O. *Enseñar mediante el debate.* Edere. México, 2005.

CAMP. J.M. y SCHNADER, A. L. "Using Debate to Enhance Critical Thinking in the Accounting Classroom: The Sarbanes-Oxley Act and U.S.Tax Policy", *Issues in accounting eductaion,* vol. 25, nº 4, 2010, pp. 655-675.

CAÑABATE PÉREZ, J. "La introducción de la perspectiva de género en asignaturas histórico-jurídicas a través del debate académico", en ESPUNY I TOMÁS, M. J. et AL. (Coords.) *La Docencia del derecho con perspectiva de género.* Universidad Autónoma de Barcelona, Observatori per a la Igualtat. Barcelona, 2018, pp. 59-68.

CAÑABATE PÉREZ, J. y PAZ TORRES, O. "El uso de la herramienta de trabajo cooperativo "slack" para la preparación de los debates académicos en la asignatura de Historia del derecho y las instituciones", en DELGADO GARCÍA, A. M. y BELTRÁN DE HEREDIA RUIZ, I. (Coords.) *La docencia del derecho en la sociedad digital.* HUYGENS. Barcelona, 2019. p. 465-470.

CATTANI, A. *Los usos de la retórica* (Trad. LINARES, P.). Alianza Editorial. Madrid, 2003.

CIRLIN, A. *Academic debate and program development for students and teachers around the world. An introductory textbook, handbook and sourcebook.* Isocratic Press. 1999

CURRÁS MÓSTOLES, R. et AL. "Blended learning y vídeo: herramientas para la preparación de debates sobre global issues", DELGADO GARCÍA, A. M. y BELTRÁN DE HEREDIA RUIZ, I. (Coords.) *La docencia del derecho en la sociedad digital.* HUYGENS. Barcelona, 2019. pp. 365-376.

DE LA ENCARNACIÓN, A. M. y ABRIL STOFFELS, R. "Derecho en clave: debatamos lo jurídico", en DELGADO GARCÍA, A. M. y BELTRÁN DE HEREDIA RUIZ, I. (Coords.) *La docencia del derecho en la sociedad digital.* HUYGENS. Barcelona, 2019. pp. 387-394.

DELGADO REVERTER, L. "El debate académico como instrumento educativo en la enseñanza secundaria", en *Publicaciones,* 48(2), 2018. pp. 113-125.

DÍEZ DE FEX, A. M., y SALAZAR ESCALANTE, L. *De las Aulas a la Participación Democrática: El debate como herramienta de discusión de políticas públicas de tu país: Propuesta de Taller para el Día Enseña y Aprende.* Campeonato Mundial de Debate en español (CMUDE 2014) Ciudad de México, 2014.

ESTEBAN GARCÍA, L. y ORTEGA GUTIÉRREZ, J. "El debate como herramienta de aprendizaje", en FORONDA ROBLES, C. et AL. (Coords.) *VIII Jornada de Innovación e Investigación Docente 2017. Actas.* Universidad de Sevilla, 2017. pp. 48-56.

GONZÁLEZ ALONSO, F. "Competencias desde la perspectiva intercultural para el grado de educación infantil." *Revista Electrónica Interuniversitaria de Formación del Profesorado,* n. ° 8 (1), pp. 1-4

GUZMÁN VILLANUEVA, J. E. *Análisis del Debate de Competición Académico. Estrategias discursivas.* Dir. BERMÚDEZ VÁZQUEZ, M. Tesis doctoral inédita. Universidad de Córdoba, 2019.

GUZMÁN VILLANUEVA, J. E. *Análisis del Debate de Competición Académico -estrategias discursivas.* Dir. BERMÚDEZ VÁZQUEZ, M. Tesis doctoral inédita. Universidad de Córdoba. 2019.

LEÓN VEGAS, M. y BAENA CRIADO, J. *El arte de la palabra. Un método educativo a partir del debate académico universitario.* III Congreso Internacional sobre Aprendizaje, Innovación y Competitividad (CINAIC 2015). 14-16 de octubre de 2015, Madrid.

LÓPEZ-PÉREZ, M. y DE LA MAYA RETAMAR, G. "Influencia de las emociones en el aprendizaje de la lengua inglesa: análisis de las distintas destrezas lingüísticas". *DELTA: Documentação de Estudos em Lingüística Teórica e Aplicada,* vol. 38.2, 2022, p. 1-28.

LÓPEZ-PÉREZ, M. y RETAMAR, G. "Influencia de las emociones en el aprendizaje de la lengua inglesa: análisis de las distintas destrezas lingüísticas". *DELTA: Documentação de Estudos em Lingüística Teórica e Aplicada,* 2022, vol. 38.2, pp. 1-25

MAYORAL GARCÍA-BERLANGA O. et AL. "Outdoor academic debate as a tool to stimulate critical thinking and scientific orientation: a pilot experience". *@tic. Revista d'innovació eduactiva,* nº 21, 2018, pp. 1-8.

OCAMPO TABARES, M. A. *Del debate a la cultura política.* GARCÍA DÍAZ, F. A. (Dir.) Trabajo de grado inédito. Universidad de Antioquia, 2020,

OREJUDO HERNÁNDEZ, S. et AL. "El desarrollo de la competencia para hablar en público en el aula a través de la reducción de la ansiedad ante esta situación. Estudio previo". *Revista electrónica interuniversitaria de formación del profesorado,* vol. 8, n.º 1, 2005, pp. 1-6.

OREJUDO HERNÁNDEZ, S. et AL. "Evolución del miedo a hablar en público en estudiantes universitarios. Predictores de cambio a lo largo de un curso académico". *Ansiedad y Estrés.* n.º 13(1), 2007, pp. 87-100

OREJUDO HERNÁNDEZ, S. et AL. "Participación del alumnado universitario en el aula. Una investigación sobre el temor a hablar en público en grandes grupos". *Revista Interuniversitaria de Formación del Profesorado,* n.º 21(1), 2007, pp. 145-160.

OREJUDO HERNÁNDEZ, S. et AL. "Resultados de un programa para reducir el miedo y aumentar la autoeficacia para hablar en público en estudiantes universitarios de primer año". *Estudios sobre educación*, vol. 22, 2012, p. 199-217.

OREJUDO HERNÁNDEZ, S. et AL. *Evolución del miedo a hablar en público en la universidad. Variables personales y del entorno de enseñanza aprendizaje.* I Jornadas de innovación docente, tecnologías de la información y la comunicación e investigación educativa en la Universidad de Zaragoza. 23 y 24 de noviembre del 2006. pp. 1-25.

ORIHUELA GALLARDO, F y SIERRA CASANOVA, C. "Una experiencia de innovación docente: el debate académico en Administración de Empresas". RESED. N° 8, 2020, pp. 64-79.

PAREDES GARCÍA, A. *El debate académico como técnica de aprendizaje interdisciplinaria en el nivel medio superior.* Dirs. MURILLO PANCARDO, B. y AYALA PALOMINO, M. H. Trabajo de fin de máster inédito. Tecnológico de Monterrey. Escuela de graduados en educación, 2013.

PELLICER, T.M. et AL. *El debate académico para el desarrollo de competencias transversales* [en línea]. Congreso In-Red 2022. VIII Congreso de innovación educativa y docencia en red. Universidad Politécnica de Valencia, 6–8 de julio de 2022. Doi: https://doi.org/10.4995/ INRED2022.2022.15921, pp. 1193-1208

SÁNCHEZ PRIETO, G. "El debate competitivo en el aula como técnica de aprendizaje cooperativo en la enseñanza de la asignatura de recursos humanos". *Aula*, n° 23, 2017, pp. 303-318.

SÁNCHEZ PRIETO, G. *El debate académico en el aula como herramienta didáctica y evaluativa* [en línea]. IV Jornadas Internacionales de Innovación Universitaria. Métodos docentes afines al EEES. 12 y 13 de julio, Universidad Europea de Madrid. 2007. Disponible en: https:// abacus.universidadeuropea.es /bitstream/handle/11268/3294/ S%C3%A1nchez%20Prieto%2C%20Guillermo.pdf?sequence=1;

USACH. I et AL. *El debate académico como estrategia de aprendizaje activo para Grados de Ciencias de la Salud con TICs y con perspectiva ODS-Agenda 2030.* Congreso In-Red 2022. VIII Congreso de innovación educativa y docencia en red. Universidad Politécnica de Valencia, 6–8 de julio de 2022. Doi: https://doi.org/10.4995/INRED2022.2022.15869, pp. 608-619

Capítulo 9

La enseñanza universitaria ante el cambio social y tecnológico: La adaptación de una cultura analógica a la realidad digital[1]

JOSÉ MANUEL DE TORRES PEREA
Profesor Titular de Derecho Civil
Universidad de Málaga

---

1 Este trabajo se realiza dentro del Proyecto Erasmus+ CBHE CALESA y fue presentado en el Congreso Innovation of University Teaching in a Digital, Multinlingual and Globalized Society. A Perspective from the Project Erasmus+ CBHE CALESA, celebrado en la Universidad Nova de Lisboa los días 20 y 21 de septiembre de 2022.

1. INTRODUCCIÓN

Podemos afirmar que tras la etapa marcada por la pandemia provocada por el Covid-19 se ha producido un punto de inflexión en la docencia universitaria. En esta línea se han acentuado los cambios tanto en los métodos docentes como en la gestión universitaria. Se afirma que gracias al confinamiento forzado se ha avanzado en la aplicación de la tecnología informática y el uso del ciberespacio, más en dos años de lo que se hubiera avanzado en una década sin pandemia. Además, esta etapa coincide con la llegada a la universidad de una generación plenamente digital que ha crecido en un entorno rodeado de tablets, smartphones y otros dispositivos electrónicos. Igualmente confluye una tercera variante marcada por un cambio en los valores que nutren a nuestra sociedad. Finalmente ha de referirse el fenómeno de la globalización como último condicionante. En resumen estamos asistiendo a un proceso de cambio vertiginoso que exige respuestas y capacidad de adaptación.

Todo ello determina que la Universidad se encuentre en una encrucijada única, que hasta hace bien poco era difícil de vislumbrar. En esta situación el cambio y reajuste es necesario, cambio no solo en los procesos y técnicas educativas, sino en la misma concepción de lo que debe ser la universidad y como ha de adaptarse a esta nueva realidad.

En este capítulo en primer lugar recogemos un análisis de la situación universitaria intentando sintetizar distintas aportaciones doctrinales realizadas al respecto. En la segunda parte nos dedicaremos al problema vital que entendemos que subyace y que identificamos con dos elementos clave dentro del engranaje que conforma la enseñanza universitaria: motivación y criterio.

2. LAS INSTITUCIONES DE EDUCACIÓN SUPERIOR EN EL SENO DE UNA ENCRUCIJADA GENERACIONAL, TECNOLÓGICA E IDEOLÓGICA

Decía en 2004 Jesús Salinas que la Universidad debía de adaptarse a las necesidades de la sociedad actual mediante la flexibilización y el desarrollo de vías de integración de las tecnologías de la información y la comunicación en los procesos de formación. Igualmente consideraba que debía desarrollarse una nueva concepción del concepto "alumnos-usuarios", unido a un cambio de rol del profesorado y de profundos cambios administrativos en relación con los sistemas de comunicación y con el diseño y la distribución de la enseñanza[2]. De esta forma hablaba de dotar al estudiante de competencias necesarias para el aprendizaje continuo, así como de la comercialización del conocimiento conforme a las oportunidades que generasen los nuevos mercados.

Tras la superación del periodo de pandemia puede decirse que las reglas del juego han cambiado, hoy en día la innovación es clave para permitir no solo el avance sino la subsistencia del sistema[3]. Ya no hablamos de una innovación de productos, como en la era industrial, sino de innovación de productos,

---

2 Jesús SALINAS IBAÑEZ, "Innovación docente y uso de las TIC en la enseñanza universitaria", *Revista Universidad y Sociedad del Conocimiento,* vol.1, nº1, nov. 2004.

3 Begoña GROS SALVAT y Pablo LARA NAVARRA, "Estrategias de innovación en la educación superior: el caso de la Universitat Oberta de Catalunya", *Revista Iberoamericana de Educación,* nº 49, 2009, pp.223-245, señalan que la mayoría de las universidades hasta hace poco no se habían planteado la innovación como algo propio del sistema universitario, sistema cuyas piezas clave eran la investigación y la docencia. Afirma que solo se pensaba en la innovación como una actividad propia del sistema empresarial, ajena al quehacer académico.

servicios y de la propia organización[4]. Como señala Martín Gómez[5], actualmente el futuro de las universidades se cuestiona, en tanto que grandes empresas tecnológicas ofrecen proyectos capacitadores cuyos certificados pueden valer tanto como un título de graduado en la Universidad de Harvard. Pensemos, por ejemplo, en el caso de IBM, Microsoft o Google. Igualmente se afirma que estructuras de colaboración informal están reemplazando estructuras sociales más formales[6].

Para el desarrollo de este apartado vamos a detenernos, en primer lugar, en el análisis de factores de riesgo en el sistema

---

4 En esta línea puede interpretarse la Ley Celaá, como es llamada la Ley Orgánica 3/2020, de 29 de diciembre, por la que se modifica la Ley Orgánica 2/2006, de 3 de mayo, de Educación (LOMLOE) que se ha publicado en el BOE de 30 de diciembre de 2020, que da prioridad a la formación profesional como vía para garantizar la empleabilidad y formación eficiente de los estudiantes.
Dicha ley que comprende la regulación de la educación primaria y secundaria, ha sustituido el anterior modelo de reválidas por un modelo conformado por cuatro pruebas diagnósticas. Por un lado, en cuarto de primaria y segundo de la Educación Secundaria Obligatoria todos los estudiantes deberán realizar exámenes para evaluar sus competencias, a fin de que a partir de ellos los centros puedan aplicar planes de "mejora" y "equidad". Por otro lado, en sexto de primaria y cuarto de secundaria se realizarán pruebas dirigidas solo a una muestra de alumnos y cada varios años. Estas pruebas se pretende que sirvan a modo de "evaluación general del sistema educativo" siguiendo el modelo de los exámenes de PISA. Es decir, se trata de pruebas y exámenes de carácter informativo y orientador.

5 Sonia MARTÍN GÓMEZ. "Aplicación de las Metodologías Ágiles al proceso de enseñanza-aprendizaje Universitario." *Revista d'Innovació Docent Universitària,* nº 12 (2020), pp. 62-73.

6 Sonia MARTÍN GÓMEZ, en "Aplicación...", op. cit., señala que la competencia en el sector tiene mucho que ver con la producción de elementos diferenciadores y esto significa que la innovación juega un papel muy importante en el futuro de las instituciones académicas.

educativo de enseñanza superior, incidiendo en los distintos tipos de dificultades que observamos, para pasar seguidamente a analizar ciertas herramientas que pueden ser muy útiles para el avance en los métodos educativos.

2.1. Factores de riesgo en el sistema educativo de enseñanza superior

Ya en 1985 decía Toffler que las universidades, cambian significativamente cuando se dan tres condiciones: presión externa importante, personas integrantes insatisfechas con el orden existente y una alternativa coherente presentada en un plan, modelo o visión.

Dentro de estos condicionantes, merece nuestra atención el análisis de la falta de motivación del estudiante que se deduce de las estadísticas del índice de fracaso en la formación universitaria. Al respecto podemos apreciar como causas de la misma, el hecho de que la Universidad esté en gran parte desconectada del mercado[7]. En el ámbito jurídico se escenifica esta realidad de forma patente. De esta forma, la obtención del grado de Derecho no garantiza un nivel de conocimiento adecuado para el ejercicio de la profesión. Igualmente se afirma que la universidad está desconectada de la sociedad, por presentarse como un mundo opaco y endogámico, un mundo en el que cada sector académico tiene sus propios intereses, que en todo caso difieren de los intereses de la sociedad.

Igualmente, se critica el enfoque académico excesivamente teórico/memorístico, que se encuentra en total divorcio con

---

7 Por un lado, debe observarse la "oportunidad de mercado", y tener en cuenta las nuevas posibilidades y alternativas. No obstante, debe huirse de una excesiva comercialización del conocimiento, pues ello equivale a vaciar la universidad de su verdadera *ultima ratio.*

la formación recibida en Primaria y Secundaria fundada en el aprender experimentando. De hecho, tanto la generación *millennial*, como muy especialmente la llamada generación Z[8] han adaptado su cerebro a esta forma de aprendizaje, pues el uso de las nuevas tecnologías obliga a aprender mediante la superación de muchos intentos fallidos, por lo que los nuevos usuarios lo procesan como un juego. Además, no ayudan las escasas salidas jurídicas profesionales, pues media una excesiva competitividad y masificación del sector. Por otro lado, son numerosas las críticas que denuncian la falta de dignidad laboral a la que es sometida la abogacía joven[9]. Lo cual se evidencia en prácticas generalizadas como relaciones aparentemente mercantiles con más de 60 horas de trabajo semanal, es el caso de los llamados falsos autónomos, que reciben retribuciones que rondan los 500 euros mensuales, como ha denunciado la Confederación Española de Abogacía Joven. Por otro lado, el Real Decreto 8/2019, que obliga al registro horario, no termina de introducirse. A ello hay que añadir la dificultad para conseguir una formación mediante pasantía, lo cual en sí puede ser un auténtico privilegio, y finalmente lo poco atractivas que resultan las salidas alternativas basadas en pruebas memorísticas desfasadas y obsoletas -Oposiciones-, que ya son rechazadas masivamente por la juventud en algunas regiones españolas, véase la escasa proporción de opositores en el ámbito jurídico en Cataluña, por ejemplo. Además,

---

8 Por generación *millennial* entendemos a la formada por los nacidos entre 1980 y 1996. En ciertos aspectos la generación Z (o Zillennials, nacidos entre 1995-2000) considera a los *millennial* ancianos en las redes. Pronto la nueva generación *alfa* pensará lo mismo de la generación Z, puro reflejo de la volatilidad y efímero de los nuevos tiempos, y de la necesidad de adaptación a un continuo escenario de cambio.

9 https://cincodias.elpais.com/cincodias/2020/11/01/legal/1604258853_192264.html

han de tenerse en cuenta las dificultades de implantación del sistema de Bolonia[10]. Igualmente nos debemos referir al continuo escenario de crisis en el que estamos viviendo desde hace más de una década; pues tras la crisis financiera del 2008 y la creada por el Covid en 2020, llega ahora la creada por la guerra de Ucrania. Todo ello condiciona la percepción del futuro, que se ve más como una amenaza que como una promesa[11].

Por otro lado, encontramos dificultades consecuencia del rápido avance de las tecnologías que determinan la paradoja de una educación dirigida a generaciones digitales, desde la perspectiva de educadores que pertenecen a una generación analógica[12]. De hecho, el cambio exige una profunda renovación de las destrezas, concepciones y prácticas del profesorado. En todo caso, se afirma que es necesario emprender tareas de

---

[10] La Universidad Jiao Tong de Shangái publica cada año la clasificación académica de las Universidades del Mundo (ARWU) desde 2003. Tras la implantación del proceso Bolonia, comprobamos que uno de sus objetivos, situar las universidades europeas en posiciones de cabeza, no se ha conseguido. Los motivos se discuten. Parte de los especialistas afirman que se han copiado las formas (sistema de grado/posgrado, créditos...) del sistema norteamericano, pero se ha obviado el principal elemento diferenciador: el fomento, reconocimiento y retribución acorde al factor humano.

[11] Señala Manuel ARIAS MALDONADO, en *Desde las ruinas del futuro, Editorial Taurus,* 2020, que la acción del virus del Covid-19 fuerza a las democracias a operar en condiciones excepcionales dominadas por la incertidumbre. Pero el virus también activa nuevos imaginarios colectivos y reabren el debate sobre un futuro que se presenta menos como promesa que como amenaza.

[12] Brumell Omar AGUIAR, René Manuel VELÁZQUEZ, Jorge Luis PÉREZ. *Innovación docente y empleo de las TIC en la Educación Revista Espacios.* Vol.40, nº2, Año 2019, pp.8 y ss.

alfabetización digital mutua, en las que estudiantes y profesores tienen mucho que aprender y enseñar conjuntamente[13].

Por todo ello, la incertidumbre se está generalizando. Bajo el acrónimo VUCA, se hace referencia a cuatro factores que hoy determinan la enseñanza universitaria: Volatilidad, Incertidumbre (*Uncertainty*), Complejidad y Ambigüedad. Ello exige al alumnado desarrollar capacidades para una adaptación continua al cambio, es decir, convertirse en aprendices ágiles, *agility learners*, para ello debe desarrollar destrezas para adaptar el entorno a los objetivos, que impliquen flexibilidad e inmediatez de respuesta[14].

Por tanto, es comprensible que se afirme que "la educación superior está urgida a repensar y reconstruir sus concepciones, roles y funciones en una época en la que la sociedad en su conjunto se transforma".[15] Para comprobarlo basta con observar las cifras de abandono universitario en España. El 33'9% de los alumnos no terminan los estudios universitarios y de los que terminan, un 12'3% cambia de grado[16]. Además, el 21% de los estudiantes abandona o cambia de grado durante el primer curso.

---

13 Richard EVANS y Anne MATTHEW, "A new era: Personal Techonogy Challenges Educational Technology", en In H. Carter, M. Gosper and J. Hedberg (Eds.). *Electric Dreams*, 30th Ascilite Conference 1-4 December 2013 Proceedings, Macquarie University, Sidney. pp.262-266.

14 Sonia MARTÍN GÓMEZ. "Aplicación de las Metodologías Ágiles al proceso de enseñanza-aprendizaje universitario", *Revista d'Innovació Docent Universitària, nº 12 (2020), pp. 62-73.*

15 Brumell Omar AGUIAR; René Manuel VELÁZQUEZ, Jorge Luis Pérez, *Innovación... op. cit.* pp.8 y ss.

16 Datos y cifras del Sistema Universitario Español 2019-2020 del Ministerio de Universidades, https://www.ciencia.gob.es/stfls/MICINN/Universidades/Ficheros/Estadisticas/Informe_Datos_Cifras_Sistema_Universitario_Espanol_2019-2020.pdf

Un último factor de riesgo proviene del sistema de evaluación continua al que la implantación del sistema Bolonia somete al profesorado. Si bien aporta ventajas, también es cierto que coloca al profesor en una situación de estrés continuo, sometido a la opinión de compañeros e instituciones que deciden su suerte. Se afirma que el profesor universitario ve como su carrera ha quedado sometida a modelos organizativos propios de empresas que compiten en economía de mercado, bajo los principios de productividad y rentabilidad. Se ha creado en el académico la imperiosa y frenética necesidad de publicar, sin dejarle tiempo para reflexionar, para realizar una investigación pausada[17]. Además, el sistema de evaluación continua del alumnado es cada vez más exigente, con inimaginables variantes, que convierten al profesor en un esclavo de su tiempo, más aún si quiere desarrollar un perfil investigador, por otro lado exigido en el nuevo sistema. Parece como si investigar y dar clases ya no fuera compatible y hubiera que decantarse por una de las dos vertientes. Si a ello añadimos que en las últimas décadas se ha diseñado un sistema de autogestión del profesorado dominado por la tiranía de la bandeja de entrada del correo electrónico que de forma ineludible y persistente va haciendo llegar todo tipo de tareas a realizar, podemos comprender la dificultades que puede tener un docente universitario para poder manejar todos los frentes que va a encontrar abiertos. Podemos añadir que es también una supuesta obligación del docente conseguir la excelencia del alumnado, y por tanto que la alta ratio de suspenso le pueda ser "presuntamente" reprochada. Es por ello que se afirma que el síndrome del *burn-out* y la depresión han pasado del maestro de secundaria al profesor universitario, esclavo de un sistema que prima productividad

---

[17] BERG, Maggie y SEEBER Barbara K., *The Slow Professor: Desafiando la cultura de la rapidez en la academia,* ed. Universidad de Granada, EUG, Granada, 2022.

y no calidad[18], en el que se multiplican las tareas, y que es totalmente incompatible con grupos de estudiantes grandes. Sin

---

[18] Helena BÉJAR MERINO, *Felicidad, la salvación moderna*, Ed. Tecnos, 2018. https://elpais.com/opinion/2021-07-23/la-universidad-academia-online.html
Byung-Chul HAN señala que la sociedad del siglo XXI ya no es una sociedad disciplinaria, sino una sociedad de logros. El ser un "sujeto de logro" implica ser empresario de sí mismo. De esta forma el neoliberalismo representaría un sistema altamente eficiente, e incluso inteligente para explotar la libertad, en el que se explota todo, incluso lo que pertenece a las prácticas y formas expresivas de libertad, como la emoción o la comunicación. Concluye que la sociedad del logro crea depresivos y perdedores. En este escenario el individuo deprimido es incapaz de estar a la altura; está cansado de tener que convertirse en sí mismo. De hecho, afirma que en realidad, no es el exceso de responsabilidad e iniciativa lo que enferma al individuo, sino el imperativo de alcanzar logros, lo que considera como el nuevo mandamiento de la sociedad laboral moderna. Pueden sintetizarse estas reflexiones que extraemos de HAN con la siguiente conclusión: "Toda edad tiene sus aflicciones propias. Así, existió una era bacteriana, que más tarde terminó con el descubrimiento de los antibióticos. A pesar del temor generalizado de una epidemia de gripe, no estamos viviendo en una era viral. Gracias a la tecnología, ya la hemos dejado atrás. Desde un punto de vista patológico, el incipiente siglo XXI no está determinado ni por las bacterias ni por los virus, sino por las neuronas... Las enfermedades neurológicas como la depresión, el trastorno por déficit de atención con hiperactividad (TDAH), el trastorno límite de la personalidad (BBP) y el síndrome de agotamiento marcan el paisaje de la patología a principios del siglo XXI". Pues considera que lo característico de esta era es que el ser humano depresivo es un *animal laborans* que se explota a sí mismo, y lo hace voluntariamente, sin restricciones externas, figurándose que se está realizando, "ésta es la pérfida lógica del neoliberalismo que culmina en el síndrome del trabajador quemado". Reflexiones que expone en *Psicopolítica: neoliberalismo y nuevas técnicas de poder.* Traducción Alfredo Bergés. Ed. Herder, 2ª edición, Barcelona, 2021, y *La sociedad del cansancio*, tercera edición ampliada. Ed. Herder Editorial. Barcelona, 2022.

embargo, en la práctica, los grupos grandes no solo no han desaparecido, sino que hoy suponen un alto porcentaje de la docencia universitaria.

2.2. Nuevos roles de estudiantes y profesores

Por un lado, el proceso de aprendizaje ahora se entiende como una tarea a desarrollar a lo largo de la vida, y por otro la función del profesor ya no consiste en ser depositario de todo conocimiento; sino de guía para el proceso de formación y de creación del conocimiento del estudiante. Se afirma que es función del profesor promover el crecimiento personal del estudiante[19]. Se ha de fomentar por tanto el aprendizaje en equipo, interactuando y utilizando el ciberespacio, con el apoyo del profesor, más como facilitador que como distribuidor de conocimiento. El profesor debe guiar con una perspectiva holística, partiendo del hecho de que los sistemas funcionan como conjuntos y su funcionamiento no puede ser plenamente comprendido si solo se tienen en cuenta sus partes componentes, lo contrario sería mero reduccionismo o individualismo metodológico. Todo ello ha de llevar al tratamiento de cada tema teniendo en cuenta todos sus componentes.

Podemos concluir que el presente proceso de innovación nos dirige hacia una cultura académica fundada en la cooperación y la responsabilidad compartida entre docentes y

---

Sobre el impacto negativo de la meritocracia en el ámbito universitario, véase: Michael J. Sandel, *The Tyranny of Merit: What's Become of the Comon Good?*, Ed. Picador, Farrar, Strasus and Giroux, New York. 2021.

19 Jesús SALINAS IBAÑEZ, "Innovación docente y uso de las TIC en la enseñanza universitaria", *Revista Universidad y Sociedad del Conocimiento,* vol.1, nº1, nov. 2004

estudiantes[20]. Y en esta relación compartida es función del profesor facilitar que el alumno se sienta protagonista.

2.3. Nuevas herramientas ante una nueva realidad social

Se afirma que la innovación educativa ha de ser entendida como una transformación del pensamiento educativo que implicaría una transición desde la clase convencional a la clase a través del ciberespacio para responder a las demandas de una sociedad cambiante. Subrayando que el talón de Aquiles de esta era de cambios acelerados es que estos mismos cambios llevan de forma inevitable obsolescencia y falta de motivación tanto del estudiante como del profesorado[21]. Desde esta perspectiva debería entenderse la organización de un espacio europeo de educación superior, en el que los programas de innovación docente se desarrollan a partir de la implementación de TICS (Tecnologías de la Información y de la Comunicación), potenciando la transformación digital, fundamentales para estimular la interactividad a través de lugares virtuales como redes, foros y chats. Las TICs permiten el acceso al *big data* y aportan plataformas de aprendizaje interactivo que conforman comunidades digitales.

Sin embargo, no creemos que el cambio esté ni en el contenido, ni en la metodología, sino en el proceso de aprendizaje. Señala Mason (1998) que no es que se estén creando nuevas metodologías, sino que a través de las TIC la educación está adatando y redescubriendo unas metodologías ya existentes al formato virtual. En el ámbito del Derecho y tras la experiencia de la enseñanza online determinada por el confinamiento

---

20 Brumell Omar AGUIAR, René Manuel VELÁZQUEZ, Jorge Luis PÉREZ. *Innovación...op cit.* p.8 y ss.

21 Brumell Omar AGUIAR, René Manuel VELÁZQUEZ, Jorge Luis PÉREZ. *Innovación... op. cit.* p.8 y ss.

podemos sacar ciertas conclusiones. La primera es que la enseñanza online no es la panacea que se había anunciado. El contacto presencial dota a la comunicación de una fluidez y cercanía imposible de lograr online, además de ser mucho más motivadora. En palabras de Marie-Luce Paris y Richard Collins, refiriéndose a las conclusions del análisis Q2: "*A lacy and deeply cynical academic could find many things to celebrate about online teaching. You can sleep in later. You can record lectures in advance rather than go to the bother of giving them life. Recorded lectures can be recycled again and again and again. The greater distance between the teacher and students means there is much less chance of awkward questions and being put on the spot. Less student engagement means less work overall. Those who hope that this will be the future of education need to take a good hard look at themselves...*"[22].

Por otro lado, ciertas herramientas que pueden ser muy útiles en otras disciplinas resultan insuficientes a la hora de adquirir conocimiento jurídico. Por ejemplo, la evaluación mediante un sistema de preguntas tipo test online o similar no puede reflejar fielmente la capacidad de razonamiento del estudiante respecto a problemas jurídicos reales. Sí que hay ciertas herramientas que pueden ser útiles, y que se adecuan a la tormenta de impulsos a que está habituado el cerebro de una mente de la generación digital, pero ello no implica que la lectura de un buen libro, o la detenida reflexión de problemas jurídicos mediante un planteamiento fáctico tradicional hayan quedado desfasados, si bien se puede hacer uso del ciberespacio a tal fin, pues la destreza del profesor al formular las

---

22 Marie-Luce Paris y Richard Collins, en el seminario "Post-Covid Legal Education: Preliminary Findings of Technological Challenges and Opportunities at UCD Sutherland School of Law", en el Congreso: *Innovation of University Teaching in a Digital, Multilingual and Globalized Society. A Perspective from the Project Erasmus+CBHE CALESA*, celebrado los días 20-21 de septiembre de 2022 en la Universidade Nova de Lisboa.

preguntas permitirá al estudiante recorrer un camino que le permita ir accediendo sucesivamente a nueva información en la búsqueda de respuestas.

En todo caso, consideramos que hoy en día tenemos a nuestra disposición herramientas que pueden ser de gran utilidad a la hora de gestionar la información. Nos referimos, por ejemplo, a la técnica Scrum, el tablero de gestión Kanban, o las aplicaciones informáticas Trello o Airtable.

La técnica Scrum supone aplicar de manera regular un conjunto de buenas prácticas para trabajar en equipo, de forma colaborativa[23]. Se trata de disponer de recursos de desarrollo que permitan una comunicación rápida, flexible y eficaz con el equipo, nos referimos aquí a la plataforma Moodle, muy extendida en el ámbito universitario. Mediante estas herramientas se consigue una implicación continua por parte del estudiante, un trabajo colaborativo, posibilidades de cambio que se adapten a nuevas exigencias, y el desarrollo de talento y *know-how* que requieren la ejecución de algunas tareas.

Por su parte, el Kanban se identifica como un tablero de gestión visual en el que se refleja lo que el usuario/equipo en un único espacio. Disponemos en el mercado de distintas aplicaciones informáticas que desarrollan el tablero Kanban, siendo quizá una de las más populares el Trello, sin embargo podemos considerar como más evolucionado al Airtable. Estos tableros permiten ver conjuntamente toda la dinámica del proyecto.

---

[23] Sonia MARTÍN GÓMEZ. "Aplicación de las Metodologías Ágiles al proceso de enseñanza-aprendizaje universitario ", *Revista d'Innovació Docent Universitària,* Núm. 12, 2020, pp. 62-73.

3. INCERTIDUMBRE ANTE UN CAMBIO DE CICLO CULTURAL E IDEOLÓGICO

3.1. Relativismo social. Impacto y reacciones

Este estudio sobre el impacto en la enseñanza universitaria del nuevo entorno digital no puede entenderse sin atender al drástico cambio social que estamos experimentando. De hecho, se afirma que estamos sufriendo un retroceso respecto a los consensos de posguerra y los valores heredados de los años 60, que cuestiona, incluso, los derechos fundamentales. Quien mejor explica este proceso populista es el filósofo Rob Riemen en su libro *To Fight Against this Age*[24]. Riemen señala que la personalidad nihilista de la sociedad de masas[25] ha determinado que nuestra democracia se encuentre en crisis dando lugar a una creciente trivialización. Concluye Riemen que ya no tenemos idea alguna sobre cuáles podrían ser las respuestas a las preguntas fundamentales que constituyen la base de la civilización[26]. Estas reflexiones reflejan el perfecto caldo de cultivo en

---

24 Rob RIEMEN, *To Fight Against this Age. On Fascism and Humanism.* W.W.Norton & Company, First Ed. New York, 2018, p.32.

25 Fue José ORTEGA y GASSET quien en *La rebelión de las masas,* Espasa, Colección Austral ediciones especiales, 1901, (reedición Barcelona, 1999), acuñó el término hombre-masa, al cual considera como una amenaza a los valores de la democracia liberal y al humanismo, un hombre que deambula por la vida sin pensar, carente de valores, aferrado a la masa.

26 Rob RIEMEN, *To Fight... op. cit.,* p.48.
En palabras de Thomas MERMALL en "Ortega contra Pero Grullo: Estrategias retóricas en Meditación de la Técnica", *Revista Internacional de tecnología, Conocimiento y Sociedad,* vol.1, nº1, 2010, pp.1-10, p.6., "vivimos en un mundo dominado por los *managers* del deseo, los secuestradores de voluntad, diseñadores y dueños de nuestras fantasías, empeñados en la creación de un consumidor necesitado

el que se han desarrollado las corrientes filosóficas posmodernistas[27], poshumanistas[28] y transhumanistas[29] que discuten la dignidad humana y que llegan a relativizar la propia existencia de los derechos humanos[30]. Ante ellos, los filósofos humanistas guardan silencio, es difícil luchar con el relativismo al que llevan estas corrientes, pues no dejan lugar para el empate. Cuando niegan la existencia de valores universales o de todo tipo de trascendencia, ya tienen ganada la partida, es un "*win-win*", pues en su falta de pruebas se afirma su inexistencia[31]. En palabras de Byung-Chul Han la filosofía actual carece por completo de referencias a la verdad. Se apartan de la actualidad. Por eso -según él- también es una filosofía sin fututo[32].

---

de una plétora de productos tecnológicos para satisfacer los deseos más banales y superficiales".

27 Jean Françoise LYOTARD, en *La condición posmoderna,* Cátedra, (1979), 4ª Ed. 2004.

28 Posmodernismo y poshumanismo pueden ser interpretados como una misma corriente en la que se culmina la absoluta pérdida de valores espirituales y el significado de la vida propios del humanismo, según anunció ya en su día F. Nietzche.

29 El transhumanismo implica la negación absoluta de toda trascendencia, supone el paso del antropocentrismo al cibercentrismo, un mejoramiento que da sentido a esta nueva "religión".

30 Yuval Noah HARARI niega la existencia de derechos humanos fundamentales: "*Like money, limited liability companies and human rights, nations and tribes are inter-subjective realities. They exist only in our collective imagination… It's imagination*", in *Sapiens. A Brief History of Humankind,* Vintage Books, London, 2011, p.406. De hecho, los utilitaristas comparten esta perspectiva pues no admiten otro derecho que el que devenga del acuerdo alcanzado en la sociedad. Por tanto, los llamados derechos humanos se derivarían exclusivamente de dicho acuerdo.

31 Vid. Antonio DIEGUEZ LUCENA, *Transhumanismo,* Ed. Herder, Barcelona, 2017.

32 Byung-Chul HAN, *Infocracia. La digitalización y la crisis de la democracia.* ed. Taurus. Traducción Joaquín Chamorro Mielke.Madrid. 2022. p.90.

El mundo tras el cambio de milenio vive en una excepcionalidad permanente que ha puesto en jaque al liberalismo. La democracia liberal y los valores de esperanza y humanidad que la avalaron están en jaque por el envite de multitudes de "hombres-masa" radicalizados. Parece como si hubiéramos vuelto al periodo de entreguerras y los escritos de Ortega y Gasset fueran contemporáneos. El populismo de la mano del nacionalismo se abre camino renaciendo, como el ave fénix. De ello deriva que el blindaje de derechos inviolables consagrado por las constituciones occidentales esté en tela de juicio. Quizá la idealización del orden autoritario esté grabada en el fondo del ADN de la cultura occidental.

Afirma Lassalle que el gran aliado de esta deriva fascista es la revolución digital que arrasa el mundo analógico a través de un capitalismo radicalmente desigual, ajeno a toda regulación y dominado por monopolios sacralizados; una revolución que ha sustituido la libertad humana por algoritmos. Vemos como penetra de forma silenciosa el miedo en la sociedad, de la mano del malestar y la ansiedad. Miedo que quizá se deba a la frustración que causa comprobar que el futuro prometido no se corresponde con el futuro posible, pues como señala Harari[33] la inteligencia artificial y los ciborgs dibujan una humanidad sin trabajo, con seres humanos alienados y traicionados por un progreso en el que ingenuamente creyeron[34].

---

33 Yuvah Noah HARARI, *Homo Deus. A brief History of Tomorrow*, Londres, 2015.

34 José María LASALLE RUIZ, *Ciberleviatán, el colapso de la democracia liberal frente a la revolución digital*, Ed. Arpa Editores, Barcelona, 2019. https://elpais.com/elpais/2019/06/28/ideas/1561737344_535547.html

Paralelamente se pone en entredicho el concepto kantiano de dignidad en el que se fundan los derechos fundamentales[35]. Como señala Eilenberger, la *Crítica de la razón pura* de Kant sufrió ya en los albores del siglo XX los envites de la teoría de la relatividad de Einstein, la teoría de la evolución de Darwin y de las propuestas de Sigmund Freud[36]. En palabras de Max Scheler, por primera vez en la historia el hombre ya no sabe lo que es, pero al mismo tiempo sabe que no lo sabe, lo cual lo convierte en un ser problemático[37]. Este relativismo permite al populismo desafiar la propia validez de los derechos humanos. Actualmente vemos claros retrocesos en EE.UU. e incluso en algunos estados de la Unión Europea[38]. El problema es, como señala Vattimo[39], que en el posmodernismo lo importante no son los hechos, sino sus interpretaciones, lo importante es el "relato" que imponen los medios de comunicación, independientemente de que sea verdad. Las alarmas saltan cuando nos informan desde la criminología de que no es la opinión pública la que condiciona la agenda política, sino justo lo contrario; que son los políticos los que construyen la opinión pública para

---

35 Se niega el excepcionalismo humano que predica KANT, pues queda desacreditado por DARWIN cuando concluye que respecto a los animales nos separan cualidades de grado y no rasgos exclusivos.

36 Wolfram EILENBERGER, *Tiempo de magos,* Ed. Taurus, Madrid, 2019, p.28.

37 Citado por W. EILENBERG, p.29.

38 Destaca la anulación del histórico fallo Roe vs. Wade de 1973 por el Tribunal Supremo Norteamericano de 24 de junio de 2022 para negar el derecho constitucional de la mujer a la interrupción del embarazo. De hecho, el 15 de septiembre de 2022 entró en vigor en Indiana la primera ley restrictiva del derecho al aborto.

39 Gianni VATTIMO, quien lo define como el concepto de posverdad. *Addio a la veritá,* Ed. Melteme, Roma, 2009.

justificar sus decisiones[40]. Sirvan estas líneas de advertencia pues ninguna democracia puede sentirse libre de este envite.

3.2. Principios y dogmatismo

Ha de buscarse una alternativa que implique la superación de todo dogmatismo, medieval o totalitario, y que parta de la consciencia de la debilidad de la mente para tomar decisiones que sean propias y no inducidas. El control de la mente exige disciplina y permite distintos caminos, en la línea que ya propuso Schopenhauer en su ética de la compasión[41]. Este control ineludiblemente hace florecer un criterio propio, un criterio conforme a la naturaleza humana, que puede dar lugar mediante acuerdo a la identificación de principios superiores capaces de guiar a la sociedad.

Es ineludible referir el debate entre el positivismo metodológico de Hebert HART y el iusnaturalismo moderno de Ronald DWORKIN; debate entre la suficiencia de las meras reglas y la necesidad de principios que permitan al juez tener un criterio para decidir ante reglas contradictorias. Personalmente creo que el "hombre-des-masificado" debe poder vislumbrar los principios que señala Ronald DWORKIN y valorar que son una vía útil. De lo contrario nos vemos abocados a aceptar que la ley de la Alemania Nazi, o la aplicación del *apartheid* por un juez sudafricano hace unas décadas, son simples manifestaciones de la aplicación de leyes vigentes y eficaces que deben

---

[40] José BECERRA MUÑOZ, "La toma de decisiones legislativas penales", *Revista española de derecho constitucional,* año 33, n°99, 2013, pp.125-158.

[41] Arthur SCHOPENHAUER, *El mundo como voluntad y representación,* ed. Akal, Madrid, 2005, p.507.

permanecer desconectadas de todo principio superior[42]. Estos principios podrían fundarse en parte en la teoría de las capacidades formulada por el premio nobel Amartya Kumar SEN[43], teoría que equipara la dignidad al disfrute de una vida conforme a las capacidades que cada persona posea; el respeto a esta plenitud vital ha de determinar el reconocimiento jurídico de que toda persona ha de poder ejercer los derechos inherentes a la naturaleza humana. El problema es que hoy en día vemos como el dogmatismo autoritario y cierto dogmatismo religioso se dan la mano para juntos desafiar los principios que han guiado el proceso de emancipación de la persona desde la revolución francesa.

4. APRENDER PARA MADURAR. ANTE EL RETO DE FORMAR Y ENSEÑAR A DISCRIMINAR INFORMACIÓN

La revolución provocada por el fenómeno digital ha secuestrado la mente humana que ahora queda a su merced. El mundo se desquicia debido a que la atención es sometida a tal magnitud de estímulos digitales que ha implosionado. La evolución nos ha creado como seres en constante estado de alerta en un entorno amenazante, en permanente lucha para la supervivencia. Por ello cualquier estímulo era capaz de romper la concentración mental o atención. Pero el cerebro en un entorno digital se ve severamente superado al recibir todo tipo de señales continua y simultáneamente, para lo cual no está preparado, quedando alienado.

---

42 Ronald DWORKIN, "Hart's posthumous reply", *Harward Law Review,* Vol.130, 2017, pp.2096-2130, pp.2125-2130.

43 Amartya Kumar SEN, "*Choice, Welfare and Measurement*", Blackwell, Oxford, 1982.

Por otro lado, el número de piezas de información volátil que recibe el cerebro es inagotable y termina por abrumarlo, confundirlo, desordenarlo. El viejo mundo analógico se hunde invadido por el digital, y la mente queda presa de un entorno para el cual no está preparada[44]. Es por ello que el estudiante universitario siente que vive en un entorno incierto, abstracto, desafiante que se manifiesta de forma poliédrica con miles de caras que solo pueden llevar a la confusión.

Pero además las generaciones *millennial* y Z (*zillennials*) viven en una época en la que las creencias tradicionales se ven abandonadas por las sociedades sin encontrar un reemplazo que pueda dar respuesta a la vertiente espiritual del ser humano. Es por ello lógico que el joven se vea como un ser a la deriva, lleno de la angustia de saber que se está a la deriva. En su búsqueda por dotar de sentido a su vivencia, las respuestas que da la ciencia pueden desconcertarlo aún más. Desde la neurociencia se afirma que la conciencia humana no deja de ser un estado de la mente, es decir, de la combinación de miles de neuronas ubicadas en el cerebro. Lo que lleva a Gerald Edleman, premio nobel de Fisiología y Medicina a afirmar que la consciencia es solo una ilusión, un mero resultado de la actividad neuronal, es decir de un tejido gelatinoso, sin que sea necesaria la intervención de la lógica para su aparición. Se trataría de un comportamiento automático que selecciona en una fracción de segundo uno de los miles de posibles estados conscientes mediante la técnica de "reentrada", siendo todo fruto de un mero proceso. Lo que no termina de explicar de forma convincente es como esa consciencia se convierte en

---

[44] Antonio RODRÍGUEZ DE LAS HERAS PÉREZ, *Metáforas de la sociedad digital. El futuro de la tecnología en la educación*, Ed Fundación Santa María-Ediciones SM. Boadilla del Monte, 2015.

sentimientos[45]. En todo caso, siguiendo a Schopenhauer[46] él afirma que lo paradójico de la conciencia humana es que la inmensa riqueza del mundo fenomenológico que experimentamos, parece depender de unos tejidos gelatinosos contenidos en el cráneo[47]. Reducir la existencia humana a un mero tejido neuronal y desvincular la consciencia de la lógica puede elevar el escepticismo aún a niveles mayores.

El enfoque ha cambiado, ya no se trata de acumular conocimientos, pues la velocidad de los cambios sociales es tal que surge la incertidumbre sobre si lo que actualmente se aprende será útil en el futuro. Es cierto que tanto la generación *milennial*, como la llamada generación Z, son las que disponen de más herramientas para lograr una mejor formación. Sin embargo, el riesgo está en el exceso, un exceso de información que impide poder distinguir entre datos relevantes e irrelevantes.

El problema es que el acceso al ciberespacio es ilimitado, por ello el estudiante puede tener la sensación de dominar todo el conocimiento posible a su alcance mediante un simple clic en el ordenador. Se trata de una sensación irreal, pues es distinto tener conocimiento de una materia a tener acceso a las fuentes de información de una materia. Pero esta sensación provoca que en muchas ocasiones los alumnos consideren inútil atender a una clase en la que un profesor les va a dar una

---

45 Piero SCARUFFI, Introducción crítica a "*A universe of consciousness*", 2000, https://www.scaruffi.com/mind/edelman5.html

46 Arthur SCHOPENHAUER. *On the Fourfold Root of the Principle of Sufficient Reason*, trans. E.F. J. Payne, La Salle, open court, 1974, chap.4, p.21.

47 Gerald M. EDELMAN y Giulio TONONI, *A universe of Consciousness. How matter becomes imagination*, Ed. Basic Books, Perseus Books Group, 2000, New York, p.35.

información que ya tienen a su disposición en sus dispositivos electrónicos.

Fenómeno que igualmente puede dar lugar al efecto Dunning-Kruger, que se puede describir como el supuesto en el que una persona tiene tal nivel de ignorancia sobre una cuestión que no es consciente de su propia ignorancia y de hecho actúa pretendiendo ser un experto conocedor de la misma. Lo cual es fácil de entender si pensamos en el discurso de los fervientes defensores del terraplanismo. De hecho, los experimentos desarrollados por David Dunning y Justin Kruger han puesto de manifiesto que a mayor incompetencia se alcanzan mayores niveles de consciencia de la misma. Podemos aplicar la fórmula según la cual mientras menor es el círculo de nuestro conocimiento, menor es la circunferencia que linda con lo desconocido, y por tanto menor la consciencia de desconocerlo[48], si a esto unimos la tendencia a confundir los puntos de vista que una persona pueda tener con la verdad, nos podemos dar cuenta de que los efectos pueden ser demoledores. Como señala Ramón y Cajal en estos casos hay que construir entregando a cambio de un error, una verdad[49].

Sin embargo, como señala Byung-Chul Han, hoy estamos bien informados, pero desorientados. La información no tiene capacidad orientativa. Señala que el nuevo nihilismo que se extiende en nuestros días no es consecuencia de la perdida de validez de los valores tradicionales o las creencias religiosas, sino que se trata de un fenómeno nuevo del siglo XXI.

---

48 Justin KRUGER y David DUNNING, "Unskilled and Unaware of it: How Difficulties in Recognizing One's Own Incompetence Lead to Inflated Self-Assessments", *Journal of Personality and Social Psychology*, 1999, n.77 (6): pp.1121-1134.

49 Santiago RAMÓN Y CAJAL, Reglas y consejos sobre investigación científica. Los tónicos de la voluntad, Ed. Espasa Libros, Colección Austral, Madrid, 2020 (obra originaria de 1898), p.36.

Considera que ya hemos superado el nihilismo de los valores que Nietzsche anunció al afirmar que "Dios ha muerto". El nuevo nihilismo es fruto de las distorsiones patológicas de la sociedad de la información. Se alza cuando perdemos al fe en la propia verdad[50].

Esta falta de fe en la verdad es consecuencia del régimen de la información, un régimen en el que según Han la verdad se apaga por completo. Esta tendencia dificulta aún más la búsqueda de herramientas útiles que permitan discriminar entre información eficiente y deficiente en el mundo digital. Es por ello que ahora se presenta como una de las principales funciones del profesor universitario el servir de guía en el aprendizaje de técnicas de discriminación ante el laberinto cibernético. Se trata de aportar criterios discriminatorios que sirvan para seleccionar y ordenar información válida para crear un propio bagaje de conocimiento útil para los objetivos de la formación.

El profesor ha de ofrecer un modelo que ayude al alumno a desarrollar su madurez. Este modelo ha de enfrentarlo a la realidad, con sus luces y sus sombras. En ocasiones una educación excesivamente permisiva o tolerante puede generar que el alumno muestre una incapacidad para tolerar la frustración, ante la cual debe obrarse con humanidad y empatía. El estudiante debe

---

50 Byung-Chul HAN, *Infocracia. La digitalización y la crisis de la democracia.* ed. Taurus. Traducción Joaquín Chamorro Mielke.Madrid. 2022. pp.71-83. Señala que en la era de las fake news, la desinformación y la teoría de la conspiración, la realidad y las verdades fácticas se han esfumado. La información circula ahora, completamente desconectada de la realidad en un espacio hiperreal. Se pierde la creencia en la facticidad." (p.71) Por ello concluye que hoy vivimos en una caverna digital, aunque creamos que estamos en libertad. Nos encontramos encadenados a la pantalla digital. (p.91). Por ello sentencia que la época de la verdad ha terminado. El régimen de la información está desplazando al régimen de la verdad. (p.92).

ser consciente de que la vida implica cargas, y que aceptar las cargas es el primer paso para dar sentido a la vida.

Ahora bien, volviendo al tema que nos preocupa, esto es como discriminar entre tanta información invasiva, es decir, que lo importante es generar un estado mental que permita procesar la información de forma objetiva y con criterio. Por tanto, llegamos a la pregunta final, de qué claves puede dotarse el profesor para aportar a sus alumnos herramientas que les permitan distinguir, puesto que ni es posible asimilar toda la información que nos llega, ni puede pretenderse que el alumno sea un loro memorístico lleno de todo tipo de datos.

Puede afirmarse que la formación universitaria ha de tener como prioridad acompañar al estudiante en su camino de formación de criterios ante la encrucijada en que vive abrumado por una acumulación de información, pues la mera información no es suficiente para identificar el camino a seguir. Para ello es necesario superar la ansiedad que da lugar a respuestas precipitadas, por lo que el bienestar psicológico y emocional del estudiante ha de ser el punto de partida[51]. Ante un entorno cibernético caracterizado por el sobreestímulo es necesario apaciguar el estado mental. Evidentemente el profesor no puede aspirar a generar dicho bienestar, que es tarea del alumno, si bien sí puede procurar crear un entorno docente

---

[51] "No debe pretenderse abarcar todos los temas a la vez, sino que para evitar este estrés, o mejor distrés, característico de nuestros tiempos es necesario concentrarse en cada tema sucesivamente, si bien es cierto que los conocimientos anteriores se debilitarán al cambiar de tema, éstos no habrán desaparecido enteramente; el cerebro es adaptable a la ciencia total en el tiempo, pero no en el espacio. De esta forma, la pizarra cerebral libera un gran espacio que permite el registro de nuevos temas". Santiago RAMÓN Y CAJAL, *Reglas y consejos sobre investigación científica. Los tónicos de la voluntad,* Ed. Espasa Libros, Colección Austral, Madrid, 2020 (obra originaria de 1898), p.51.

que lo fomente. No en vano se ha señalado que en un ambiente favorable, hasta el apocado siente crecer fuerzas; un medio hostil o indiferente abate el ánimo mejor templado[52].

En este punto solo puedo aportar mi experiencia personal, y esta es que para poder tomar decisiones importantes, hay que superar el ruido mental que provoca la pérdida de atención e impide hacer juicios válidos. La mente es muy limitadora y el primer paso ha de ser aprender a dominarla. En mi caso el percutor fue uno de los autores que más respeto y admiro, Yuval Noah Harari[53] y la medicina que él ofrece es la meditación como medio para serenar el estado mental y alcanzar visión[54]. Como señala Byung-Chul Han hay que transformar lo carente de fundamento en un soporte singular y en un

---

52 Santiago RAMÓN Y CAJAL, *Reglas... op. cit.*, p.110.

53 Yuvah Noah HARARI, *Homo Deus. A brief History of Tomorrow*, Londres, 2015, en la sección de reconocimientos tiene escrito: "To my teacher, Satya Narayah Goenka, who taught me the technique of Vipassana meditation, which has helped me to observe reality as it is, and to know the mind and the world better. I could not have written this book without the focus, peace and insight gained from parctising Vipassana for fifteen years".

54 Señala Mario ALONSO PUIG que lleva la atención a la respiración abdominal que según la ciencia médica tiene la capacidad de producir cambios en el cerebro, favoreciendo la generación de hormonas como la serotonina o la endorfina y mejorando la sintonía de los ritmos cerebrales. ALONSO PUIG es miembro de la Academia de Ciencias de Nueva York y de la Asociación Americana para el avance de la Ciencia; y miembro del Leadership Council del World Economic Forum (Davos). *Tómate un respiro. Mindfulness. El arte de la calma en medio de la tempestad*, Ed. Espasa Libros, Madrid, 2017.
Por su parte Santiago RAMÓN y CAJAL, *op. cit.* p.131, señala que "no basta con examinar, hay que contemplar; debemos impregnarnos de emoción y simpatía por las cosas observadas, hagámoslas nuestras tanto de corazón como por la inteligencia... porque el entusiasmo acredita y afina nuestra capacidad perceptiva".

lugar de morada[55]. En esta línea el manifiesto "slow professor" en contra de la cultura de la rapidez y en pro de dosificar los tiempos, puede ser de gran ayuda[56]. Compartir esta información con los alumnos puede servirles de referencia y ayuda en su búsqueda de respuestas. Señala Alonso Puig que debemos ser conscientes de que es necesario entrenar la mente para evitar que la espontaneidad sea un mero automatismo y que la transformación comienza por la propia aceptación[57]. Además, para poder cultivar criterios decisorios es necesario poseer un mínimo nivel de conocimiento, lo cual en ciertas ocasiones se desdeña por los nuevos métodos docentes.

Por otro lado, es necesario romper con los estereotipos, hay que superar el miedo al fracaso y la frustración por no tener razón, tan propios de estos tiempos, recordemos que un triunfador es un fracasado que nunca se dio por vencido. Debemos fomentar que el estudiante crea en su propio potencial, y de esta forma lo busque, como afirma Sen[58] el ser humano ha nacido para alcanzar plenitud, no para ser mediocre, la humanidad se funda en una dignidad que iguala. El profesor debe saber ver el potencial que guarda dentro el alumno y tratarlo con compasión para que pueda vencer sus limitaciones y soñar,

---

55 Byung-Chul HAN, Filosofía del budismos Zen, Ed. Herder, traducción Raúl Gabás, Barcelona, 2015. p.25, señala que esta transformación es la fuerza única del budismo Zen, (p.37) que exige superar el sentimiento occidental del mundo que está marcado por el afán infinito de devenir y de acción (p.54), para poder disfrutar del "espíritu cotidiano" de habitar el mundo entero. p.69.

56 BERG, Maggie y SEEBER Barbara K., *The Slow Professor: Desafiando la cultura de la rapidez en la academia,* ed. Universidad de Granada, EUG, Granada, 2022.

57 Mario ALONSO PUIG, *Tómate un respiro. Mindfulness. El arte de la calma en medio de la tempestad,* Ed. Espasa Libros, Madrid, 2017.

58 SEN, Amartya Kumar SEN, "*Choice, Welfare and Measurement*", Blackwell, Oxford, 1982.

así terminará por aflorar su potencial[59]. Para ello el trabajo en equipo es esencial, para aprender a colaborar en el manejo de la información para buscar soluciones, y de esta forma desarrollarse y no convertirse en un mero almacén de información[60]. Igualmente debemos resaltar los aspectos positivos propios de la generación de estudiantes que encontramos en las aulas, especialmente su espíritu crítico, su predisposición a no creerse lo primero que les digan, pues *dubitando ad veritatem pervenimus*[61]. No obstante, si bien el alumno debe ser consciente de que la crítica ha de estar fundada en criterios sólidos para no caer en el absurdo; también es cierto que mediante una buena preparación estará altamente capacitado para encontrar criterios que le acerquen a la verdad. Por otro lado, no debe dejarse llevar por su fervor juvenil iconoclasta y pensar que por pertenecer a una generación digital, está mejor posicionado que los miembros de la generación analógica. No debe desdeñar la importancia de la experiencia y el hecho de que se encontrará en coyunturas vitales en las que no habrá un tutorial al que acudir en internet para encontrar el medio de resolver un problema grave. La propia experiencia es parte del aprendizaje continuo y constituye una pieza fundamental para alcanzar la madurez.

El estudiante ha de luchar por lo que siente que le apasiona, buscar su camino, y en este propósito, como dijo Ramón y Cajal, hay que cultivar la voluntad, más que la inteligencia, pues tanto una como otra se educan, es por ello que afirma

---

59 Mario ALONSO PUIG, *Tómate un respiro. Mindfulness. El arte de la calma en medio de la tempestad*, Ed. Espasa Libros, Madrid, 2017.

60 El profesor ha de formular supuestos que exijan la búsqueda de respuestas en equipo a fin de lograr una respuesta conjunta. No debemos olvidar que lo importante no es el destino sino el viaje, ahí es donde se produce el verdadero aprendizaje.

61 Marco Tulio CICERÓN, *Tusculanas,* 1, 30, 73.

que quien desee firmísimamente mejorar su capacidad, acabará por lograrlo[62].

Finalmente señalar que el profesor ha de aspirar a ser coherente y empático e inspirar con su buen hacer, de esta forma puede ser un ejemplo que ayude a crecer. En la lucha contra el relativismo imperante, contra la trivialización, contra la crisis de nuestra era, el profesor puede sentirse desvalido a la hora de ofrecer respuestas a sus alumnos. Ya Thomas Mann en su discurso sobre la democracia señaló que la educación es el corazón de ésta. Hay que educar la voluntad para poder encontrar respuestas que aporten criterios. En este afán encontramos muchos caminos, si bien me quedo con el que propone Rob Riemen al abogar por la recuperación de valores a partir de la compasión[63]. La identificación con el otro y el rechazo al dolor en el otro son, sin duda, garantías para progresar[64]. Así es posible brillar con serenidad en el horizonte de lo abierto[65]. Si bien es cierto que nuestra sociedad posiblemente no esté

---

62 Santiago RAMÓN Y CAJAL, *Reglas...* pp.30 y 49. Autor que señala que el goce supremo de la inteligencia es tomar posesión de la verdad (p.75), éste ha de ser un importante valor que todo docente ha de saber transmitir a sus estudiantes.

63 Rob RIEMEN, *Para combatir esta era. Consideraciones urgentes sobre fascismo y humanismo*, Ed. Taurus, trad. Romeo Tello A., Madrid, 2017. p.122, autor que señala que actualmente las universidades, llevadas por su obsesión por la economía y la tecnología, olvidando su espíritu tradicional, están contribuyendo a la profunda crisis de la civilización en la que nos encontramos en la actualidad.

64 Afirma Arthur SCHOPENHAUER en “El mundo como...”, *op. cit.*, p.508, que quien siente compasión se reconoce a sí mismo, reconoce su voluntad en el que sufre. Añadiendo que para ello el individuo asume renuncias a fin de atenuar el sufrimiento ajeno (p.507).

65 Byung-Chul, HAN, Filosofía del budismos Zen, Ed. Herder, traducción Raúl Gabás, Barcelona, 2015. pp.113y 141,quien apunta a un despertar para el desprendimiento de sí mismo, un despertar que llene de afabilidad y generosidad. pp.142 y 156.

aun preparada para adoptar este enfoque, sí puede aspirarse a ello desde un enfoque personal[66].

No quiero terminar sin hacer una reivindicación final. Acostumbro a preguntar a mis alumnos universitarios por los libros que leen y la respuesta que suelo encontrar es que no leen libros sino artículos en internet. Es por ello que reivindico el poder de un buen libro, si es posible en formato papel, para crecer. Cuando el libro engancha la lectura se convierte en adictiva y produce el efecto de cambiar al lector.

5. CONCLUSIÓN

Hablamos del problema más importante que vive hoy la universidad cuya raíz puede venir de siglos atrás y respecto al cual las nuevas tecnologías son solo, quizá, el último revulsivo. La

---

66 El propio Charles DARWIN, en contra de lo que podría presumirse, concluyó la discusión del origen y la naturaleza de la compasión y el altruismo describiendo lo que él consideró la virtud moral más preciada: "Sympathy beyond the confines of man, that is humanity to the lower animals, seems to be one of the latest moral acquisitions. It is apparently unfelt by savages, except towards their pets. How little the old Romans knew of it is shewn by their abhorrent gladiatorial exhibitions. The very idea of humanity, as far as I could observe, was new to most of the Gauchos of the Pampas. This virtue, one of the noblest with which man is endowed, seems to arise incidentally from our sympathies becoming more tender and more widely diffused, until they are extended to all sentient beings. As soon as this virtue is honoured and practised by some few men, it spreads through instruction and example to the young, and eventually through public opinion". Descent of the Mann, Section in relation to Sex. London, 1871. Volume I, chapter III: "Comparison of the Mental Powers of Man and the Lower Animals — continued", pages 100-101 http://darwin-online.org.uk/content/frameset?pageseq=113&itemID=F937.1&viewtype=image

nueva generación de estudiantes llega a la universidad sometida a todo tipo de estímulos cibernéticos que la inundan de información, es por ello que espera poder encontrar orientación en las aulas universitarias en su búsqueda de criterios que ayuden a gestionar su propósito vital. La sociedad del conocimiento aporta unas herramientas que, si bien son imprescindibles para multiplicar la información accesible, facilitando enormemente el trabajo, sin embargo pueden generar problemas si no se saben gestionar. Lo importante es saber qué se pretende hacer y cómo hay que actuar, así como tener capacidad adaptativa para modificar objetivos y formas cuando sea necesario. Pero para ello es necesario tener un bagaje cultural propio, unos conocimientos que nos permitan poder decidir con criterio, este bagaje ha de venir acompañado de una capacidad de reflexión. Es por ello que debe de darse importancia a los contenidos, a los conocimientos, que es lo que nos hace sabios y no solo expertos. Las nuevas tecnologías son imprescindibles, pero no pueden sustituir al profesor. Se trata de saber elegir las herramientas digitales adecuadas y comprender que la clase presencial aporta importantes ventajas por razones de calidad, empatía y comunicación. Desde la neurolingüística se nos informa de que el lenguaje corporal y el contacto visual son claves a la hora de transmitir conocimientos. En todo caso los estudiantes llegan hoy a la universidad con una enorme capacidad de adaptación a situaciones en continuo proceso de cambio. Esto aporta un contexto perfecto para fomentar la creatividad del profesor, abriendo grandes posibilidades para la innovación. *Prima facie,* se trata de saber elegir las preguntas adecuadas para que los alumnos puedan iniciar una búsqueda guiada de respuestas, búsqueda en la que la obtención de respuestas dará lugar a nuevas preguntas.

Quizá sea el momento de replantear si la excesiva confianza en las nuevas tecnologías, acompañada de un incremento exponencial de la carga de trabajo del profesorado, en un sistema académico pensado para la enseñanza en pequeños grupos, pero que en realidad se desarrolla en clases masificadas; acompañado de un aprendizaje sin retención de información básica, fundado únicamente en la experimentación, son buenas estrategias universitarias, pues al menos en la docencia del Derecho parece que no lo son. En ocasiones parece que se esté potenciando la cantidad sobre la calidad y que la desconexión entre universidad y sociedad sigue vigente. En este escenario corresponde al profesor aportar modelos, criterios que ayuden al alumno a comprender el mundo que le rodea. En este empeño propongo guiarnos por un sistema de principios, tal como propugna Ronald Dworkin, antes que por el relativismo al que lleva Hebert Hart. Es un camino difícil que solo el alumno puede recorrer, y para el que ha de entrenarse educando tanto su inteligencia como su voluntad, solo así puede aprender a discriminar información y formar su propio criterio cultivando la serenidad, y solo así podrá dejar de ser un hombre-masa, este es el camino para que la Universidad pueda sentir con orgullo que es el templo de sabiduría que ha dejado huella en el estudiante.

6. BIBLIOGRAFÍA

AGUIAR, Brumell Omar, VELÁZQUEZ René Manuel, PÉREZ, Jorge Luis, *Innovación docente y empleo de las TIC en la Educación Revista Espacios.* vol.40, nº2, 2019, pp.8 y ss.

ALONSO PUIG, Mario, *Tómate un respiro. Mindfulness. El arte de la calma en medio de la tempestad,* Ed. Espasa Libros, Madrid, 2017.

ARIAS MALDONADO, Manuel, *Desde las ruinas del futuro, Editorial Taurus,* 2020.

BECERRA MUÑOZ, José, "La toma de decisiones legislativas penales", *Revista española de derecho constitucional,* año 33, nº99, 2013, pp.125-158.

BÉJAR MERINO, Helena, *Felicidad, la salvación moderna,* Ed. Tecnos, 2018.

BERG, Maggie y SEEBER Barbara K., *The Slow Professor: Desafiando la cultura de la rapidez en la academia,* ed. Universidad de Granada, EUG, Granada, 2022.

CICERÓN, Marco Tulio, *Tusculanas,* 1, 30, 73.

DARWIN, Charles, *Descent of the Mann,* London, 1871.

DIEGUEZ LUCENA, Antonio, *Transhumanismo,* Ed. Herder, Barcelona, 2017.

DWORKIN, Ronald, "Hart's posthumous reply", *Harward Law Review,* Vol.130, 2017, pp.2096-2130.

EDELMAN Gerald M., TONONI, Giulio, *A universe of Consciousness. How matter becomes imagination,* Ed. Basic Books, Perseus Books Group, 2000, New York.

EILENBERGER, Wolfram, *Tiempo de magos,* Ed. Taurus, Madrid, 2019.

EVANS, Richard, MATTHEW, Anne, "A new era: Personal Techonogy Challenges Educational Technology", en In H. Carter, M. Gosper and J. Hedberg (Eds.). *Electric Dreams,* 30th Ascilite Conference 1-4 December 2013 Proceedings, Macquarie university, Sidney. pp.262-266.

GARRIDO CASTRO, Elisa, Propuesta de innovación docente en el aula universitaria. El coaching educativo, en Innovación docente en ciencias sociales, jurídicas y otras disciplinas con contenido normativo, dir.: Carlos María López Espadafor, Ed. Dykinson, Madrid, 2021.

GROS SALVAT, Begoña y LARA NAVARRA, Pablo, "Estrategias de innovación en la educación superior: el caso de la Universitat Oberta de Catalunya", *Revista Iberoamericana de Educación,* 49, 2009, pp.223-245.

HAN, Byung-Chul, *Filosofía del budismo Zen,* ed. Herder, traducción Raúl Gabás, Barcelona, 2015.

HAN, Byung-Chul, *Psicopolítica: neoliberalismo y nuevas técnicas de poder.* Traducción Alfredo Bergés. Ed. Herder, 2ª edición, Barcelona, 2021.

HAN, Byung-Chul, *Infocracia. La digitalización y la crisis de la democracia.* ed. Taurus. Traducción Joaquín Chamorro Mielke.Madrid. 2022.

HAN, Byung-Chul, *La sociedad del cansancio,* tercera edición ampliada. Ed. Herder. Barcelona, 2022.

HARARI, Yuvah Noah, *Homo Deus. A brief History of Tomorrow,* Londres, 2015.

HARARI, Yuval Noah, *Sapiens. A Brief History of Humankind,* Vintage Books, London, 2011.

KRUGER Justin, DUNNING, David, "Unskilled and Unaware of it: How Difficulties in Recognizing One's Own Incompetence Lead to Inflated Self-Assessments", *Journal of Personality and Social Psychology*, n.77 (6), 1999, pp.1121-1134.

LASALLE RUIZ, José María, *Ciberleviatán, el colapso de la democracia liberal frente a la revolución digital*, Ed. Arpa Editores, Barcelona, 2019.

LYOTARD, Jean Françoise, *La condición posmoderna*, Cátedra, (1979), 4ª Ed. 2004.

MARTÍN GÓMEZ, Sonia, "Aplicación de las Metodologías Ágiles al proceso de enseñanza-aprendizaje Universitario." *Revista d'Innovació Docent Universitària* núm. 12, 2020, pp. 62-73.

MARTÍN GÓMEZ, Sonia, "Aplicación de las Metodologías Ágiles al proceso de enseñanza-aprendizaje universitario." *Revista d'Innovació Docent Universitària* Núm. 12 (2020), pp. 62-73.

MERMALL, Thomas, "Ortega contra Pero Grullo: Estrategias retóricas en Meditación de la Técnica", *Revista Internacional de tecnología, Conocimiento y Sociedad*, vol.1, nº1, 2010, pp.1-10.

ORTEGA y GASSET, José, *La rebelión de las masas*, Espasa, Colección Austral ediciones especiales, 1901, (reedición Barcelona, 1999).

PORLÁN ARIZA, Rafael, NAVARRO MEDINA y VILLAREJO RAMOS, Ángel Francisco (Coords.) *Ciclos de mejora en el aula. Año 2021. Experiencias de innovación docente de la Universidad de Sevilla*: Editorial Universidad de Sevilla (Colección Ciencias de la Educación, n.º 38). 2022.

RAMÓN Y CAJAL, Santiago, *Reglas y consejos sobre investigación científica. Los tónicos de la voluntad*, ed. Espasa Libros, Colección Austral, Madrid, 2020 (obra originaria de 1898).

RIEMEN, Rob *To Fight Against this Age. On Fascism and Humanism.* W.W.Norton & Company, First Ed. New York, 2018.

RIEMEN, Rob, *Para combatir esta era. Consideraciones urgentes sobre fascismo y humanismo*, ed. Taurus, trad. Romeo Tello A., Madrid, 2017.

Rodríguez de las Heras Pérez, Antonio, *Metáforas de la sociedad digital. El futuro de la tecnología en la educación*, Ed Fundación Santa María-Ediciones SM. Boadilla del Monte, 2015.

SALINAS IBAÑEZ, Jesús, "Innovación docente y uso de las TIC en la enseñanza universitaria", *Revista Universidad y Sociedad del Conocimiento*, vol.1, nº1, nov.2004

SANDEL, Michael J., *The Tyranny of Merit: What's Become of the Comon Good?,* Ed. Picador, Farrar, Strasus and Giroux, New York. 2021.

SÁNCHEZ BALLESTEROS, Vanesa, "Experiencia de innovación docente universitaria en contextos jurídicos", en *Edunovatic 2018, Conference Proccedings, 3rd Virtual International Conference on Education, Innovantion and ICT, 17-19 December 2018,* Ed. *Adaya Press,* Eindhoven, The Netherlands, 2019, pp.337-341.

SCHOPENHAUER, Arthur,. *On the Fourfold Root of the Principle of Sufficient Reason,* trans. E.F. J. Payne, La Salle, open court, 1974.

SCHOPENHAUER, Arthur, *El mundo como voluntad y representación,* ed. Akal, Madrid, 2005.

SEN, Amartya Kumar,"*Choice, Welfare and Measurement",* Blackwell, Oxford, 1982.

VATTIMO, Gianni, *Addio a la veritá,* Ed. Melteme, Roma, 2009.

Capítulo 10

El Derecho Administrativo también tiene Arte: una propuesta docente

Mª REMEDIOS ZAMORA ROSELLÓ
Profesora Titular de Derecho Administrativo
Universidad de Málaga

1. INTRODUCCIÓN

La relación entre el Arte y el Derecho tiene su razón de ser en la necesidad que ambos tienen de plasmar el contexto social, las demandas, las debilidades y las fortalezas de la ciudadanía en cada momento. Tanto el Derecho como el Arte son una muestra de la sociedad y, con distintas herramientas, ofrecen una respuesta a sus necesidades; ambos se nutren y tienen su razón de ser en la sociedad, y son un fiel reflejo de la misma[1].

---

1 Como señala CIURO CALDANI: "El Derecho es un despliegue de la cultura íntimamente vinculado con el resto de ella. Diversos sec-

En este capítulo vamos a analizar una propuesta docente que aúna el Derecho y el Arte y que permite implicar al alumnado de grupos de grandes dimensiones en una actividad original y novedosa. La exposición "Administrativo: un Derecho con Arte", tiene por finalidad mostrar la relación entre el Derecho Administrativo y el Arte desde una perspectiva sensitiva. A través de cada obra o muestra de arte seleccionada se acerca al visitante una problemática jurídica y la respuesta que se ofrece desde el Derecho Administrativo. La literatura, la danza, la fotografía, la arquitectura, la música o la pintura actúan como elementos de conexión entre el Derecho y las Bellas Artes.

El origen de esta iniciativa se encuentra en la asignatura Derecho Administrativo II, en el grupo de 3ºB del Grado en Derecho, donde se propuso al estudiantado la participación en un foro titulado "Derecho y Arte". Esta experiencia se inició en el curso 2020/21 y tenía por finalidad la conexión entre las obras de arte y el temario de la parte especial de Derecho Administrativo. Esta propuesta surge para incentivar a un alumnado de un grupo muy numeroso, que se encontraba inmerso en un modelo de docencia virtual, donde era necesario motivar su participación y conexión con la asignatura a través de nuevos

---

tores de la doctrina han reconocido, con diferentes proyecciones, la relación del Derecho con todo el complejo cultural, en que cabe señalar a la economía, la filosofía, la religión, la ciencia y la técnica, la educación y el arte (…) Si bien una obra es artística por tener su centro de referencia en el valor belleza, no nos cabe duda que tiene una pluralidad de significados que la vinculan con todos los otros valores, incluso los valores jurídicos que culminan en la justicia. Al fin todos los valores a nuestro alcance forman un complejo culminante en el valor humanidad, con el que los demás se "alimentan" intensa y recíprocamente". CIURO CALDANI, Miguel A. "Aportes para la integración de la historia del Derecho y la Historia del Arte (enfoque general "parahistoria" jurídica Edad Moderna)". *Revista del Centro de Investigaciones de Filosofía Jurídica y Filosofía Social.* 1985, núm. 5, 1985, p. 61.

formatos; la actividad tuvo un gran recorrido y se desarrolló a lo largo de todo el cuatrimestre[2]. Durante el curso 2021/22, ya recuperado el escenario presencial, se propone al nuevo grupo este foro como actividad de conexión con las artes y vehículo de reflexión de las explicaciones teóricas; durante esta nueva etapa, con la ventaja de poder realizar una puesta en común y debate en clase de cada una de las intervenciones. El resultado de esta propuesta fue muy satisfactorio, ochenta intervenciones en el foro constataron la gran acogida que esta iniciativa había tenido entre los estudiantes, con intervenciones que han abarcado el cine, la literatura, la danza, las series de televisión, la escultura, la música, la pintura, el diseño, la novela gráfica, y un sin fin de propuestas de variada naturaleza.

Como desarrollo de esta actividad se trabajó en una exposición donde se mostró el trabajo realizado por un grupo de estudiantes que había decidido ir un paso más allá y exponer sus intervenciones, acercando de esta forma el Derecho Administrativo a cualquier visitante con inquietud por conocer cómo se relaciona con las obras de arte. Fue una muestra abierta al público en general, y que pretendió hacernos reflexionar sobre los desafíos jurídicos que se esconden tras el arte que inunda nuestro día a día. Un total de nueve propuestas que nos permitieron descubrir desde una nueva perspectiva la Catedral de Málaga, el baile y el cante de Las Minas, el Mar Menor, el silbo gomero, las vías pecuarias, el urbanismo, los "Episodios Nacionales", la romería de El Rocío y el Jardín Botánico-Histórico de La Concepción. Andrea Cabello, Alejandro Calvillo,

---

2 Los grupos numerosos exigen de metodologías de enseñanza específicas para abordar los desafíos que presentan, a este respecto MARTÍN PARDO, Antonio. "La técnica de puzzle como un ejemplo de aprendizaje colaborativo apto para dinamizar las clases llevadas a cabo en grupos muy numerosos", en SÁNCHEZ HERNÁNDEZ, Carmen. *Aprendizaje colaborativo y técnicas de simulación.* Tirant lo Blanch, 2020, pp. 117 – 140.

Olga Casero y Lorena Carmona tomaron como referencia la inacabada Catedral para reflexionar sobre los desafíos jurídicos de terminar la torre sur; Laura Domínguez denunció a través del arte las deficiencias en la aplicación del Derecho Administrativo que han terminado con el desastre ecológico del Mar Menor; Laura Cuevas analizó el marco jurídico del sector minero a través del cante y el baile; Silvia Soto recordó sus raíces canarias con el silbo gomero y las políticas públicas adoptadas para su recuperación; Sulaf El Fatmi empleó la pintura para recuperar a las olvidadas vías pecuarias, actualizadas con nuevos usos que superan al tradicional sector ganadero; Rubén Martín analizó la nueva regulación andaluza del territorio a través del arte urbano; Mirella Pino puso en valor el Jardín Botánico-Histórico La Concepción y estudió su marco normativo; Francisco Ramírez tomó como referencia los "Episodios Nacionales" para analizar la figura de la expropiación forzosa; y Laura Cebrián nos llevó a El Rocío a través de la música para explicarnos su relación con las medidas de control administrativo y de protección de Doñana.

2. DERECHO Y ARTE, ARTE Y DERECHO

Desde el mundo del arte se ha representado el mundo del derecho desde numerosas perspectivas. Son destacados los estudios que analizan la relación entre el cine y el derecho, o entre la literatura y el derecho[3]; un buen número de novelas

[3] Podemos destacar el "Movimiento Derecho y Literatura", a este respecto JIMÉNEZ MORENO, M., CABALLERO HERNÁNDEZ, R. "El movimiento derecho y literatura. Aproximaciones históricas y desarrollo contextual". *Revista de la Facultad de Derecho de México*, Vol. 65, núm. 263, 2015, pp. 47-75; WARD, I. *Law and literatura. Possibilities and perspectives.* Cambridge University Press, 1995. Sobre experiencias vinculadas al ámbito literario y al cine, ALENZA GARCÍA, J.

y películas han analizado temas jurídicos. Sería una suerte de análisis del Derecho a través del Arte.

Asimismo, es relevante señalar como muchos artistas han tenido una previa formación jurídica y, viceversa, como muchos juristas tienen una declarada vertiente artística, elemento que nos refuerza en nuestra idea de la vinculación entre estos dos mundos, en principio antagónicos, pero que se complementan a la perfección[4]. En el ámbito del Derecho

---

Derecho y justicia en Juego de Tronos. Aranzadi Thomson Reuters, 2020; QUESADA SÁNCHEZ, A. (coord.), *La utilización del cine en la docencia del derecho: propuestas de interés,* Colex, A Coruña, 2021; PERNAS GARCÍA, J., *El derecho administrativo en el cine. Materiales didácticos para un sistema ECTS,* Universidade da Coruña, 2011. También podemos destacar la relación entre el derecho y la fotografía en MONEREO, Cristina. "Derecho y fotografía: la objetividad truncada". *Cuadernos Electrónicos de Filosofía del Derecho,* núm. 38, 2018. En relación a la presencia de los referentes artísticos en la docencia del Derecho, PÉREZ GARCÍA, Juan Carlos. "El uso de referentes artísticos para la enseñanza/aprendizaje de asignaturas jurídicas", en SÁNCHEZ HERNÁNDEZ, Carmen. *Aprendizaje colaborativo y técnicas de simulación.* Tirant lo Blanch, 2020, pp. 387 – 394.

4 En este sentido se pronuncia SAURA I FREIXES: "La conexión entre arte y derecho ha estado presente a lo largo de la historia también con una larga lista de artistas que previamente habían estudiado derecho. En el ámbito de la poesía y literatura es quizás donde hay mayor presencia de estudios jurídicos, como en el caso de la literatura española, desde García Lorca a Eduardo Mendoza. Pero en el terreno artístico encontramos figuras clave para la historia del arte, como Kandinsky (Moscú 1866- Neuilly-sur-seine 1944), quien podría ser considerado el impulsor de las vanguardias artísticas. Kandinsky fue doctor en derecho y económicas, y profesor de derecho en la Universidad de Moscú durante varios años en su juventud, pero declinó una plaza de profesor de derecho, para viajar a Munich, porque quiere convertirse en pintor. Allí, Kandinsky, junto con otros artistas como Franz Marc o Gabriele Münter, crea la revista Almanach Der Blaue Reiter, El jinete azul, vinculada con su etapa alemana en Munich. La revista puede ser considerada un laboratorio escrito y teóri-

Administrativo podemos destacar algunos ejemplos destacados como el profesor Santiago Muñoz Machado, Catedrático de Derecho Administrativo, director de la Real Academia Española, y que recientemente ha publicado una biografía sobre Miguel de Cervantes[5].

También nos encontramos con ramas del derecho que se ocupan del arte. Un derecho del arte con múltiples perspectivas, tanto desde el ámbito del derecho privado como del derecho público. A este respecto nos encontramos con ejemplos como la regulación de la propiedad intelectual o el marco normativo de los bienes que configuran el patrimonio histórico; en este segundo caso es el derecho el que se sitúa al servicio del arte, ofreciendo respuestas jurídicas a los interrogantes que pueden plantear las obras de arte. El derecho del arte es una rama en constante evolución como ponen de relieve las obras NFT, que necesitan de un marco regulatorio propio[6]. Además, es una rama que trata de blindar la cultura desde varias perspectivas, exigiendo el cuidado y la protección de las obras de arte, o impidiendo la exportación de determinados bienes.

---

co de su planteamiento artístico vanguardista. A diferencia de otras disciplinas, el planteamiento del arte contemporáneo no es que la práctica ilustre la teoría, sino que continuamente hay una sinergia entre discurso teórico y lenguaje artístico que están imbricados en el lenguaje artístico". SAURA I FREIXES, Nuria. "Arte y Derecho: Estrategias para una docencia innovadora y creativa del Derecho Constitucional". *Docencia y Derecho. Revista para la docencia jurídica universitaria,* núm. 13, 2019, p. 3.

5 MUÑOZ MACHADO, Santiago. *Cervantes,* Planeta, 2022.

6 MÉNDEZ DE VIGO, P. "NFT. Breve aproximación jurídica". *Derecho Digital e Innovación. Digital Law and Innovation Review,* núm. 12, 2022. En relación a expresiones artísticas que comienzan a tener reconocimiento jurídico, OYARZABAL OYONARTE, N., "Los tatuajes como obra artística. Un nuevo giro en los litigios de propiedad intelectual en Estados Unidos ("Solid Oak Sketches, LLC v. 2K Games, Inc.)". *Anuario Iberoamericano de Derecho del Arte,* núm. 2020, pp. 647-664.

Y, por último, nos encontraríamos con una tercera perspectiva a través de la cual una expresión artística, de cualquier naturaleza, puede vincularse con el mundo del derecho; puede inspirarnos también para investigar sobre su perspectiva jurídica. En estos casos la temática jurídica no es la esencia de la obra de arte, que tiene una finalidad distinta a mostrar el mundo jurídico.

Estas tres visiones que hemos identificado nos parecen de gran interés, no consideramos que sean excluyentes, sino que resultan complementarias. En esta iniciativa dedicada al alumnado hemos analizado esta triple perspectiva. En el foro "Derecho y Arte" no se marcó una visión única, sino que se dio libertad al estudiantado para que relacionara de forma intuitiva el derecho y el arte desde la perspectiva que les pareciera más interesante. De ahí que nos hayamos encontrado con ejemplos más tradicionales, como películas de televisión, junto a otros más originales, como un baile dedicado al cante de las minas. En la exposición, el alumnado participante fue incluso un paso más allá porque ellos mismos mostraron sus dotes artísticas a través de la fotografía, la danza, el cante o la pintura. Por tanto, la experiencia ha sido completa y se ha logrado un nexo de unión entre el derecho y el arte.

Si ya hemos analizado las múltiples visiones que un estudio conjunto entre derecho y arte ofrece, consideramos de interés avanzar más allá para concretar en el ámbito del derecho administrativo. Nos encontramos ante una rama con tan variadas especialidades que hacen aún más interesante su relación con el arte. Cuando analizamos aspectos como el derecho de aguas, las costas, o los montes... podemos remitirnos a múltiples obras de arte, de expresiones artísticas que nos ayudan a descubrir la belleza de estos espacios y la necesidad de protegerlos a través de las distintas figuras que ofrece el derecho administrativo. Igualmente, cuando estudiamos las relaciones entre la ciudadanía y la administración pública son innumerables las representaciones que nos evocan al procedimiento administrativo, incluso nos ayudan a perfilar las debilidades de esta relación y cómo la sociedad, a través de la mirada del artista, percibe al sector público.

En este sentido, son constantes las representaciones artísticas del y contra el poder, así como de aquellos que lo han ejercido o detentado a lo largo de la historia. Y si acudimos al análisis jurídico de la ciudad, de su modelo urbanístico, de los servicios públicos, etc., también nos encontramos con una buena muestra de expresiones artísticas que ponen de relieve las bondades y deficiencias de los distintos modelos de ciudad y, por qué no, nos muestran la belleza del urbanismo; donde la arquitectura, como una expresión artística, complementa esta visión.

Esta conexión Derecho-Arte no es simplemente un puro entretenimiento o una forma de hacer más ameno y divertido el derecho, sino que es una herramienta para mejorar el conocimiento de ambos: Derecho y Arte, Arte y Derecho. Si el Arte es una forma de alcanzar la belleza, podríamos tratar de acercarla al Derecho. Aparentemente, un mundo tan alejado de esta visión pero que, no podemos olvidar, se ocupa de proteger la belleza con numerosas herramientas jurídicas[7]. Desde

---

[7] Siguiendo a GALLEGO MORELL: "Estudiar Derecho y Arte es atacar desde dos lados diversos el mismo problema, bajo el perfil de la función y la estructura. «El Arte, como el Derecho, sirven para ordenar el mundo. El Derecho, como el Arte, tienden un puente desde el pasado al futuro». Eterna hermosura del Derecho que nos arrastra a atacar un problema sin solución, sin principio ni fin, lleno de peligro y dificultades, pero hermoso, en el que juegan y se entrecruzan con raíces profundas, de tierra y vida, los conceptos de lo bello, lo justo, lo verdadero y lo bueno" (p. 46). Como señala este mismo autor: "La Justicia busca la Verdad. La Belleza y la Verdad quedan unidas a través de la inteligencia que experimenta similares sensaciones por la verdad conocida o la belleza alcanzada. Al hacer justicia la conciencia reposa, la inteligencia se place, aunque

la doctrina ya representan un número significativo las aportaciones que se han acercado esta relación; en nuestro análisis, nos planteamos un acercamiento a la docencia del derecho, no nos limitamos a la relación del Derecho y el Arte, sino que abordamos cómo materializarla en la enseñanza del Derecho[8].

---

la verdad no haya sido alcanzada; pero el camino hacia ella es el que cuenta. También la tendencia hacia lo bello, hacia el arte puro, hacia la fórmula estética que la mente configuró como verdadera, produce la sensación del placer del deber cumplido. Allí lo justo se encuentra bello, aquí lo bello parece justo. El camino de la verdad imprime sello de tranquilidad. Y las dos formas parten del «bien perseguido» aunque no lo sea en plenitud". GALLEGO MORELL, Manuel. "El Derecho y sus relaciones con el Arte". *Boletín de la Facultad de Derecho.* 1993, núm. 3, p. 56.

8 Una vez finalizada esta iniciativa, y preparando este capítulo de libro, tuvimos constancia de una experiencia de características similares desarrollada por una profesora de la Universidad de Buenos Aires; si bien se llevó a cabo en una Maestría, tienen en común la libertad para elegir la obra artística y la temática vinculada al Derecho Administrativo. En ambas experiencias se constata el éxito de iniciativas de esta naturaleza, que ayudan a la mejor comprensión de las materias estudiadas. Como señala la profesora responsable de esta propuesta: "Cuando se incorporan recursos innovadores a la enseñanza del Derecho Administrativo se crean oportunidades para concretar otras formas de apropiación de sus contenidos. El componente visual que tienen las obras pictóricas, los videos o los films cumple una función relevante como comunicadora de sentidos diversos a los que provienen de soportes más clásicos como la letra escrita, la que aun cuando conserva el reinado en el aprendizaje jurídico tradicional, está convocada a abrirse hacia otras expresiones. La buena enseñanza no corresponde a una única manera de actuar sino a muchas, máxime en una sociedad como la actual, que ha generado cambios cognitivos en la forma tradicional de adquirir conocimientos. Además de que contribuye a crear un clima de estudio especial, incluir alguna dosis de arte en las clases de Derecho administrativo invita a imaginar, a despertar la creatividad, a realizar conexiones valiosas entre conceptos a priori alejados y en definitiva, a embarcarse en un análisis más profundo de las instituciones

3. UNA PROPUESTA DOCENTE

En primer lugar, debemos recordar el artículo primero de la Ley Orgánica de Universidades, que establece cuáles son las funciones de la Universidad y donde se afirma[9]:

1. La Universidad realiza el servicio público de la educación superior mediante la investigación, la docencia y el estudio.

2. Son funciones de la Universidad al servicio de la sociedad:

a) La creación, desarrollo, transmisión y crítica de la ciencia, de la técnica y de la cultura.

b) La preparación para el ejercicio de actividades profesionales que exijan la aplicación de conocimientos y métodos científicos y para la creación artística.

c) La difusión, la valorización y la transferencia del conocimiento al servicio de la cultura, de la calidad de la vida, y del desarrollo económico.

d) La difusión del conocimiento y la cultura a través de la extensión universitaria y la formación a lo largo de toda la vida".

En este precepto se recuerda que la Universidad tiene como misión la creación desarrollo transmisión y crítica de la ciencia de la técnica y de la cultura, es decir, no podemos excluir en la formación de un jurista a elementos culturales que van a ser claves para que desarrolle un pensamiento crítico y que le van a permitir profundizar y mejorar en todas las competencias,

---

jurídicas". CICERO, Nidia Karina. "Arte y Derecho Administrativo". *Docencia y Derecho, Revista para la docencia universitaria.* 2019, pp. 1-15. Disponible en: http://www.uco.es/docencia_derecho/index.php/reduca/article/viewFile/167/pdf_29

9 Ley Orgánica 6/2001, de 21 de diciembre, de Universidades (BOE núm. 307, de 24 de diciembre de 2021).

tanto transversales como específicas, del Grado en Derecho, que serán esenciales para su futuro profesional[10]. En la Universidad se prepara para el ejercicio de la actividad profesional pero también se forma en la difusión, valorización y transferencia del conocimiento al servicio de la cultura y de la calidad de la vida y, además, se han de impulsar metodologías que permitan integrar el modelo científico, el modelo técnico y el modelo cultural, puesto que no son vertientes excluyentes de la formación universitaria.

En un contexto de cambio en el desarrollo de las profesiones, donde no tenemos certeza alguna sobre cuál va a ser el contenido y la actividad profesional de nuestro estudiantado en los próximos años y, aún menos en las próximas décadas, es determinante una formación integral que les permita

---

10 Como señala el profesor RODRÍGUEZ ARANA: "el hábito de razonar, de argumentar, de pensar, ha de ser estimulado, excitado por el profesor, porque la verdad es que en la sociedad que nos ha tocado vivir no es que el gusto por el pensamiento, sobre todo si es crítico, sea uno de sus puntos fuertes. Más bien, lo que impera en el ambiente es un consumismo insolidario que conduce a evitar la reflexión crítica para alinearse en una suerte de carril único conducido por los eficaces configuradores del espacio público presente. Por eso, si queremos que la universidad cumple la función para la que nació, es importante que familiaricemos a los estudiantes con él. Por el pensamiento reflexivo, por la tópica jurídica, por la argumentación, por la retórica, eso sí, siempre en un contexto de humanización de la realidad, en un marco en el que la centralidad se ubica en la dignidad del ser humano". RODRÍGUEZ ARANA, JAIME. "El hábito reflexivo y los principios generales en la enseñanza del Derecho Administrativo", RODRÍGUEZ ARANA, J. (dir.), MORÓN URBINA, J. C. (coord.), *Reflexiones iberoamericanas sobre la enseñanza del Derecho Administrativo,* Tirant lo Blanch, 2021, p. 281.

adaptarse a todos los cambios profesionales que van a experimentar a lo largo de su vida[11].

El entorno universitario es el espacio perfecto para servir de referencia en el análisis interdisciplinar de las distintas materias. Uno de los graves problemas a los que se enfrentan los campus universitarios es la absoluta independencia y autonomía que existen entre las distintas facultades y centros que lo componen. Realizar experiencia en las que se puedan unir distintos ámbitos de conocimiento supone un avance en lo que entendemos que ha de ser un espacio universitario. La etapa de formación universitaria es un momento ideal para experimentar, para acercarse a nuevas disciplinas, para innovar desde el estudiantado y desde el profesorado; porque disponemos de las herramientas que nos permiten acompañar en esta creación del pensamiento crítico que exige la formación universitaria.

A través de esta experiencia de "Derecho Administrativo con Arte" se ha tratado de acercar al alumnado del Grado en

---

11 Coincidimos plenamente con ALENZA GARCÍA cuando señala: "todo universitario debe aspirar a adquirir no solo conocimientos y competencias específicos de sus estudios, sino a complementar y ampliar los conocimientos culturales con los que llega a la universidad. En el caso del Derecho, esa necesidad se acentúa porque el Derecho es un producto de la vida en sociedad, es un producto cultural. Y mal se puede conocer el Derecho (interpretarlo y aplicarlo) si se desconoce la cultura que lo ha generado. Por esa razón, la clamorosa ausencia de contenidos jurídicos en la enseñanza no universitaria, unida al progresivo emprobrecimiento cultural de los jóvenes, reclama la incorporación a la enseñanza universitaria de elementos culturales y artísticos que amplían sus horizontes de comprensión de lo humano y de la sociedad en la que van a desenvolverse como futuros profesionales". ALENZA GARCÍA, JOSÉ FRANCISCO. "La literatura como instrumento en la enseñanza del Derecho Administrativo". RODRÍGUEZ ARANA, J. (dir.), MORÓN URBINA, J. C. (coord.), *Reflexiones iberoamericanas sobre la enseñanza del Derecho Administrativo,* Tirant lo Blanch, 2021, p. 23.

Derecho a las disciplinas artísticas; de esta forma se pretende una doble finalidad: de un lado, el estudiante al que le atraen las artes se acerca la asignatura de Derecho Administrativo con mayor interés; de otro lado, el alumno que no está familiarizado o no se siente tan cercano con estas disciplinas artísticas encuentra, a través de esta experiencia, un medio para introducirse en nuevas actividades culturales.

Para alcanzar estos objetivos la docencia debe pensar en el alumnado, protagonistas del proceso de aprendizaje; por tanto, a diferencia de las propuestas doctrinales, una iniciativa dirigida al estudiantado ha de ser muy consciente de la realidad del entorno universitario. La docencia de cualquier disciplina exige una metodología; además, en el caso de las enseñanzas universitarias regladas, como el Grado en Derecho, es evidente que existen unas competencias que deben ser alcanzadas, y unos contenidos precisados en el temario que han de ser impartidos. Asimismo, es necesario atender a la limitación de tiempo que supone un cuatrimestre, y al elevado número de estudiantes que conforman cada uno de los grupos. Este es el contexto real de la enseñanza del Derecho, y al mismo se deben adaptar las propuestas que planteamos.

3.1. Metodología

En este estudio vamos a analizar una experiencia en la que se ha apostado por una metodología original y también por una temática de trabajo que no suele estar presente en las dinámicas de aprendizaje vinculadas a las enseñanzas del Derecho Administrativo[12].

---

12 Según MONEREO ATIENZA: "el éxito o fracaso de la enseñanza radica en gran medida en la gestión del profesor. Por ello, éste ha de tener una serie de cualidades, entre las que está estar en posesión de un conocimiento amplio y actualizado, no dogmático y siempre

Se propuso a todos los estudiantes de la asignatura, tanto los que habían participado en el foro como aquellos que no, que dieran visibilidad a sus conocimientos de la asignatura más allá del aula. Como profesora universitaria considero que en la actualidad existe un gran déficit de vida y comunidad universitaria más allá de las aulas y del horario reglado de clases. Una de las finalidades era brindar un punto de encuentro para el estudiantado, que pudiera experimentar un proyecto conjunto que fuera compartido por toda la comunidad universitaria.

En cuanto a la estructura y formato de la actividad se optó por iniciarla una vez finalizados los exámenes del primer cuatrimestre. Por tanto, desde el primer momento el alumnado participante era consciente de que no era una actividad evaluable.

---

dialogante y crítico, de la asignatura a impartir; y también la de ser capaz de ser flexible en la enseñanza y ofrecer una diversidad de medios donde puede adquirirse ese conocimiento, que no siempre deben identificarse con el tradicional material jurídico entendido de manera estricta (leyes, sentencias, doctrina...). Es precisamente el uso de materiales diversos lo que asegura comprehender la complejidad de la realidad jurídica; permite ver reflejadas todas las dimensiones a veces superpuestas del Derecho; y, en suma, presupone observar y analizar el fenómeno jurídico utilizando diferentes lentes, lo que ayuda ahondar en su comprensión". MONEREO ATIENZA, Cristina. "Artes y Derecho. Una experiencia de innovación docente en la Facultad de Derecho de la Universidad de Málaga", en GARCÍA RUIZ, C., FILLOL MAZO, A., CARRIZO AGUADO, D. (Coords), *La formación en derecho basada en competencias: especial referencia al método de casos*, Dykinson, 2022, p. 507. También de esta misma autora, "La enseñanza-aprendizaje del derecho a través de las humanidades: una nueva relación entre profesorado y alumnado". SIMÓN MÁRQUEZ, Mª del Mar, GÁZQUEZ LINARES, José Luis, BARRAGÁN MARTÍAN, Ana Belén, MARTOS MARTÍNEZ, África (comps), *Innovación Docente e Investigación en Ciencias Sociales, Económicas y Jurídicas: Experiencias de cambio en la Metodología*, Dykinson, 2022, pp. 729-738.

Como se ha comentado con anterioridad, la base de esta exposición fue una actividad desarrollada a lo largo del curso, el Foro Derecho y Arte. En consecuencia, buena parte de los participantes ya habían elegido un tema y elaborado una breve reflexión sobre el mismo. El trabajo desarrollado en el Foro estaba marcado por cada uno de los temas de la asignatura Derecho Administrativo II. Si bien para la realización de esta actividad no había un modelo de ficha que completar, los únicos requisitos de formato eran incluir algún tipo de imagen o enlace que sirviera de referencia (siempre en función del tipo de obra o expresión artística elegida), unas breves indicaciones sobre la obra, y una explicación de su relación con la materia estudiada en clase.

Las numerosas intervenciones que conformaron el foro dieron lugar a que algunos de los participantes en la exposición tuvieran que seleccionar, entre sus distintas aportaciones, aquellas que consideraron más interesantes. Igualmente, otros estudiantes optaron por analizar temas nuevos, siguiendo las directrices del temario, pero sin que hubieran sido presentadas previamente en el foro. Su experiencia previa en la actividad fue esencial para ayudarles a seleccionar mejor los temas para la exposición; también tenían una perspectiva completa de la asignatura, puesto que ya se había impartido por completo el temario y disponían de más herramientas para seleccionar aquellos temas que podían ser más atractivos para la exposición.

La metodología de trabajo tuvo dos ejes: por un lado, el trabajo individual o en pequeño grupo, que tuvo como resultado cada uno de los carteles que se presentaron; y, de otro lado, un trabajo en grupo grande que iba a determinar el modelo y los caracteres de la exposición. Era la primera vez que se desarrollaba esta iniciativa por lo que eran numerosas las decisiones a adoptar sobre el modelo de la exposición.

Los participantes se encontraban muy ilusionados con realizar una actividad fuera del aula. Sentían que como consecuencia de la pandemia y las clases on line que habían marcado prácticamente todos los cursos anteriores (debemos recordar que son alumnos del tercer curso y los dos primeros años del Grado estuvieron condicionados por la crisis sanitaria), no habían podido disfrutar de la vida universitaria. Con esta iniciativa se les brindaba la oportunidad de superar estas limitaciones que habían marcado sus primeros años universitarios.

Asimismo, debemos poner de manifiesto que la pandemia ha contribuido, pero que ya existía una decadencia en cuanto a las relaciones interpersonales que se generan en el entorno universitario. Esta realidad también ha condicionado este proyecto porque cuando hemos trabajado en el gran grupo, era evidente que no existían vínculos previos de amistad ni de compañerismo; si bien es verdad que los participantes han tenido la oportunidad de conocerse mejor gracias a esta iniciativa.

La metodología de trabajo estuvo marcada por la creación de un espacio virtual, sencillo y muy esquemático, creado en el campus virtual de la Universidad de Málaga. Era la opción más cómoda puesto que todos los participantes, tanto estudiantes como profesorado, conocemos estas herramientas y las manejamos a diario.

Junto a ello se realizaron reuniones periódicas, fuera del horario lectivo y en momentos en los que la mayoría de los participantes pudieran acudir, a fin de adoptar las decisiones de forma conjunta. En la primera de las reuniones presenciales se planteó el proyecto y se expusieron sus líneas maestras. Siendo conscientes todos los participantes que nos encontrábamos ante un proyecto en construcción y que se iba a ir transformando y creciendo con todas las aportaciones. Tomamos como punto de partida el título de la exposición, "Administrativo: un Derecho con Arte", que iba a ser la guía temática principal. A continuación, se pusieron sobre la mesa los primeros retos a los que nos enfrentábamos: el formato de la exposición y su puesta en escena.

Se decidió la creación de varios grupos de trabajo que se iban a encargar del diseño de la plantilla del cartel, del concurso, de los códigos QR, la financiación, etc. De cada una de las reuniones que se llevaron a cabo se realizó un pequeño resumen, a modo de un acta simplificada, con los acuerdos adoptados y las tareas pendientes; este resumen se subía al campus virtual para que aquellos estudiantes que no habían podido acudir a la reunión pudieran hacer el seguimiento a la iniciativa.

3.1.1. Implicando al grupo y a toda la comunidad universitaria.

Implicar al estudiantado en su aprendizaje es uno de los grandes desafíos a los que se enfrentan los grupos de grandes dimensiones. En un contexto donde la mayor parte del alumnado se encuentra saturado por múltiples prácticas, exámenes parciales, asignaturas troncales y optativas... también resulta de gran complejidad su implicación más allá del cuatrimestre en el que se imparte la docencia reglada de la asignatura e incluso más allá de su calificación final.

Si bien nos podemos encontrar con reticencias y prejuicios por parte de algunos juristas cuando se les plantean propuestas que vinculan el derecho y el arte, en un primer momento podríamos pensar que el alumnado va a ser más receptivo a este tipo de innovaciones. Sin embargo, la experiencia nos muestra que en una primera fase son reticentes a implicarse en modelos que no conocen; y, de hecho, un número significativo de alumnos no llega a implicarse y se mantienen al margen de esta iniciativa. No obstante, también es destacable un porcentaje elevado que se arriesga y, a pesar de las dudas iniciales, participa con interés y disfruta con esta nueva experiencia, aprovechando al máximo esta herramienta alternativa de aprendizaje. Los resultados de este grupo son significativamente mejores, son estudiantes con inquietudes que aspiran a ir un paso más allá y que se implican activamente en su proceso de aprendizaje.

Otro grupo de estudiantes sobre los que hay que hacer un esfuerzo adicional de fomento de participación en este tipo de actividades son los estudiantes de movilidad. Este alumnado suele tener más dificultades para integrarse en el grupo; normalmente tienen asignaturas de distintos cursos por lo que les resulta más complejo organizar un horario que le permita acudir a clase. En la Universidad de Málaga es cada vez más habitual la presencia de estudiantes de movilidad, tanto SICUE como Erasmus. En esta experiencia contamos con la participación de una estudiante, que fue muy activa en el foro y posteriormente se animó a participar en la creación de un cartel. Como era de origen canario trabajó sobre el silbo gomero. También este caso se dio la circunstancia de que iba a continuar en la Universidad de Málaga durante el segundo cuatrimestre, lo que permitió que se integrara en la exposición. Este es uno de los motivos que nos impulsa, de cara a futuras ediciones, a integrar la actividad en el mismo cuatrimestre en el que se imparte la asignatura; tratando de facilitar la participación del estudiantado de movilidad que durante el siguiente cuatrimestre vaya a desplazarse a su centro de origen.

También surgió desde el inicio la propuesta de promover un concurso. Como docente y responsable del proyecto tenía muy claro que había que implicar al visitante. Uno de los objetivos era que se leyera y entendiera el texto de cada uno de los carteles que conformaban la exposición. Para incentivar este nivel más elevado de participación se optó por desarrollar un breve cuestionario que comprendiera una pregunta por cada uno de los carteles de la muestra. Los visitantes tendrían que leer los textos para poder responder a las cuestiones; todo ello se configuró a través de un código QR. Los regalos del sorteo consistieron en productos de cosmética ecológica realizados por una pequeña empresa vinculada al Instituto de Biotecnología y Desarrollo Azul de la Universidad de Málaga (IBYDA), obsequios con el logo de la Universidad adquiridos en la tienda oficial del campus (sudaderas, libretas, tazas...), y entradas para las actividades culturales organizadas por la Universidad.

Los estudiantes estuvieron encantados con esta propuesta porque sabían que buena parte de las exposiciones que se desarrollaban en el espacio elegido no conseguían atraer su atención; reconocían que apenas se paraban a leer el texto, y ni siquiera cuando eran muestras únicamente de fotografías conseguían atraer su atención. Por tanto, uno de los fines era lograr que todas las personas que deambulaban en algún momento por este espacio se pararan a leer los carteles. Era un objetivo ambicioso, y para ello se prestó especial atención y cuidado al diseño de los carteles y a su distribución en el espacio.

La implicación de toda la comunidad universitaria también se vio potenciada con el acto de inauguración de la exposición, que tuvo lugar en la Facultad de Derecho y consistió en un acto con tres intervenciones principales. En primer lugar tuvo lugar una conferencia a cargo del Catedrático emérito de Derecho Administrativo, el profesor Ángel Sánchez Blanco, en la que analizó la importancia de las metodologías participativas y prácticas en la enseñanza del Derecho Administrativo. A continuación, tuvo lugar la intervención de una de las alumnas participantes, Andrea Cabello Cabrillana, que actuó en nombre de todos los estudiantes que habían participado en la exposición y ofreció la visión del alumnado sobre la muestra. Y la tercera intervención corrió a mi cargo, como responsable de la actividad, y tuve la oportunidad de exponer las líneas maestras de esta propuesta, sus fines y los desafíos a los que nos habíamos enfrentado. El acto concluyó con la intervención de otra de las alumnas participantes, Lorena Carmona Tirado, que compuso un poema para recordar la guerra de Ucrania; y nos permitió finalizar con una muestra más de la relación del arte con el momento presente, con los desafíos actuales de la sociedad.

3.1.2. Los carteles: la base de la exposición

El formato de los carteles exigió la previa consulta a las empresas especializadas, a partir de la cual pudimos fijar el tamaño y los soportes. El segundo paso fue seleccionar la ubicación, se optó porque se realizara en el hall de la Facultad de Derecho; un espacio amplio y de paso que todos los miembros de la comunidad universitaria, tanto personal de administración y servicios, como docentes, investigadores y estudiantes, atraviesan varias veces a lo largo de cada jornada.

El diseño de los carteles corrió a cargo de dos de los estudiantes que tenían conocimientos sobre herramientas digitales de diseño y se ofrecieron para realizar esta tarea. Entre los desafíos a los que nos enfrentamos con el diseño de los carteles, el principal era que fueran atractivos y muy visuales. Por ello se optó por un diseño con una imagen que ocupara la parte central y un texto en la parte inferior. En el formato de los carteles el texto estaba dividido en dos secciones: una primera parte en la que se hacía referencia a la obra de arte, y una segunda parte que incluía el análisis jurídico. Además, a fin de ofrecer más información a aquellos visitantes interesados, cada uno de los carteles disponía de un código QR en el que se habían incorporado referencias al marco normativo objeto de estudio, así como otros materiales de interés para el tema analizado.

Es de destacar que, como estudiantes del Grado en Derecho, se hizo especial hincapié en la aplicación de las normas sobre propiedad intelectual. Por ello, en aquellos casos en los que las imágenes se habían obtenido a través de Internet, los estudiantes se pusieron en contacto con los autores para conseguir su permiso expreso y de esta forma poder usar esas imágenes. Asimismo, otros estudiantes optaron por realizar ellos mismos las fotografías que iban a incorporar en los carteles, como fue el caso del grupo encargado de trabajar sobre la Catedral de Málaga.

Otra de las imágenes que decidimos emplear fue una fotografía de uno de los murales que decoran la fachada de la Facultad de Derecho de Málaga. Puesto que era una exposición vinculada al mundo jurídico y se iba a exponer en este centro, donde también recibían sus clases los participantes, era un vínculo que se quería plasmar en la instalación. Se realizó directamente la consulta al Vicerrectorado que había promovido la decoración de la fachada, que consultó directamente al artista y nos dio su visto bueno para emplear la obra como imagen de portada de la exposición. Los estudiantes encargados del diseño optaron por emplear un fragmento del mural y adecuarlo al formato del cartel.

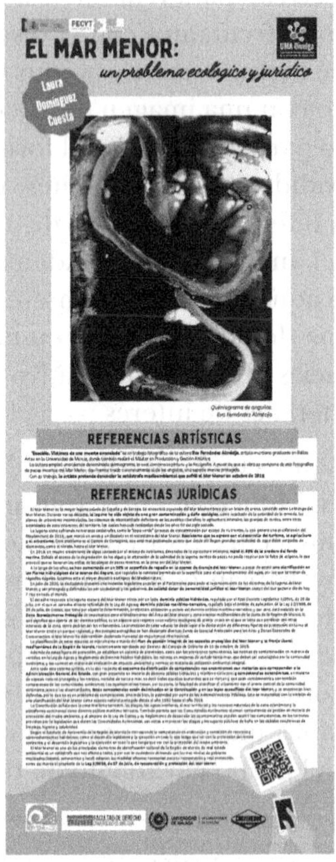

En este sentido fue muy interesante la puesta en contacto con los autores. Debemos destacar el cartel dedicado a la problemática ambiental del Mar Menor, donde la alumna responsable, Laura Domíguez Cuesta, optó por una obra de la artista Eva Fernández Almécija, que formaba parte de un trabajo fotográfico titulado "Ecocidio. Víctimas de una muerte anunciada". El contacto con la artista lo realizó la alumna a través de las redes sociales, y la autora fue muy amable y estuvo en todo momento disponible para atender nuestras peticiones. Nos envió una imagen con buena resolución e incluso ayudó a la estudiante en la redacción del comentario artístico de la obra.

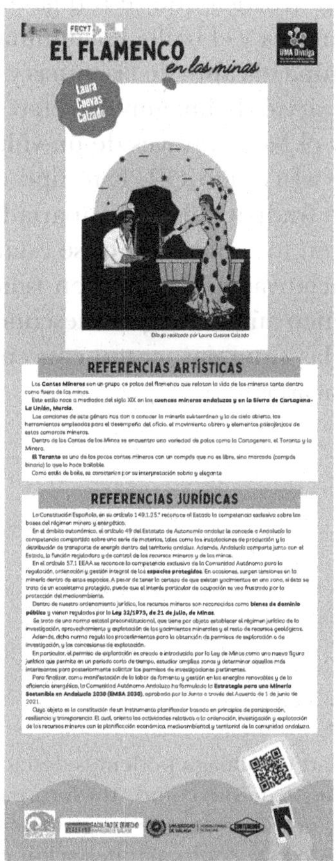

Debemos destacar la originalidad de todas las propuestas. Por ejemplo, la intervención de Laura Cuevas Calzado, que se decantó por realizar un cartel en el que analizaba el derecho de minas. Ya el título de su cartel era muy sugerente, "El flamenco en las minas", y nos avanzaba la voluntad de aunar el análisis del Derecho y el flamenco, en concreto a través de los "Cantes de las Minas" y de "El Taranto", uno de sus palos. Debemos recordar que el flamenco se incluyó en la Lista Representativa del Patrimonio Cultural Inmaterial de la Humanidad en 2010 y es una expresión artística que se refleja en el cartel a través de la pintura, la música y el baile. La alumna responsable creó una imagen que aúna el cante de las minas y el baile, que fue la obra artística que sirvió de imagen de referencia; y, además, se ocupó del cante y el baile a través de un vídeo al que se podía acceder mediante el código QR. Este tipo de expresiones artísticas han estado tradicionalmente apartadas del ámbito universitario, si bien en los últimos años se están acercando y son numerosas las iniciativas que ponen en relieve su valor[13]. No obstante, el flamenco aún es un gran desconocido en el ámbito jurídico; aunque las sinergias, como con cualquier expresión artística, son destacadas.

---

13 En la Universidad de Málaga podemos destacar la Cátedra de Flamencología, que se define como "un foro para desarrollar actividades docentes, académicas e investigadoras en torno al Arte Flamenco, entendido éste como manifestación de la cultura popular y patrimonio inmaterial de la Humanidad. Los objetivos básicos de esta cátedra se centran en fomentar el interés de los universitarios por el flamenco, en impulsarlo como objeto de estudio y de investigación y en potenciar la presencia del flamenco en el entorno social de la Universidad de Málaga. Y ello se llevará a cabo valorando siempre el papel del flamenco desde una perspectiva multidireccional: cultural, artística, técnica, histórica, antropológica, económica y sociológica". Más información: https://catedraflamencologia.uma.es/

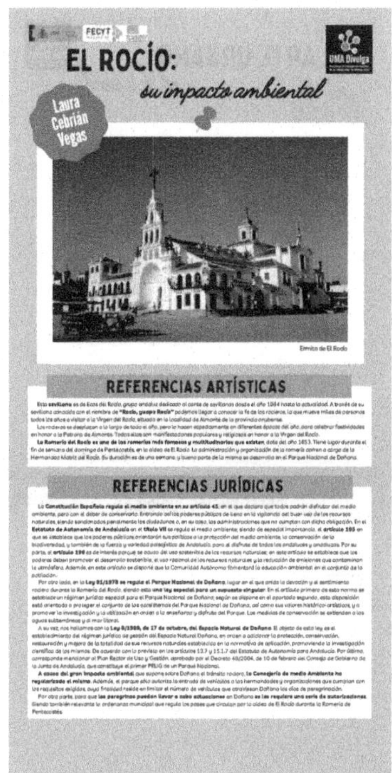

También con la música como referencia, la alumna Laura Cebrián Vegas, seleccionó una sevillana dedicada a la romería de El Rocío, y que ella misma interpretó; referencia artística que vinculó con el análisis del marco normativo del Parque Nacional de Doñana, por el que transcurre una parte de esta peregrinación, y las necesarias autorizaciones requeridas. La música como vehículo de conexión entre el mundo jurídico y el arte ofrece destacadas muestras, aunque suele ser la música clásica el hilo conductor, y no es habitual que otros estilos sean tomados como referentes[14].

---

14 En lo que respecta al estudio conjunto del derecho administrativo y la música debemos destacar las obras de MONTORO CHINER y ALEGRE ÁVILA, entre las que podemos destacar: MONTORO I

CHINER, Mª Jesús. "Música y Derecho público: Resonancias". *Àpoca: butlletí català d'informació notarial*, Época 2, núm. 12, 2016, pp. 5-14; MONTORO I CHINER, Mª Jesús, ALEGRE ÁVILA, Juan Manuel. *Derecho, músicas y literaturas en imagen trigonal*, Atelier, 2021; MONTORO I CHINER, Mª Jesús, ALEGRE ÁVILA, Juan Manuel. *Música, derecho y epidemia. Dietario de un ritornello que no cesa*, Atelier, 2022; MONTORO I CHINER, Mª Jesús, ALEGRE ÁVILA, Juan Manuel y RUIZ PALAZUELOS, Nuria. La creación artística en abrazo musical-jurídico-digital, Atelier, 2022. En el ámbito de la Filosofía del Derecho podemos destacar las aportaciones de CABRA APALATEGUI, José Manuel. "Denotación y evocación. Para una melografía jurídica" y "El caso "Wagner" revisited. La música como discurso y el auditorio jurídico", ambos en MONEREO ATIENZA, Cristina (coord.). *Arte y Derecho. Estudios desde una visión multidisciplinar del fenómeno jurídico*, Editorial Comares, 2019.

El arte urbano como motor de renovación urbanística y herramienta para adentrarnos en la Ley 7/2021, de 1 de diciembre, de impulso para la sostenibilidad del territorio de Andalucía, fueron el punto de partida para el trabajo desarrollado por el alumno Rubén Martín Gálvez. Una propuesta arriesgada que toma como imagen de referencia una fotografía de los murales realizados por los artistas Frank Shepard Fairey y Dean Stockton, y que forman parte de un proyecto de arte urbano diseñado por el Ayuntamiento de Málaga para regenerar un barrio de la ciudad[15]. El arte urbano, una expresión artística vinculada al espacio público y al urbanismo, que puede coadyuvar a la transformación de un entorno; y también nos sirve de símil para reconocer el carácter transformador de la normativa y el planeamiento urbanístico[16].

15 Proyecto MAUS Málaga Arte Urbano Soho, disponible en http://mausmalaga.com/
En relación al arte urbano, FERNÁNDEZ HERRERO, Emilio. *Origen, evolución y auge del arte urbano el fenómeno Banksy y otros artistas urbanos.* Tesis Doctoral. Universidad Complutense de Madrid, 2017. Disponible en https://eprints.ucm.es/id/eprint/46424/

16 OSTOS PRIETO, Francisco Javier. "Arte urbano como patrimonio cultural: galería Vertical como referente en Reinosa". *PH: Boletín del Instituto Andaluz del Patrimonio Histórico,* núm. 103, 2021, pp.133-135.

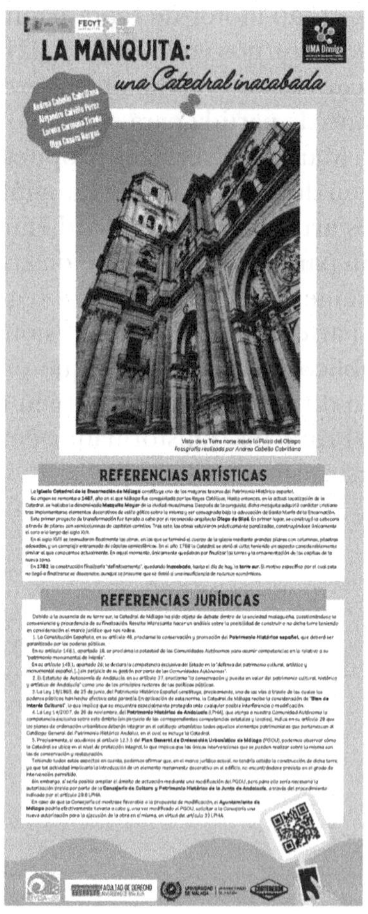

Una de las señas de identidad del patrimonio artístico de la ciudad de Málaga es su Catedral inacabada, la conocida popularmente como "La Manquita", es un templo cuyos orígenes se remontan a fines del siglo XV y cuya torre sur nunca fue construida. El grupo formado por Andrea Cabello Cabrillana, Alejandro Calvillo Pérez, Lorena Carmona Tirado y Olga Casero Burgos se planteó el análisis jurídico de la posible finalización de la Catedral malagueña, dando respuesta a uno de los debates locales sobre la protección de este monumento.

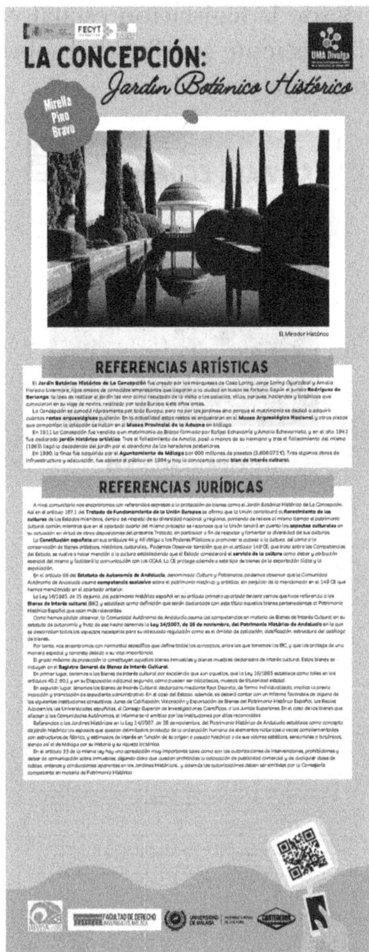

El Jardín Botánico Histórico de La Concepción, declarado como bien de interés cultural, es la temática elegida para el cartel elaborado por la alumna Mirella Pino Bravo. Una propuesta que nos permite reflexionar sobre una forma de arte que reúne restos arqueológicos, especies botánicas de gran valor, y crea un paisaje marcado por valores estéticos y sensoriales de gran belleza. El marco normativo de este espacio, y su protección desde la legislación estatal y autonómica son una muestra de la creciente sensibilidad sobre expresiones artísticas que integran a la naturaleza.

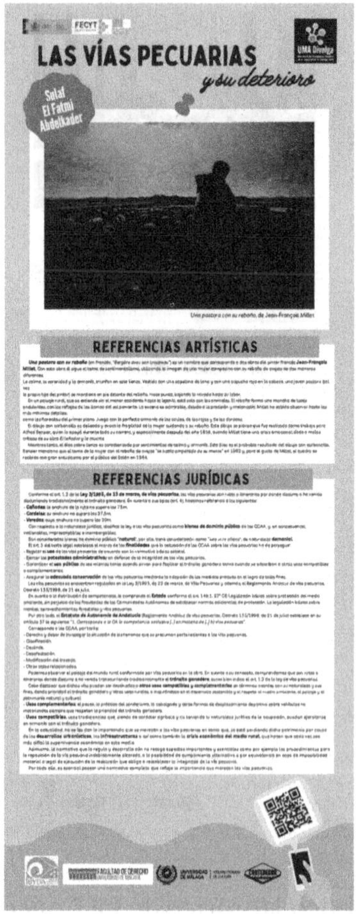

Sulaf El Fatmi Abdelkader seleccionó una pintura de Jean-François Millet en la que se muestra a una pastora con su rebaño en un entorno rural, para abordar el análisis de las vías pecuarias. Bienes de dominio público natural que modelan el paisaje, son un instrumento para el desarrollo de la ganadería extensiva y para el fomento de la diversidad ecológica, una vía para el desarrollo del turismo y un eje de vertebración cultural del territorio, pero sufren un deterioro constante. La correcta aplicación del marco normativo vigente y la puesta en valor de estos bienes de dominio público constituyen un indicador de la protección del entorno rural y de su forma de vida[17].

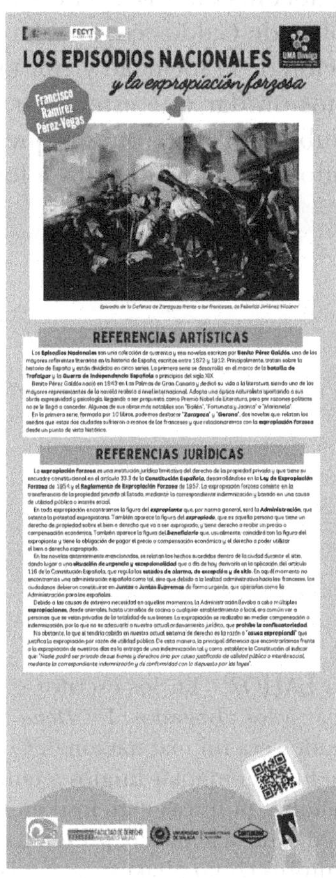

17 MARTÍN CASAS, Julio (coord.). *Las vías pecuarias del Reino de España: un patrimonio natural y cultural europeo.* Ministerio de Medio Ambiente, 2003.

Los *Episodios Nacionales* de Benito PÉREZ GALDÓS permitieron reflexionar a Francisco Ramírez Pérez-Vegas sobre la expropiación forzosa desde un punto de vista histórico. La literatura como instrumento para el estudio del Derecho debía tener su representación en esta exposición, puesto que ha sido el principal eje de unión entre el mundo jurídico y el artístico; así como entre la docencia del Derecho y los referentes artísticos. La magna obra de Galdós es un referente esencial para entender la evolución de la sociedad y, por tanto, del Derecho; si bien no podemos olvidar que este autor no se encontraba muy cercano al ámbito jurídico, puesto que en sus obras considera a los abogados un mal nacional y a los juristas los tacha de petulantes[18].

---

18 Como recuerda LAHOZ: "En los escritos galdosianos son reiterativas las críticas a los abogados. En *Doña Perfecta* se lee que el exceso de abogados era un mal nacional. Con poco trabajo, animaban a sus clientes a entablar litigios y tenían tendencia a participar en agitaciones políticas e incluso en revoluciones. El mal concepto de Galdós de la abogacía presenta ciertas analogías con el que tenían autores como Shakespeare o Dickens. En *De Oñate a la Granja* se mencionan ciertos vicios de los juristas, entre ellos su 'petulancia' ". LAHOZ, José M. Eduardo Galván Rodríguez. España en Galdós. Constitución, Estado y Nación en un escritor canario. *Revista de la Inquisición, Intolerancia y Derechos Humanos*, vol. 20, 2016, p. 271

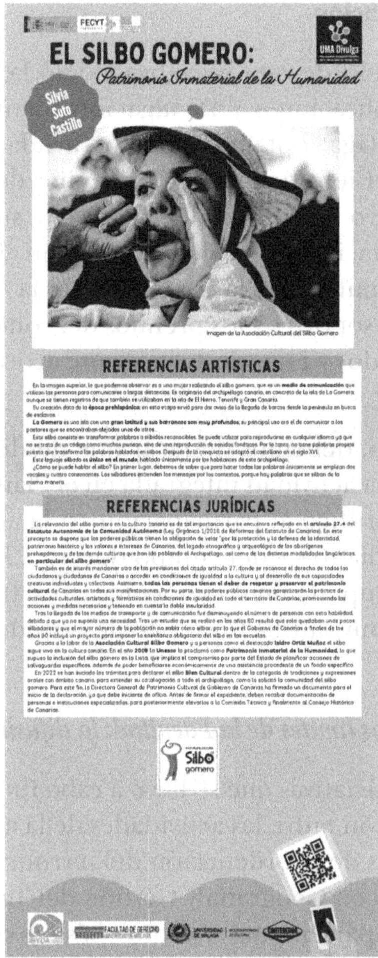

Como ya hemos comentado, el origen canario de la alumna Silvia Soto Castillo determinó su elección del silbo gomero. Un antiguo medio de comunicación, reconocido como patrimonio inmaterial de la humanidad y que es una muestra de la cultura del archipiélago canario. Un arte de la comunicación que la autora del cartel aprovechó para explicar el marco normativo autonómico que ha permitido proteger el silbo.

3.1.3. La financiación

La financiación de esta iniciativa exigió la implicación del Servicio de Publicaciones y Divulgación Científica de la Universidad de Málaga; optamos por una ayuda del Plan Anual de Divulgación Científica. Desde el equipo docente debemos destacar el apoyo constante del Servicio y su asesoramiento para la formalización de la documentación. Los costes de la exposición se limitaron a la impresión de la cartelería, la adquisición de sus soportes y los premios del concurso; por tanto, no fueron elevados y eran perfectamente acordes con los fines de la actividad.

Por otro lado, debemos destacar que desde este Servicio, y al tratarse de una actividad integrada en el Plan de Divulgación Científica, se certificó la participación en la actividad de cada uno de los estudiantes y del equipo docente. Este hecho es de interés porque supone un reconocimiento al trabajo y esfuerzo realizado, y es muy satisfactorio para los estudiantes.

3.2. Superando los límites de la Facultad: la difusión en otros centros

Una de las iniciativas que se llevó a cabo fue integrar una visita a la exposición entre las actividades de la asignatura "Bases teóricas y legales de la ordenación del territorio", del segundo curso del Grado en Geografía y Gestión del Territorio. En esta asignatura se imparten unas nociones básicas sobre el Derecho Administrativo y se profundiza en la ordenación del territorio, el urbanismo y el medio ambiente. Se propuso como actividad a los estudiantes que visitaran la exposición; fue una visita guiada en la que actuaron como cicerones los estudiantes del Grado en Derecho que habían creado cada uno de los carteles.

Fue una experiencia muy enriquecedora puesto que eran los propios compañeros del Grado en Derecho los que les explicaban cada uno de los carteles que habían elaborado, comentándoles por qué habían elegido las distintas temáticas, y analizando la perspectiva artística y jurídica de cada una de las obras seleccionadas. La actividad vinculada que se propuso a los estudiantes del Grado en Geografía y Gestión del Territorio consistió en la selección de uno de los carteles de la exposición para resumirlo y comentar aquellos aspectos que les hubieran parecido más llamativos, a la vez que tenían que relacionar su contenido con el temario que se estaba impartiendo en su asignatura.

Uno de los momentos más interesantes de la actividad fue cuando se abrió un turno de preguntas y un posterior debate entre los estudiantes del Grado en Derecho y del Grado en Geografía y Gestión del Territorio; era la primera vez que realizaban una actividad que involucraba a compañeros de otros centros de la Universidad y consideramos muy positiva esta proyección más allá de la Facultad. La vida universitaria también necesita de esta conexión entre los estudiantes; en especial, en materias con un componente transversal que en el mundo laboral exige de equipos multidisciplinares. Materias comunes como el marco normativo del medio ambiente, las costas y el litoral, o el urbanismo, que se imparten en ambas titulaciones, lógicamente con un nivel de profundidad adaptado a las competencias que se han de alcanzar en cada uno de los Grados. En este punto debemos mencionar que al coincidir el equipo docente en ambas asignaturas se facilitaba la coordinación entre las materias analizadas y el contenido de la exposición.

Es de destacar que la visita a la exposición se desarrolló en el horario lectivo del alumnado de Geografía y Gestión del Territorio. De esta forma se integraba plenamente como una de las actividades a desarrollar en la asignatura, y se facilitaba que el estudiantado pudiera acudir en el horario y fecha indicado. No obstante, debemos señalar que el alumnado del Grado en Derecho hizo nuevamente un esfuerzo por integrar esta visita guiada dentro de su horario y plan de trabajo del nuevo cuatrimestre.

Asimismo, y una vez visitada la exposición, se realizaron entrevistas a los estudiantes del Grado en Geografía y Gestión del Territorio para que expusieran su valoración de la actividad. Todos coincidieron en destacar la originalidad de la propuesta, y pusieron de relieve el enorme esfuerzo y dedicación que habían demostrado los compañeros del Grado en Derecho. También se les planteó la posibilidad de realizar una actividad de similares características en su asignatura, y de nuevo coincidieron en que era una propuesta muy interesante y manifestaron su disponibilidad a participar en la misma.

4. CONSIDERACIONES FINALES Y PROPUESTAS DE FUTURO

Esta experiencia tiene una valoración global muy positiva, tanto desde la perspectiva docente como por parte del alumnado. Uno de los aspectos más relevantes ha sido la oportunidad de realizar un proyecto desde el principio hasta el final, que los estudiantes sean capaces de organizarse para trabajar en tareas comunes, a la vez que desarrollan un proyecto individual; en definitiva, esta exposición era la suma de todos los carteles, que debían tener una coherencia y una línea común.

Como docente ha sido una gran satisfacción lograr la implicación de los estudiantes. Si bien ha sido un trabajo ingente que ha tenido que compatibilizarse con el desarrollo de la docencia del siguiente cuatrimestre. Por ello, una de las propuestas de mejora para próximas ediciones sería integrar la actividad a lo largo del cuatrimestre de impartición de la asignatura; para ello sería necesario exponer sus características y plantearla desde el inicio del curso. En esta primera edición ha sido la buena acogida del foro la que ha impulsado el proyecto, de ahí el retraso en su aplicación.

Uno de los aspectos que nos planteaban más dudas era la no evaluación de la actividad, ya que pensábamos que podría ser disuasorio para los estudiantes. Sin embargo, todos los participantes coincidieron en que este hecho los había liberado de la presión de hacer esta actividad; se habían sentido más cómodos y les había motivado para probar, equivocarse y corregir. Cuando se les planteó a los estudiantes la posibilidad de incluir esta muestra como una actividad evaluable de la asignatura para próximos cursos, volvieron a coincidir en que consideraban más oportuno que continuara sin ser evaluable. Es evidente que en esta valoración no están presentes las opiniones de un buen número de estudiantes que, habiendo participado en el foro (actividad evaluable), no manifestaron interés alguno en integrarse en la exposición. Especialmente llamativo fue el caso de algunos estudiantes a los que expresamente se les animó a participar, bien porque sus intervenciones en el foro habían sido de gran relevancia, bien por su interés en la asignatura; pero decayeron en la oferta porque tenían un elevado número de asignaturas que cursar en el siguiente cuatrimestre.

El ingente trabajo de diseño y maquetación ha sido uno de los grandes desafíos; en este sentido nos parece muy positivo que el formato de los carteles se pueda volver a emplear en futuras ediciones. De esta forma, la propuesta sería que las participaciones en el foro estuvieran realizadas desde el principio en el marco del formato y diseño del cartel. Se ofrecería una plantilla a los estudiantes para que sólo tuvieran que cumplimentar los datos de cada una de sus intervenciones. Igualmente, se ha optado por definir un protocolo con cada uno de los pasos seguidos, quedando definidos los tiempos y plazos para solicitar la financiación, así como para la entrega de la documentación por parte del alumnado.

Otra propuesta de futuro es implementar esta actividad en otras titulaciones y en grupos más pequeños; lo que permitiría realizar una comparativa en cuanto a los resultados obtenidos. Asimismo, se ha planteado la posibilidad de que aquellos estudiantes que ya han participado en la exposición pudieran actuar como una suerte de mentores para los compañeros que vayan a realizarla por vez primera. De esta forma conseguiríamos una doble coordinación, a nivel de estudiantes y a nivel de profesorado. Sería enriquecedor porque se les ofrecería a los estudiantes-mentores la oportunidad de ofrecer una breve charla a sus compañeros para contarles en qué consistió la experiencia y cómo se vivió por parte del alumnado. Y, además, su mentoría se extendería a todo el proceso de construcción de la exposición. También se ofrecería la posibilidad a estos estudiantes de que trabajaran en un nuevo cartel, bien de forma individual o en grupo, o incluso de que se integraran en algunos de nuevos grupos formados; pudiendo desarrollar una propuesta más madura, tras haber cursado otras asignaturas del Grado.

La finalidad sería potenciar que alumnos de distintos cursos pudieran trabajar juntos, aportando cada uno sus distintas experiencias y conocimientos. Esta posibilidad también sería de aplicación para el caso de distintas titulaciones, porque permitiría establecer sinergias muy interesantes en el alumnado. Teniendo presente que la base de la actividad sería el Derecho Administrativo, analizado desde múltiples perspectivas.

La dedicación, el esfuerzo y la ilusión de los participantes en esta exposición fueron un reflejo de lo que significa la divulgación del conocimiento universitario y su transmisión a la sociedad. Como coordinadora y responsable de esta iniciativa me siento muy orgullosa de que esta actividad que propuse en el seno de uno de los grupos del Grado en Derecho se pudiera proyectar al conjunto de la comunidad universitaria y de la sociedad. La investigación jurídica y artística, el diseño, la maquetación y las sucesivas correcciones y mejoras han superado los límites temporales y académicos de la asignatura, y son fruto del compromiso de todos los participantes con el conocimiento y la presencia de la Universidad de Málaga en la sociedad.

Este tipo de actividades nos debe hacer reflexionar sobre la importancia de cruzar las fronteras tradicionales de la enseñanza del Derecho, sobre la oportunidad de formar al alumnado a través de herramientas de aprendizaje que estimulen la adquisición de competencias que, difícilmente, podrían adquirir con los modelos tradicionales de enseñanza-aprendizaje. En especial, en entornos educativos universitarios con grupos muy numerosos, donde las dificultades de implicar al estudiantado son importantes, y donde también existe un riesgo muy elevado de desafección entre el alumnado y la asignatura; además de dificultades para establecer una comunicación e intercambio de ideas más fluido entre profesorado y estudiantado. A través de una dinámica de trabajo como la propuesta se facilita que aquellos estudiantes interesados en profundizar o en poder disfrutar de un modelo de enseñanza más personalizada puedan acceder a una metodología que también se abre a otras disciplinas.

5. BIBLIOGRAFÍA

ALENZA GARCÍA, J. *Derecho y justicia en Juego de Tronos.* Aranzadi Thomson Reuters, 2020.

ALENZA GARCÍA, JOSÉ FRANCISCO. "La literatura como instrumento en la enseñanza del Derecho Administrativo". RODRÍGUEZ ARANA, J. (dir.), MORÓN URBINA, J. C. (coord.), *Reflexiones iberoamericanas sobre la enseñanza del Derecho Administrativo,* Tirant lo Blanch, 2021, pp. 17-58.

CABRA APALATEGUI, José Manuel. "Denotación y evocación. Para una melografía jurídica", MONEREO ATIENZA, Cristina (coord.). *Arte y Derecho. Estudios desde una visión multidisciplinar del fenómeno jurídico,* Editorial Comares, 2019, pp. 183-199.

CABRA APALATEGUI, José Manuel. "El caso "Wagner" revisited. La música como discurso y el auditorio jurídico", MONEREO ATIENZA, Cristina (coord.). *Arte y Derecho. Estudios desde una visión multidisciplinar del fenómeno jurídico,* Editorial Comares, 2019, pp. 201-231.

CICERO, Nidia Karina. "Arte y Derecho Administrativo". Docencia y Derecho, Revista para la docencia universitaria. 2019, pp. 1-15. Disponible en: http://www.uco.es/docencia_derecho/index.php/reduca/article/viewFile/167/pdf_29

CIURO CALDANI, Miguel A. "Aportes para la integración de la historia del Derecho y la Historia del Arte (enfoque general "parahistoria" jurídica Edad Moderna)". *Revista del Centro de Investigaciones de Filosofía Jurídica y Filosofía Social.* 1985, núm. 5, 1985, pp. 61-66.

FERNÁNDEZ HERRERO, Emilio. *Origen, evolución y auge del arte urbano el fenómeno Banksy y otros artistas urbanos.* Tesis Doctoral. Universidad Complutense de Madrid, 2017. Disponible en https://eprints.ucm.es/id/eprint/46424/

GALLEGO MORELL, Manuel. "El Derecho y sus relaciones con el Arte". *Boletín de la Facultad de Derecho.* 1993, núm. 3, pp. 45-58.

LAHOZ, José M. Eduardo Galván Rodríguez. España en Galdós. Constitución, Estado y Nación en un escritor canario. *Revista de la Inquisición, Intolerancia y Derechos Humanos,* vol. 20, 2016, p. 269-272.

MARTÍN CASAS, Julio (coord.). *Las vías pecuarias del Reino de España: un patrimonio natural y cultural europeo.* Ministerio de Medio Ambiente, 2003.

MARTÍN PARDO, Antonio. "La técnica de puzzle como un ejemplo de aprendizaje colaborativo apto para dinamizar las clases llevadas a cabo en grupos muy numerosos", en SÁNCHEZ HERNÁNDEZ, Carmen. *Aprendizaje colaborativo y técnicas de simulación.* Tirant lo Blanch, 2020, pp. 117 – 140.

MÉNDEZ DE VIGO, P. "NFT. Breve aproximación jurídica". *Derecho Digital e Innovación. Digital Law and Innovation Review,* núm. 12, 2022.

MONEREO, Cristina. "Derecho y fotografía: la objetividad truncada". *Cuadernos Electrónicos de Filosofía del Derecho,* núm. 38, 2018. Disponible en: https://ojs.uv.es/index.php/CEFD/article/view/12480/pdf

MONEREO ATIENZA, Cristina. "Artes y Derecho. Una experiencia de innovación docente en la Facultad de Derecho de la Universidad de Málaga". GARCÍA RUIZ, C., FILLOL MAZO, A., CARRIZO AGUADO, D. (Coords), *La formación en derecho basada en competencias: especial referencia al método de casos,* Dykinson, 2022, pp. 497-509.

MONEREO ATIENZA, Cristina. "La enseñanza-aprendizaje del derecho a través de las humanidades: una nueva relación entre profesorado y alumnado". SIMÓN MÁRQUEZ, Mª del Mar, GÁZQUEZ LINARES, José Luis, BARRAGÁN MARTÍAN, Ana Belén, MARTOS MARTÍNEZ, África (comps), *Innovación Docente e Investigación en Ciencias Sociales, Económicas y Jurídicas: Experiencias de cambio en la Metodología,* Dykinson, 2022, pp. 729-738.

MONTORO I CHINER, Mª Jesús. "Música y Derecho público: Resonancias". *Àpoca: butlletí català d'informació notarial,* Época 2, núm. 12, 2016, pp. 5-14.

MONTORO I CHINER, Mª Jesús, ALEGRE ÁVILA, Juan Manuel. *Derecho, músicas y literaturas en imagen trigonal,* Atelier, 2021.

MONTORO I CHINER, Mª Jesús, ALEGRE ÁVILA, Juan Manuel. *Música, derecho y epidemia. Dietario de un ritornello que no cesa,* Atelier, 2022.

MONTORO I CHINER, Mª Jesús, ALEGRE ÁVILA, Juan Manuel y RUIZ PALAZUELOS, Nuria. *La creación artística en abrazo musical-jurídico-digital,* Atelier, 2022.

MUÑOZ MACHADO, Santiago. *Cervantes,* Planeta, 2022.

OSTOS PRIETO, Francisco Javier. "Arte urbano como patrimonio cultural: galería Vertical como referente en Reinosa". *PH: Boletín del Instituto Andaluz del Patrimonio Histórico,* núm. 103, 2021, pp.133-135.

OYARZABAL OYONARTE, N., "Los tatuajes como obra artística. Un nuevo giro en los litigios de propiedad intelectual en Estados Unidos ("Solid Oak Sketches, LLC v. 2K Games, Inc.)". *Anuario Iberoamericano de Derecho del Arte,* núm. 2020, pp. 647-664.

PÉREZ GARCÍA, Juan Carlos. "El uso de referentes artísticos para la enseñanza/aprendizaje de asignaturas jurídicas", en SÁNCHEZ HERNÁNDEZ, Carmen. *Aprendizaje colaborativo y técnicas de simulación.* Tirant lo Blanch, 2020, pp. 387 – 394.

PERNAS GARCÍA, Juan José, *El derecho administrativo en el cine. Materiales didácticos para un sistema ECTS,* Universidade da Coruña, 2011.

QUESADA SÁNCHEZ, A. (coord.), *La utilización del cine en la docencia del derecho: propuestas de interés,* Colex, A Coruña, 2021.

RODRÍGUEZ ARANA, JAIME. "El hábito reflexivo y los principios generales en la enseñanza del Derecho Administrativo", Rodríguez-Arana, J. (dir.), Morón Urbina, J. C. (coord.), *Reflexiones iberoamericanas sobre la enseñanza del Derecho Administrativo,* Tirant lo Blanch, 2021, p. 279-313.

SAURA I FREIXES, Nuria. "Arte y Derecho: Estrategias para una docencia innovadora y creativa del Derecho Constitucional". *Docencia y Derecho. Revista para la docencia jurídica universitaria,* núm. 13, 2019, pp. 1–18.

JIMÉNEZ MORENO, M., CABALLERO HERNÁNDEZ, R. "El movimiento derecho y literatura. Aproximaciones históricas y desarrollo contextual". *Revista de la Facultad de Derecho de México,* Vol. 65, núm. 263, 2015, pp. 47-75.

WARD, I. *Law and literatura. Possibilities and perspectives.* Cambridge University Press, 1995.